国家社科基金规划项目一般项目（17BJY107）

国际化进程中的
农村劳动力国内外流动
一体化机理与调控研究

张志新 著

人民出版社

责任编辑:郭星儿
封面设计:源 源

图书在版编目(CIP)数据

国际化进程中的农村劳动力国内外流动一体化机理与调控研究/
  张志新 著. —北京:人民出版社,2022.7
ISBN 978-7-01-024654-3

Ⅰ.①国… Ⅱ.①张… Ⅲ.①农村劳动力-劳动力转移-研究-中国
Ⅳ.①F323.6

中国版本图书馆 CIP 数据核字(2022)第 072788 号

国际化进程中的农村劳动力国内外流动一体化机理与调控研究
GUOJIHUA JINCHENG ZHONG DE NONGCUN LAODONGLI
GUONEIWAI LIUDONG YITIHUA JILI YU TIAOKONG YANJIU

张志新 著

人民出版社 出版发行
(100706 北京市东城区隆福寺街 99 号)

环球东方(北京)印务有限公司印刷 新华书店经销

2022 年 7 月第 1 版 2022 年 7 月北京第 1 次印刷
开本:710 毫米×1000 毫米 1/16 印张:17 字数:252 千字

ISBN 978-7-01-024654-3 定价:47.00 元

邮购地址 100706 北京市东城区隆福寺街 99 号
人民东方图书销售中心 电话 (010)65250042 65289539

目　　录

前　言

　　高度重视国际化进程中农村劳动力国内外流动一体化现实。中国改革开放 40 多年来，不仅经济发展取得了举世瞩目的成就，经济总量由 1978 年 3645 亿元，占世界 1.8%，增长到 2020 年 101.6 万亿元，占世界 17.38%，成为世界第二大经济体；更为重要的是经济上的成功极大地增强了人民自信，其中最为直接的就是，人们不再将走出国门看作一件非常了不起的事情，这种状况不只是存在于在城市或发达地区，在农村或欠发达地区也是一样。据资料显示，改革开放之初，1978 年中国国内居民出境人数较少，主要表现为出国留学，规模仅为 860 人；2019 年 703500 人，增长 79 倍；① 同样，中国国内居民出境人数由 1993 年 374 万人次增长到 2019 年 16921 万人次，增长 45 倍。近年来，我国劳动力国内外流动受到新冠疫情的严重影响，2020 年我国在外各类劳务人员总计 62.3 万人次，比 2019 年减少 36.9 万人次，同比下降 37.2%。但是，中国对外开放进程虽有短暂的调整，不会停滞，只会加快，主动融入全球产业链价值链的总体态势是不会改变的。其结果就是，随着中国对外开放进程的加快，越来越多的劳动力由国内走向国外，参与国际分工，投身于国际化生产就成为发展的必然。

　　农村劳动力是中国劳动力国内外流动中最活跃的基本单元。农村劳

---

① 　国家统计局：《中国统计年鉴（2021）》，中国统计出版社 2021 年版。

动力是中国经济社会发展的重要力量，也是生产要素中最活跃的部分。农村劳动力与家庭联产承包责任制相结合掀起了中国改革开放的先河，同时，随着农业生产力提升和城乡发展差距，又加速了农村劳动力由乡村流向城市。应该说，农村劳动力流动不只是实现了城乡要素资源共享互动，更为重要的是促进了城市的改革开放，以至于改革开放上升为国家发展战略，同时也带动了中国乡镇企业的异军突起。因此，农村劳动力流动虽然是改革开放后出现的现象，但更是中国改革开放可持续发展的动力。在这里，我们很清晰地发现，随着中国对外开放深入和国际化进程加快，中国农村劳动力不再满足于国内城乡间自由流动，已有部分开始如"农民李德民一样远赴俄罗斯种地"，或山东后楚庄上百村民举家移民澳大利亚"打洋工"。据商务部数据显示，2017 年中国海外务工人数已达约 1006 万，尽管相较具有庞大基数的农村劳动力而言，总体规模上不占主导地位，但是在示范效应和网络效应的带动下中国农村劳动力国内外流动必将成为一种新的趋势。

深刻认识农村劳动力国内外流动一体化具有重大应用价值。农村劳动力流动是生产要素市场配置的具体体现，在中国特色社会主义建设的新时代，对外开放更加深入，国际化进程加快的大背景下，农村劳动力流动自主性日益增强，特别是"边流动边学习"，除劳动技能、生活态度等获得极大提升外，最为重要的是极大增强他们的"自信"，具备较强地对各种环境的应变能力。农村劳动力流动范围由国内转向国外，规模也在不断扩大。农村劳动力国内外流动之间有一定的相似性，但两者之间无论是从经济发展、生活成本、空间距离等宏观因素，还是人力资本、预期收益、社会网络等微观变量上都存在较大差异。因此，研究农村劳动力国内外流动一体化作用机理，分析农村劳动力国内外流动的关联关系，厘清国内外流动相互转化以及国内向国际流动的转化门槛，不仅有助于构建我国农村劳动力国内外流动一体化理论研究框架，也是政府有效调控农村劳动力国内外流动的客观需要。为此，本书主要内容设计如下：

第一部分：全面梳理劳动力国内外流动的基本理论。"推—拉"理论阐述了影响农村劳动力流动主要取决于"迁出地"的推力、"迁入地"拉力以及两者的"合力";"刘易斯—拉尼斯—费景汉"模型,描述了劳动力从农村转移到城市是以剩余劳动力为前提,并将劳动力的流动过程划分成三个阶段,即剩余劳动力从"无限供给"转变为"有限供给"再到"短缺"的阶段;托达罗模型,则在前人的理论基础上,修订了刘易斯模型,认为农村劳动力从农村流向城市,最根本的原因不是劳动力剩余,而是取决于城乡之间的"预期"收入差距。此外,人力资本迁移模型、梯度转移理论也从不同角度论述了农村劳动力流动的合理性。不过,将劳动力作为一种要素放到国际市场,相关理论例如劳动力市场分割理论、劳动力市场一体化理论,新劳动力迁移经济学理论等,对劳动力进行国际流动予以了解释,随着经济全球化,要素市场例如劳动力市场也逐渐往一体化发展,但是由于不同区域出现经济发展水平不一样的情况,所以在世界这个整体范围内,出现了小范围的劳动力市场分割现象,由于不同国家(区域)在收入水平、福利制度等方面具有差异性,所以在当前具有更多自主性的劳动力会选择向具有更好条件的国外流动。其中新迁移劳动经济学理论特意以家庭为突破点,从一个全新的角度对劳动力国外流动予以了详细解释。

第二部分:分析农村劳动力国内外流动一体化机理。该部分基于农村劳动力流动是市场经济下生产要素配置的客观规律,结合劳动力流动理论和吉林、山东、广西和湖北等典型地区的实地调查,从理论逻辑上分析农村劳动力国内外流动一体化的作用机理。农村劳动力流动是国家或区域间不平衡不充分发展的一种反映。只要流动不受限制,除自然环境、灾害事件、姻亲关系等客观原因外,劳动力流动还取决于就业机会、劳动报酬、生活便利等。虽然国外流动比国内流动复杂得多,但在流动动机、实施途径等方面有很强的相似性。在某种程度上讲,劳动力国内外流动是一个过程的两个环节,国外流动是国内流动的深化。一般来说,劳动力在国内流动过程中,得到了锻炼,增长了见识,提高了适应性,使其在国外流动中更好地面对可能存在的困难和问题,至于是国内还是国外流动,这就要对国内外预期收益与成本进行评估后再行决策。具体来说,劳动力国内外流动首先考虑的经济因素，理性经济人假设比较适合，只要流出的收益大于成本，流动可能性就会增强，而且二者差距越大，可能性也就越大。至于是国内流动还是国外流动，这就要参考国外与国内成本大小，哪一种方案更为有利，这里"有利"不限于经济上利益，也可能是未来发展机会，甚至是适宜生活环境，是综合考量的"利益"。如果综合考虑的国外流动成本小于国内，那么就会选择"国外流动"，这当然不包括外国政府移民政策限制。

第三部分：描述农村劳动力国内外流动的基本状况。该部分利用《中国流动人口发展报告》《中国统计年鉴》及历年《农民工监测报告》等渠道所搜集及整理的数据，从流动规模、流动流向、行业分布等方面客观描述我国农村劳动力国内外流动的现状。①农村劳动力国内的流动规模总量增长迅速，且大都集聚在第二、三产业，就业结构得到了一定的优化，逐渐从依赖劳动密集型产业发展的地区转移到依赖资本和技术密集型产业发展的地区，这种区域性的流动在一定程度上有利于区域产业的协同发展，拉动经济增长。②农村劳动力国外流动从规模上看基本呈增加趋势，其进行流动的主要途径是对外工程承包及对外劳务合作，由于对外工程承包和对外劳务合作是我国对外劳务输出的两种主要形式，这就决定了我国海外劳工在行业以及区域选择上受限，且短时间这种高度集中的局面难以改变，主要分布在亚洲和非洲欠发达地区和国家以及传统劳动密集型行业。随着"一带一路"建设的不断推进，我国对外开放以及国际市场的一体化程度的不断加深，一方面会导致我国劳动力国内供给不足、资金流出、地区产业结构的调整受挫，加剧区域间经济发展不平衡；另一方面，在国际劳动力市场中，我国劳动力也会面临就业层次上升困难以及安全威胁复杂多样等问题。

第四部分：实证分析农村劳动力国内外流动一体化。该部分用国家卫计委组织实施的2010—2016年《流动人口动态监测调查数据（A卷）》组成的混合截面数据，采用多重选择模型和Tobit模型从宏、微观的角度对影响我国不同区域的劳动力国内外流动进行实证分析。第一部分为基于修正自选择效应后，研究影响农村劳动力国内外流转一体化影响因素分析，并从微观和宏观角度分析了农村劳动力国内外流转的关联因素；第二部分为劳动力国内外流动进程分析，旨在针对第一部分中存在的不同转移模式进行地区异质性检验，进一步检验不同转移方式下的劳动力国内外转移的影响特点；第三部分对上述进行结论，从实证检验中提炼核心观点。研究得出：从微观层面看，劳动力预期收入差距会显著促进整体劳动力跨区流动、而受教育程度仅对东部地区促进作用明显等；从宏观层面看，地区市场规模、经济发展程度、利用外资水平等会显著促进劳动力国内外流动，而地区整体受教育程度较高存在抑制效应等。农村劳动力国内外流动是基于最大化收益下做出的综合考量，即综合预期收入的经济因素，年龄、婚姻等个人特征，以及流出地、流入地的推拉作用，进而做出最优流动选择。

第五部分：进一步验证农村劳动力国内外流动一体化。该部分根据基准模型得出劳动力国内流转在一定程度上会引起跨国流动，进而通过中介效应检验发现，随着中国进入经济高质量发展阶段，劳动力资源配置对产业结构升级和资源有效配置的作用日益凸显，并显著促进了各地区劳动力的国外流动，即劳动力国内流动会促进国外流动，二者具有相关关系，但是存在地区差异。为了考察我国劳动力国内外流动相互转化的临界值，建立门槛回归模型分析发现：截止到2017年，只有甘肃、贵州、云南、广西和内蒙古尚未跨越经济发展水平门槛，其他已跨越门槛的地区经济发展程度越高，劳动力国内外流动越普遍且相关性越强；山东、江苏、浙江和广东等24个省份跨越了人力资本水平门槛，说明人力资本水平的提高对我国大部分地区的劳动力国内外流动有促进作用。

第六部分：探讨合理调控农村劳动力国内外流动的措施。根据中国农村劳动力技能素质现状，做好产业结构优化升级、区域间产业梯度转移与规划布局，对劳动力及时进行疏导，把富余劳动力引向山海开发。还有，积极为农村劳动力流动创造条件，尤其是在城市融入上拉开制度改革口子，切实变革进城务工的农村劳动力在教育、就业、养老、医疗、住房等核心制度，努力实现基本公共服务均等化。此外，合理对待中国农村劳动力国外流动，从思想上和行动上积极谋划，在出国务工前培训、申请材料提交，到输出过程中组织管理等方面进行有效引导，提高中国劳动力在国际劳务市场的竞争力。同时，积极通过外交途径、海外服务机构设置等方面为其提供服务和权益保障。

根据以上分析，"农村劳动力国内外流动一体化"研究得出的重要观点主要有：

（1）中国农村劳动力国内外流动一体化态势明显。农村劳动力流动是国家或区域间不平衡不充分发展的一种反映，只要流动不受限制，除自然环境、灾害事件、姻亲关系等客观原因外，劳动力流动主要取决于就业机会、劳动报酬、生活便利等。虽然国外流动比国内流动复杂得多，但在流动动机、实施途径等方面有很强的相似性。在某种程度上讲，劳动力国内外流动是一个过程的两个环节，国外流动是国内流动的深化。一般来说，劳动力在国内流动过程中，得到了锻炼，增长了见识，提高了适应性，使其在国外流动中更好地面对可能存在的困难和问题，至于是国内还是国外流动，这就要对国内外预期收益与成本进行评估后再行决策。也就是说，劳动力国内流动在一定程度上会引起跨国流动。作者通过固定效应方法对基准模型进行检验发现，中国劳动力的国内流动会促进国外流动，在此基础上，利用中介效应检验发现，随着中国进入经济高质量发展阶段，劳动力资源配置对产业结构升级和资源有效配置的作用日益凸显，并显著促进了各地区劳动力的国外流动，即劳动力国内流动会促进国外流动，二者具有相关关系，但是存在地区差异。

（2）中国农村劳动力国内外流动的转化存在门槛值。运用门槛回归模型分析得出，从经济发展程度门槛估计来看，发现存在单重门槛效应。在门槛值小于8.456时，劳动力国内流动不利于跨国流动，而门槛值大于8.456时，其影响系数显著为正。截至2017年，跨越门槛的省区达到了25个，只有甘肃、贵州、云南、广西和内蒙古地区因经济发展水平提升有限，对跨国流动的影响并不明显。从人力资本水平门槛估计来看，国内劳动力流动对跨国流动的影响存在双重门槛效应。在门槛值小于6.198时，影响系数并不显著；当门槛值处于6.198—7.416时，影响系数显著为负，中西部地区大部分位于该区间内；当门槛值大于7.416时，影响系数显著为正，山东、江苏、浙江和广东等人力资本较高的大部分东部地区在该区间内。

（3）高度重视并合理调控中国农村劳动力国内外流动。在经济结构转型、推动城乡一体化发展的背景下，缩减农村劳动力预期收入差距，提升劳动力人力资本水平等措施，使中国农村劳动力能有序顺畅地流动，进而促进产业结构的升级和高级化发展，实现资源有效配置，最终推动我国由"城乡二元经济结构"转变为"一元"，建成一体化的城乡劳动力市场。同时，提出政府应在引导农村劳动力流动的同时，建立以中等教育和职业技术教育为核心的人才培养体系、加大海外从业人员职业技能和素养培训工作力度等，提高中国农村劳动力的人力资本水平，这一系列措施的提出对增强中国农村劳动力国内外流动的适应性及竞争力，优化我国劳动力资源配置，为打造"中国劳工"品牌奠定根基等都具有重大意义。

（4）组建海外务工人员司以提升劳动力国外流动精准度。研究发现，截至2017年，除甘肃、贵州、云南、广西和内蒙古地区外，其余地区均跨越了经济发展门槛（大于8.456）；除青海、宁夏、海南、甘肃、新疆和内蒙古外，其余地区均跨越了人力资本门槛（大于7.416）。可见，我国大部分地区的经济发展水平以及人力资本水平都已达到促进农村劳动力国内外流动的程度。为了提高中国劳动力国内外流动的精准度，建议在国家移民局下组建一个专门管辖海外务工人员事务的司级机构，譬如"中国海外务工人员事务司"①，有助于他们能更加顺畅通过对外承包工程及对外劳

---

① "中国海外务工人员事务司"，该机构除负责中国海外劳工的流出入统计、组织管理等日常事务外，积极发挥行业监管（如严格审核海外劳务的中介机构）、促进就业（可以有导向性地将中国劳工向安全形势良好的国家或地区输送）、对劳动者进行切实保护（开展行前培训、为权益受损的劳工提供法律援助等）以及提供相关福利（提供贷款、免费体检、办理人寿保险、人身意外伤害保险等）等作用。

务合作等途径的进入国际劳务市场，进而降低他们在国外的心理及生活成本，尤其是在面对国外突发事件等危险，能向海外劳工司、外交部领事司等机构寻求庇护，减少其流动压力及风险。

总之，国际格局大变化和中国国际化进程加快，是中国劳动力国内外流动一体化面临的两大重要背景，也是他们国内外流动抉择时首要考量。农村劳动力国内外流动在中国特色社会主义市场经济发展中无论是深度，还是广度都会加快推进，国内外流动虽然是"用脚投票"的结果，但是通过实地调研和数据资料分析发现，流入地"环境因素"是吸引劳动力流入的根本性原因。这里的"环境因素"不只是客观的自然环境，也包括经济环境、制度环境和人文环境。也就是说，在流动不受政策制度限制的前提下，以上"环境因素"是决定劳动力流动的关键因素。在"环境因素"大致相同时，预期收入、就业机会、生活便利以及社会网络等又是流动抉择关注的重点，至于是流向国内还是流向国外，就只是考虑流动成本与获得收益之间的差额，流动距离的影响很小。所以，国外流动看起来要比国内流动复杂得多，遇到困难和风险也大大高于国内流动，但在国内流动中得到锻炼的农村劳动力，越来越多已经开始流行国外，成为国际劳务市场的重要力量。无数案例一再验证了中国农村劳动力国内外流动一体化作用机理，从某种意义上讲，劳动力国内外流动是一个过程的两个环节，国外流动是国内流动的深化。同时，面对中国经济社会发展和国际化进程加快，我们一方面要统筹城乡发展、调节收入分配以及优化发展环境等措施，因应国内经济社会发展以推动农村劳动力流动有序性；另一方面要成立专门机构、加强教育培训以及应对风险能力以加强农村劳动力国外流动的有效性。

第一章　绪　论

　　劳动力国内外流动是中国国际化进程中的必然现象。随着我国从总体上步入"工业反哺农业、城市支持农村"的新阶段，农村劳动力不再满足于国内城乡间自由流动，已有部分开始如"农民李德民一样远赴俄罗斯种地"，或山东后楚庄上百村民举家移民澳大利亚"打洋工"。据商务部数据显示，2017年中国海外务工人数已达约1006万，尽管相较具有庞大基数的农村劳动力而言，总体规模上不占主导地位，但是在网络效应的带动下中国农村劳动力国际流动必将成为一种新的趋势。农村劳动力国内外流动之间有一定的相似性，但两者之间无论是从经济发展、生活成本、空间距离等宏观因素，还是人力资本、预期收益、社会网络等微观变量上都存在较大差异。更为重要的是，刘易斯拐点在我国已初现端倪背景下，我国农村劳动力一方面在国内已成为产业工人的重要组成部分，并且有着较大需求缺口。另一方面，走出国门的农村劳动力要么受到输入地政府的种种制度限制，要么被通过制造出的某种事端而被迫遣返。因此，国际化进程加快的现实背景下，研究农村劳动力国内外流动一体化作用机理，分析农村劳动力国内外流动的关联关系，厘清国内外流动相互转化以及国内向国际流动的转化门槛，不仅有助于构建我国农村劳动力国内外流动一体化理论研究框架，也是政府有效调控农村劳动力国内外流动，从而正确认识和合理对待农村劳动力国内外流动的客观需要。

一、研究背景与意义

　　农村劳动力流动概念需要进一步明晰。虽然国内外有关农村劳动力流动的研究很多，但是，各类文献常常用"流动""流转""转移"之类的词语来解释这一现象。在国际上，这一现象往往又被称为"流动""转移"与"移民"，其中用"移民"的频率最高。仔细分析，以上三个名词之间虽有细微差别，但常常忽视其差异而被交叉使用。总的来说，劳动力流动可以分为"时间、空间和职业"三个维度："时间"代表劳动力流动时间的长短；"空间"代表劳动力流动距离上远近或者地理位置的变化；"职业"则代表了劳动力流动职业选择上的变化或是工作性质的改变。由此我们可以看出，农村劳动力流动是一个复杂社会现象，既有时间上差异、地域上区别，还有从农业流向非农产业上的不同。不过，学者基于研究需要或视角不同，谓之为"劳动力流动"，是将其视为一种状态，注重的是劳动力从一个地域流向另一个地域，职业上随之发生从传统农业转变为非农产业，成为产业工人的一部分。如果将其定义为"劳动力移民"，则是从劳动力流动的结果上看，强调的是除农民工职业发生改变外，身份也由"农民"演化为"新市民"或"新居民"，看重的是劳动力流动的彻底性。这也就是西方国家往往将劳动力流动看成"移民"的重要原因。因为在这些国家，农村劳动力一经流动，随即就发生职业和身份的"双重"转变。也就是说不仅是职业上实现由从事农业向非农产业转变，同时身份上也由农民转变为市民。加之，他们大多数以"时间在6个月以上"为"居民"的管理思想，即使是跨境劳动力流动也作为"劳动力移民"一部分，即外来移民。因此，我们认为，劳动力流动分为国内流动和国外流动。通常而言，狭义上的劳动力国内流动是指发生在一个国家领土范围之内的流动状况；而劳动力国外流动是劳动力流向母国领土范围之外，即跨国流动。

（一）研究背景

劳动力国内外流动在中国当下不再新奇。中国劳动力流动主要是发挥了其成本优势，劳动力成本优势主要考查一国或地区劳动力要素的丰裕程度，廉价的劳动力成本比较优势对一国或地区参与国家生产分工和贸易具有重要影响。[①] 因此，中国参与经济全球化对世界有着重大意义，按照经济全球化来发展，世界经济普遍繁荣，要素在国家间流动频繁，各国间虽有利益纷争，但双赢却带着彼此进步。反之，逆经济全球化潮流，关税、非关税等措施，限制了国际贸易发展，阻碍各国交往，导致世界经济低位运行，矛盾冲突加剧。幸运的是，当代世界主流是更加开放包容的新世界，国际经济旧秩序早已瓦解，新秩序虽然还没有最终形成，可相较以前并不闭塞，开放程度不断加深，尽管竞争与合作、和平与矛盾并存，但"和平与发展"仍是大局。在此影响下，世界各国间"求同存异"，以期达到"合作共赢"，因而，促进资本国际化流动，即各国资本在全球范围内自由地扩张和运用。我们知道，劳动力是生产要素中最活跃的、最具有革命性的，所以劳动力在世界范围内进行自由配置，不仅是发展的必然，也是分工国际化的要求。国际移民报告数据显示，截至 2015 年年底，劳动力的国际流动涉及到全球 232 个国家和地区，流动规模达到了 2.437 亿人。有学者认为，国际人力资本流动成为一种复杂的社会经济现象，它涉及政治、经济、文化及国际关系等众多方面的因素。[②] 随着中国参与国际化进程的加快，研究劳动力国内外流动不仅是合理调配劳动力资源的必要要求，也对中国经济社会发展安全极为重要。

中国劳动力已在全球范围内进行配置。改革开放 40 多年，中国经济社会全面发展，对外开放步伐越开越大，尤其是进入 21 世纪以来，中国加速推进全球化，国际化进程明显加快，这不但表现在进出口贸易、外商

[①] 张玉等：《基于比较优势演化视角东亚生产分工新格局》，中国经济出版社 2020 年版，第 82 页。

[②] 朱敏：《海外人才回流的溢出效应研究》，山东人民出版社 2016 年版，第 25 页。

来华投资、国际交往日趋频繁等显性指标上，而且劳动力、资本和技术等为代表的生产要素国家间流动比以往任何时候都要迅速和便捷。譬如，历经磨炼的农村劳动力已不满足于国内流动，国际化流动日趋活跃。特别是2001年加入WTO后，中国参与国际化进程不断加深，经济全球化同样对我国劳动力国内外流动，无论深度还是广度，都发生了重大变化。中国商务部数据显示，截至2008年底，从安哥拉到乌兹别克斯坦，从伊朗到印度尼西亚，大约有74万中国劳工在从事各种各样的工作。他们服务于海外中国公司，工作类型无所不包，从荷兰的养花工人到新加坡的高级秘书，从蒙古国的放牧者，甚至到中东的报纸投递员。另外还有很多中国人前往俄罗斯远东地区从事蔬菜种植、森林砍伐、木材加工、建筑等行业以及边境贸易，根据中国商务部《中国对外劳务合作发展报告》相关数据计算得出2001—2017年，每年远东中国务工人员的规模约在1至3万之间。可以说，随着中国国际化进程加快及其在世界经济地位的提升，中国劳动力足迹已经遍布世界各地，而农村劳动力又是其中的多数。

农村劳动力流动是世界各国经济中的基本规律。劳动力是生产要素中最为活跃的要素，随着城乡经济发展差距的拉大，尤其是城市工商业发展对农村劳动力需求的增加，以及农村经济相对落后、现代农业发展对农村劳动力需求的减少，在其共同作用下，对农村劳动力流动形成了双重压力。只不过，农村劳动力流动在世界各国表现不一，甚至同一国家的不同时期也有不同的流动状况。譬如，中国改革开放初期，我国农村劳动力流动不仅"离土不离业、离农不离乡"，规模小，且大都是"一江春水向东流"，以国内城市（镇）为主。但是，40多年改革，农村劳动力流动无论深度和广度都发生了重大变化。据第六次全国人口普查主要数据公报显示，2010年我国流动人口规模约为2.6亿，与2000年相比增长81.03%；国家统计局发布的《2017年农民工监测调查报告》显示，2017年农民工总量达到2.87亿，其中外出农民工1.72亿，外出就业农民工占到六成比例。同时，伴随着中国国际化进程的加快，有相当一部分的农村劳动力不再满足于国内流动，而纷纷选择跨国流动，农村劳动力跨国流动形式多样，有像非法跨境打黑工等不正规方式，也有像通过对外劳务合作、对外工程承包以及中资企业对外投资等进行跨国流动的正规方式。中国对外劳务合作报告（2017—2018）显示2017年末中国劳务输出数量为97.9万人，较上年同期增长1万人。

国际化有助推动我国农村劳动力国内外流动一体化的发展。改革开放对中国社会的影响，不仅只是解放人们的思想、使部分农村劳动力从土地上解放出来，也还通过充分利用国内外两个市场来实现生产要素配置合理化。中国东北农村地区，特别是朝鲜族农村劳动力跨国流动最具代表性。在过去20年中，国内沿海大城市的朝鲜族人口成倍增长，国内朝鲜族的城镇化率也从50.2%提高到80%左右，其脚步已遍布世界各地。① 朝鲜族农村劳动力以远赴韩国打工最为典型。这其中一方面是中国朝鲜族利用了他们的语言优势，另一方面也是中国农村劳动力跨国流动的新趋向。在实地调研时感知的情况比文字上得到的信息要来得更深刻，中国朝鲜族农村劳动力到韩国、日本等国家打工不只是规模上越来越大，而且以民间自发组织为主，即主要通过亲戚朋友、老乡同学等多种方式，多数从事餐饮业、建筑业、零售业等劳动密集型行业。2015年7月韩国行政自治部网站发布的"2015年外国人居民现况"报告显示，截至2014年末，有95万中国人在韩国，其中有69万是朝鲜族人，占中国朝鲜族总人口的38%。这些事实都表明中国农村劳动力流动无论是国内流动还是国外流动，都越来越频繁；而在国际化进程和开放经济的推动下，中国农村劳动力国内外流动不再是单独进行而不相关联的两个部分，而是彼此关联，彼此影响，共同推进的一个整体。

（二）研究意义

农村劳动力流动事关中国经济社会发展的全局，是世界各国经济社

---

① 朴光星：《"压缩型城市化"下的民族共同体"离散危机"与"重构运动"——基于对朝鲜族城市化进程的考察》，《中央民族大学学报》（哲学社会科学版）2014年第3期。

会发展过程中的必然现象,有共性的一面,即从产业上看,由"农业流向非农产业";从区域上看,由"农村地区流向城(镇)市"。同时,也有很大的不同点,譬如"中国农村劳动力流动的不彻底性""无限供给假设命题是否正确"以及"一体化劳动力市场构建"等诸多新现象、新问题和新挑战。尤其是在对外开放程度只会越来越深的新时代,中国国际化进程日益加快的背景下,农村劳动力不再满足于国内区际间的流动,在原有劳务输出,譬如少数劳动力在利用对外工程承包和对外劳务合作等方式参与国际流动的基础上,成长起来的中国企业海外市场的开拓、对外投资的活跃等都会加剧农村劳动力参与国际劳务市场竞争,尤其是在"一带一路"倡议推动下,中国农村劳动力国内外流动更是频繁。因此,对中国农村劳动力国内外一体化机理及政府政策调控问题的研究,就成为中国经济乃至世界经济持续稳定发展的需要。在国际化进程中,对中国农村劳动力国内外一体化流动研究的必要性和意义还基于以下几点事实:

1. 中国农村剩余劳动力进入新阶段

中国农村剩余劳动力已经从"无限剩余"转变为"有限剩余",在进入"有限剩余"阶段之后,农村劳动力的供给状态也就从"无限供给"转变为"有限供给",该新阶段的到来可以通过以下两方面的变化得到考证:一方面是劳动力供给数量逐年减少。据统计年鉴显示,我国 15—64 岁的劳动力人口尽管从 2000 年以来还在增长,但其增速已经非常缓慢,自 2006 年起,其增长速度一直位于 1% 以下,甚至增速自 2012 年以来已经下降至 0.1%。从我国劳动年龄人口在总人口中所占比例看,自 2010 年达到峰值(74%)后每一年都逐渐下滑,如果依据法定退休年龄 60 来计算,劳动力的规模于 2011 年就已经到达顶峰(94072 万),顶峰之后逐年下滑,这一现实情况比蔡昉预测的结果提前了 2 年①,而且,据中国发展研究基金会预测,2010—2020 年间我国劳动年龄人口将会减少约 3000 万人,可见,我国劳动力的供给规模正在发生变化,其供给状况不容乐观。

---

① 蔡昉、王美艳:《当中国制造业遇到刘易斯拐点》,《管理 @ 人》2010 年第 11 期。

另一方面，我国农村剩余劳动力规模逐渐减少。据估算我国农村剩余劳动力自 2005 年起人数从 24492 万减少到 18103 万人，出现持续下降的现象，之后在 2009 年，我国农业劳动力剩余率也开始出现下滑，可见，我国的农村剩余劳动力规模也在逐渐减少。我国剩余农村劳动力已处于"有限剩余""有限供给"的新阶段，正如于学军（2003）、田雪原（2006）、穆光宗（2008）、姚引妹（2010）、蔡昉（2010）等人所认为的一样，中国的刘易斯拐点已经到来。

2. "民工荒"与"招工难"问题

中国农村剩余劳动力进入"有限供给"阶段后，原本廉价的劳动力市场也在发生从买方市场优势向卖方市场优势的转变，农民工自此面对的就业空间会更广阔、可供选择的就业机会会更多，其社会地位以及工作待遇也随之提高。现阶段中国正处于产业结构变动和升级之中，任务艰巨，过程缓慢，经济转型和发展过程中对廉价劳动力的依赖性仍然非常强。随着产业转移的推进，沿海地区各企业特别是中小企业对于廉价农村劳动力的需求和吸纳能力还在增加，这从 20 世纪初直至现在日益加剧的"民工荒"现象就能得到很好的证明。并且，中国中西部欠发达地区，在承接东部沿海地区产业转移的过程中，也面临着不断上涨的廉价劳动力需求，特别是新型城镇化和乡镇制造企业，对农村劳动力的需求无疑是巨大的，此外，企业"招工难"现象也是同时存在的。例如，据 2011 年国家统计局江西调查总队对我国劳务用工市场中"招工难"问题的调查结果显示，因为招工困难，企业逐渐将用工条件放宽，将招工年龄的范围从 18—25 岁扩宽到 18—40 岁，有些岗位甚至把年龄放宽到 50 岁，企业还代替农民工支付其劳动用工中介费等，通过提高农民工职工的福利待遇来吸引农民工流入企业。

3. 中国劳动力进入自主流动新阶段

劳动力流动是任何国家在工业化进程中的必经之路，经济的发展、产业结构的变动、城乡结构的演变等都离不开行业、城乡甚至国家之间的劳动力流动。将世界作为一个整体来看，劳动力流动在不同国家之间都表现出了一定的共同流动趋势和历史特征，速度和规模也跟工业化进程一样呈现出阶段性特征。不过，我国农村劳动力流动虽然跟其他国家一样，经历了大致相同的趋势，但是其流动同时还具有中国特色。自1978年改革开放以来，中国农村劳动力起初存在着大量的剩余，随着工业进程的加快，在产业上，中国农村劳动力开始了从种植农业流向林牧渔业，再到逐渐流向制造业、服务业等第二、第三产业的过程，经历了非农产业转移，从地域上，农村劳动力也出现了从农村流向城镇地区的现象。在农村劳动力流动的初始阶段，是自发流动阶段，同质化现象明显。农村劳动力往往为了获得更高的收入而主动选择在不同地区、部门、行业之间进行流动。通过流动就业来实现收入最大化，工资就成为劳动者选择流向地点和流向行业的唯一决定因素，劳动者一般流向工资水平较高的行业和地区，正是由于这种经济发展差异导致的区域收入差距，使得劳动力从经济欠发达地区流向经济发达地区，形成了劳动力集聚效应，在中国表现为典型的"一江春水向东流""孔雀东南飞"现象。不过由于在该阶段，初始的生产劳动对于劳动力的要求很低，所以农村劳动力仅仅作为简单的劳动要素资源与资本相结合。而现在，随着中国经济快速发展和工业化进程的加快，我国对劳动力的需求呈现上涨趋势，甚至对劳动力需求的增速超过了供给增速，这意味着刘易斯拐点的到来。但中国人口红利在逐渐消失，劳动力人数也在逐年减少，据蔡昉等人研究的测算结果发现，劳动力规模每年正在以13.6%的速度缩减①。另外，据2009年联合国按年龄对我国人口的预测显示，2030年我国的人口总规模将达到最大值，预计规模为14.62亿，其中劳动年龄人口在2015年就会到达顶峰②。这一现象的出现使得劳动力的社会地位逐渐从"被动"变成"主动"，其工资水平也逐渐得到提升，允许其表达个人意愿的社会生活环境也逐渐形成，并且慢慢拥有越来越多的流动自主选择权，他们开始运用自己的社会资本和网络资源主动地寻求自

---

① 蔡昉：《超越人口红利》，社会科学文献出版社2011年版，第7页。
② 数据来源于联合国《2009世界人口预测展望报告》。

身劳动力价值的实现方式、实现区域，从而发生跨行业、跨地区乃至跨国的自主流动。

在国家经济发展水平比较落后时，劳动力的收入水平是决定其效用的唯一因素，此时，实现其收入最大化就是实现其效用最大化。此后，经济发展水平的逐渐提高也会极大地改善劳动者的生产生活状态，在流动过程中，劳动力除了追求更高的收入之外，也会将环境、幸福感等作为新的追求目标。不过，尽管中国的劳动力政策逐渐开放，国内劳动力拥有更多的流动自由，但是农村劳动力流向城市的户籍限制和歧视等仍然存在，农村劳动力进城务工的幸福感并不高，甚至出现下降趋势：例如，据中国农民工 2013 年的"生存感受"调查报告① 显示，2012 年我国农民工的整体幸福感为 67.9 分，其中，社会参与幸福感为 52.9 分，相比上一年减少了近 5 分，而社会地位幸福感更低，只有 51.5 分，与 2011 年相比也减少了很多，这就足够说明尽管农民工工资已经提高，但他们并没有在城市工作中得到更多的满足和幸福，社会地位也没有得到提高。因此，在现在比以前能够拥有更多流动自主权的农村劳动力可能会更多地选择流向国外就业而非国内就业，以此来实现更高收入和更高幸福感。

基于以上事实，可以看出，目前中国农村劳动力剩余逐渐减少，而我国已进入工业化的中后期，正面临产业结构的优化升级阶段，对于劳动力存在着较强的需求。"民工荒"形势日益加剧，很多企业存在招工困难的现象。劳动力流动自主选择逐渐增强，趋向于追求多元化的效用，加之中国国际化进程的推动，农村劳动力的流动范围也日益广泛，其国外流动规模也在不断扩大，劳动力国内外流动必然不再可能是单独地进行，而是联系越来越密切，因此厘清我国农村劳动力的国内外流动现状，深入研究农村劳动力国内外流动一体化的机理，并制定有效的劳动力国内外流动调控政策对于当下中国的发展具有重要意义。

---

① 《中国农民工"生存感受"2013 年度报告》，见 www.nmgw.org.cn。

二、国内外研究现状

劳动力在区域间迁移是国内外学术界的一个悠久话题。马克思于1853年提出著名的"生产力压迫人口"观点，他认为劳动力在国内外进行迁移是生产力与生产关系共同作用的结果。其撰写的《资本论》中的相对过剩人口理论更是对劳动力流动会对资本主义社会产生重要影响给予了重要理论支撑。之后，西方主流经济学的各派系也从不同视角对劳动力转移进行了大量研究。对农村劳动力转移理论研究，可以上溯到1885年英国统计学家拉文斯坦（Ravenstein）提出的著名的"迁移法则"，之后，许多学者对其进行了发展及完善，其中，具有代表性的研究有阿瑟·刘易斯（A.S.Lewis，1954）的"二元经济结构模型"；1969年哈里斯·托达罗（Haris Todaro）提出的城乡预期收入差距理论；斯达克的"新劳动力迁移经济学"（Stark，1991）；斯加内塔的人力资本迁移模型；李（Lee，1996）"推拉理论"以及梯度转移模型等。

（一）劳动力流动的宏观研究

有关劳动力流动宏观上的研究，主要是针对人口流向以及人口的再分布格局，不过，人口流动本身就是一个人口分布变动的问题。由于我国幅员辽阔，地域宽广，东西部地区的环境差异很大，从而导致了人口分布模式存在很大差异性。著名的地理学家胡焕庸于1935年提出了"胡焕庸线"，将中国分为了东南—西北两部分，通过这条线，可以发现，"西疏东密"是我国人口地域分布的最典型的特征，20世纪90年代以来，我国劳动力的流动趋势，大多是"一江春水向东流"。

东部地区城市群一直是我国劳动力的主要流入区域，西部地区由于大多发展水平较低，所以多为人口流出地，对人口的吸引力较差（王桂新，2012；刘涛，2015；强欢欢，2017；张国俊，2018）[①]。有学者通过对数据的分析也发现我国人口分布的这一典型特征，60 多年并未发生大的改变（葛美玲、封志明，2008；杨波，2014）[②]。正是由于我国自然地理结构的这种稳定性，使得我国人口分布比人口迁移还具有稳定性，活跃的人口迁移也并不能引起这一基本分布格局的改变（王桂新，2016），所以胡焕庸线到现在都具有现实意义。

尽管这一人口分布的典型特征这么多年并未出现明显的改变，但是近年来我国区域人口的分布出现了新的特征，导致对我国局部人口的再分布格局产生了重要影响。从区域层面来看，尽管东部地区仍然是人口的主要流入地区，但是其人口的分布重心逐渐有向北移的趋势，并且西部地区的吸纳能力在不断增强。有学者基于人口集聚指标结果发现，我国人口在东部地区，沿海沿江以及沿（铁路）线的集聚趋势明显（刘睿文，2010），不过随着区域由两极化发展逐渐转变为区域协调发展，我国中西部地区开始出现人口回流的现象，人口流动即将进入多极化发展的阶段（王春兰、杨上广，2014）。从城市群层面来看，虽然各大城市群吸纳人口的能力不断加强，但是其内部的空间分布模式尚存在较大差异。王桂新等（2006）研究发现长三角地区人口流入的核心地区是上海，周边苏、浙存在一定规模人口双向迁移流，不过上海人口较少会迁移到苏州和浙江，这表明上海作为长三角的中心城市，并未对周边城市形成较明显的辐射作用。对于京津冀城市群来说，刘爱华（2017）[③] 通过研究发现，该城市群的流动人口具有明显的集聚性，城市群内部以及外部的人口大多向北京和天津市集聚，尽管近几年这一区域的流动人口增速变缓。对于成渝城市群来说，李小浩（2017）通过指标测度，发现该城市群内部的人口分布相对均衡，这是其他城市群所没有的特征。从城市层面看，尽管政策上限制大城市发

---

① 张国俊等：《城市群视角下中国人口分布演变特征》，《地理学报》2018 年第 8 期。
② 葛美玲、封志明：《基于 GIS 的中国 2000 年人口之分布格局研究——兼与胡焕庸 1935 年之研究对比》，《人口研究》2008 年第 1 期。
③ 刘爱华：《京津冀流动人口的空间集聚及其影响因素》，《人口与经济》2017 年第 6 期。

展，但人口仍呈现出明显的"大城市"特色，不断地向大城市集中（李圣军，2017）[1]，流动人口占总人口比例较大的城市大多是大城市，这种具有明显偏向性的人口流动强化了大城市的规模优势，并对中国城市等级体系和空间布局重构具有重要影响。35 个东部沿海大城市构成的城市带吸引了全国 1/2 以上的流动人口（段成荣和杨舸，2009）[2]。随着我国"中部崛起"战略的推进，除东南沿海大城市外，位于内陆地区的省会等大城市也开始吸引大量的人口流入（刘涛，2015）。王国霞等（2012）通过研究发现流动人口向大城市集聚的这一趋势，不管是省际还是省内迁移都是这样。在人口倾向于向大城市流动的背景下，其流动模式也发生了一定的变化，由少数核心模式转变为多中心集聚以及核心城市腹地扩散并存的模式。而且，该人口集聚和扩散的模式还会因中心城市的层次不同而不同（孙铁山等，2009）[3]。不过，尽管我国"东南部密集，西北部稀疏"的这一人口分布格局不会发生根本性的改变，但随着城市群人口集聚程度加深，规模进一步增加，人口集聚的趋势会更加明显（王露等，2014）。其实，将我国的人口迁移强度与世界各国相比较，就会发现我国人口迁移的强度整体还是偏低，当前我国人口迁移速度的减缓并非说明我国人口流动的整体规模减小或其强度下降，它更多的是预示着我国人口的流动形式正在发生改变，未来，我国流动人口的整体规模和强度会随着社会经济发展水平的上升，存在很大上升空间（朱宇等，2016）。此外，还有学者预估了流动人口空间变化情况及其增长趋势，譬如，蔡建明等（2007）对我国2020 年省级人口流动的规模和趋势通过时间序列模型进行了预测，结果显示，我国从农村流动到城市的人口规模在未来 20 年仍然将保持较大的量，并且发达省份以及大都市区是主要的人口净流入区。

---

① 李圣军：《我国人口城市化空间集聚政策表达与行为实践悖论》，《经济与管理》2017年第 2 期。

② 段成荣、杨舸：《我国流动人口的流入地分布变动趋势研究》，《人口研究》2009 年第6 期。

③ 孙铁山、李国平、卢明华：《京津冀都市圈人口集聚与扩散及其影响因素——基于区域密度函数的实证研究》，《地理学报》2009 年第 8 期。

人口流动会受经济增长的刺激，经济增长不仅会影响人口的流动规模，还会对其流向、分布产生影响（蔡昉等，2003；李晓阳等，2009；纪韶等，2013）。通过考察我国地区间的经济发展水平差异和我国省际人口流动之间的相关关系，发现80年代中后期，地区之间经济发展水平的差异对我国省际人口的流向和分布在很大程度上起决定性作用（王桂新，1997），在宏观环境如政策、体制等的不断变化下，我国人口流动自1978年以来都是以农村流向城市为主，但影响其流动的因素却逐渐由社会因素转变成经济因素（王桂新，2004）。此外，城市经济发展水平的提高，结构调整都会显著影响区域中心城市人口集聚与扩散（孙铁山，2009）。不过这些因素对人口流动的影响在这十年都发生了不同程度的变化（夏怡然等，2015）[①]。

国内外许多学者对人口倾向于向大城市流动的这一现象进行了探讨，研究发现，大城市的集聚效应是导致这一现象的主要原因。因为大城市拥有共享（分担投资成本）、匹配（就业岗位与劳动者技能相匹配）和学习（人力资本的外溢性及"干中学"）这三种机制（Duranton，2004），这会给城市带来更高的生产效率及工资溢价，这一结论也被我国学者证实（陆铭，2012；高虹，2014；踪家峰和周亮，2015）[②]，他们发现大城市确实拥有更高的工资溢价及就业机会，此外，在社会保障，劳动力工作强度等方面，大城市也明显具有优势（朱志胜，2016），哪怕是公共服务等非经济因素也会在一定程度上影响劳动力的流动。（Rapaport，1997；Bayoh et al.，2006；Dahlbergetal，2012；付文林，2007；夏怡然和陆铭，2015）[③]

研究影响我国劳动力流动的因素时，应与欧美国家人口内部流动的影响因素相区别，需额外注意我国政府对流动成本的选择和控制（夏纪

---

① 夏怡然、苏锦红、黄伟：《流动人口向哪里集聚？——流入地城市特征及其变动趋势》，《人口与经济》2015年第3期。

② 陆铭、高虹、佐藤宏：《城市规模与包容性就业》，《中国社会科学》2012年第10期。

③ Bayoh I，Irwin E G，Haab T："Determinants of Residential Location Choice：How Important Are Local Public Goods in Attracting Homeowners to Central City Locations?"，*Journal of Regional Science*，2006，Vol.46。

军，2004），这方面主要体现在户籍制度上。我国特有的户籍制度不仅阻碍着劳动力流向城市，还阻碍我国城市化进程（陆铭，2011）①。并且导致我国劳动力市场出现了"城乡二元经济结构"局面，这使得异地劳动力在当地就业时，会在工资、就业机会及社会福利方面受到更多的歧视及不公正待遇，我国家庭在进行迁居时也会因户籍、土地制度等因素而具有特殊性（盛亦难，2014）。受"安土重迁"这一传统文化的影响，我国农村家庭更偏向于举家搬迁，但是其迁居模式因受户籍制度、土地等因素的制约而呈现出复杂的局面。不过，政府可通过完善基础设施建设、健全公共服务体系以及重新配置资源等途径来对我国人口的分布格局进行调整。

（二）劳动力流动的微观机理

有关劳动力流动微观机理的研究，大多从劳动力的个人成本收益以及劳动力的个体特征等方面进行论述。将劳动力的流动看成是为了获得更高报酬的人力资本投资（Schultz，1961），而劳动者对其收益和成本的评估则是决定其是否进行投资的评判标准。Sjaastad（1962）② 将人力资本理论引入到人口迁移模型中，构建了人口迁移的成本—收益模型，其中，收益最大化是决定劳动力进行区位选择的首要条件。此后，与劳动力收益有关的收入水平、就业机会也逐渐被一些学者引进到模型中进行考量，研究逐渐从宏观角度转向个体收益等微观角度。譬如，有学者认为工资和就业机会存在相互替代关系，都会对劳动力流动产生影响，在某城市，如果流动人口的占比较大，那么就业机会对劳动力流动的影响程度会比工资水平深（陈浩和孙斌栋，2016），不过，我国农村劳动力从农村转移到城市的关键因素还是预期净经济收益（朱志胜和纪韶，2013）。之后，随着对劳动力流动微观机理分析的进一步深入，一些非经济因素也逐渐引

---

① 陆铭：《玻璃幕墙下的劳动力流动——制度约束、社会互动与滞后的城市化》，《南方经济》2011 年第 6 期。

② Sjaastad L：“The Costs and Returns of Human Migration”，*Journal of Political Economy*，1962，Vol.70，No.5，pp.80-93.

入到劳动力微观因素的分析框架中，如工作环境、发展前景等非货币因素，心理成本、社会关系的放弃和重新构建的成本等非货币成本等等（樊士德和沈坤荣，2014）。近年来，相关研究发现非货币因素对人口决定是否迁移的影响程度逐渐加深，但人口通过牺牲个人利益规避"差量成本"进行流动并没有引起人口回流。此外，人口流动还会受年龄、受教育水平、性别等个体特征的影响（刘传江等，2012；林李月、朱宇，2015；李辉等，2019）[①]。迁移作为一项人力资本投资，年轻劳动力较年长劳动力更易发生流动，因为相比老年人口来说，年轻人选择迁移所获得的潜在收益会更高，而且老年劳动力所获回报的年限更短，这样会减少其净收益，进而使其迁移的概率降低。另外，从流动成本看，年轻劳动力的流动成本相较老年劳动力要低，可能是因为老年劳动力在决策迁移时，会考虑家庭因素、社会关系网等有形（或无形）的成本（Lknagvasuren and Nitulescu，2013）[②]。不过，有学者研究发现，年龄与劳动力迁移的概率呈"倒 U 型"曲线特征，这可能是因为年长劳动力拥有比年轻劳动力更丰富的工作经验，这可以为其带来更高的工资收益（朱农，2002；盛来运，2008）。近年来，尽管随着双职工家庭的普遍产生、家庭为团聚举家搬迁，我国流动人口，女性成员的增长趋势明显，并且越来越倾向于自主流动模式（段成荣等，2008）。女性在流动过程中不仅成本更高，而且工资收入更低（陆铭，2010），相比较而言，劳动力流动发生在男性身上更加普遍。所以整体上相比女性来说，男性更容易产生流动。另外，受教育程度的加深也会促进劳动力的流动，二者呈同向变化，可能原因是劳动力的受教育程度越高，自身的人力资本水平在有一定提高的基础上为其就业范围的选择也增添了更多筹码，从而降低了劳动力的流动成本（鲍哈斯，2010）。当然，还有其他因素也会影响那些有迁移倾向的劳动力对流入地的选择，例如气

---

① 李辉、段程允、白宇舒：《我国流动人口留城意愿及影响因素研究》，《人口学刊》2019年第 1 期。

② Lkhagvasuren D，Nitulescu R："Sectoral Mobility and Unemployment with Heterogeneous Moving Costs"，*Journal of Labor Research*，2013，Vol. 34，No.3，pp.339-358。

候环境条件、空间地理距离以及教育资源的分配情况等。(俞路和张善余，2005；盛亦男，2014；吕晨和孙威，2014；王智勇，2017)[1]

(三) 劳动力流动的中间影响因素

两国之间经济关系越密切，即两国之间贸易和投资关系越紧密越会影响劳动力跨国流动 (Maurice，1999)。在考虑政策变化及外生因素的影响下，普通劳动力的跨国流动与贸易存在互补关系，劳动力的跨国流动会增加输出国的外汇收入，收入的提高会增加投资和出口贸易，而出口贸易的增加反过来又促进劳动力的外流，所以劳动力跨国流动与国际贸易之间呈现出互补关系 (Connell & Conway，2000)[2]。中国有学者，例如李礼和郝臣也通过实证对该结论进行了证实，研究结果表明中国劳务输出与出口贸易之间具有稳定的协同关系，出口贸易的高速发展促进了劳务输出的增加，反之，运用 Chow 异方差检验发现，劳务输出增加同样推动出口贸易增长。吴幼华将自然人流动引入修正的引力模型进行研究，结果发现中国自然人流动增加 10%，对中国自然人输入国的出口贸易额将增加 1.6%。此外，素质较高劳动力的跨国流动与国际贸易也存在互补关系 (Alexander Hijzen；Peter Wright，2005)[3]。不过，国际贸易与劳动力跨国流动的互补关系是变化的，从短期来看，劳动力跨国流动与国际贸易之间存在互补关系，但是从长期来看，两者具有相互替代的关系 (Russell；Teitelbaum，1992)[4]。不过这种短期互补关系还会受到劳动力性别、FDI 水

---

① 吕晨、孙威：《人口集聚区吸纳人口迁入的影响因素——以东莞市为例》，《地理科学进展》2014 年第 5 期。

② John Connell，Dennis Conway："Migration and remittances in island microstates：a comparative perspective on the South Pacific and the Caribbean"，*International Journal of Urban and Region Researc*，2008，Vol.24，No.1，pp.52-78。

③ Alexander Hijzen，Richard Upward，Peter W Wright："The Earnings Cost of Business Closure in the UK"，*Ssrn Electronic Journal*，2005，vol.48，No.4，pp.880–895。

④ Russell，S.S，Teitelbaum，M.S："International Migration and International Trade"，*World Bank-Discussion Papers*，1992。

平以及贸易类型的影响，随着中国对外直接投资的不断发展，我国劳动力通过我国跨国公司在海外子公司这一渠道增加了中国劳动力参与国际劳动力市场的机会（黄晓芯；高佩娟，2006）。不过，FDI 对投资国的就业会产生两种效应，即"工作消减效应"和"工作创造效应"（R.G.Hawkins，1972），但在短期内，对外直接投资和国际劳动力流动在中国可以形成良性互动（杨云母，2007）[①]。

国内外专家学者关于农村劳动力转移研究，都为研究我国农村劳动力转移问题提供了有益借鉴。不过以往的研究，从宏观方面来说，农村劳动力转移被视为农村劳动力在地区间和产业间的流动；从微观方面来看，农村劳动力转移则是他们在市场机制中对有利于自身发展机会的一种理性选择。更为重要的是，国内外研究都将劳动力国内外流动决然分开，国外流动目前被认为是"国际移民"问题，近年主要是对其权益保障问题由社会学、法学界几个专家学者进行初步探讨。农村劳动力转移无论是在国内还是在国外，都既受到收入差距、就业机会、生活成本等因素的影响外，也与劳动力受教育程度、家庭状况、空间距离等因素有关。随着我国经济社会发展进程加快、农村劳动力素质提高以及"一带一路"的推进，OFDI 的突飞猛进，农村劳动力国内外流动必将异常活跃，尤其是东部发达地区和国家边境地区。因此，探究引起农村劳动力国内外流动的机理，阐述农村劳动力国内外流动一体化的基本规律，厘清我国农村劳动力国内外流动之间的关联关系，合理调控农村劳动力国内外流动，对我国实现经济社会可持续发展目标具有重大意义。

三、研究内容与方法

随着我国融入国际市场的程度加深，农村劳动力实现收入最大化目

---

① 杨云母：《国际交易中短期自然人流动及其走势》，《国际贸易》2007 年第 1 期。

标途径的自主选择性增强，我国劳动力从国内流动转变为在国内外自由流动，就成为发展中的必然。同时，由于我国从结构性的"技工荒"演化为全面的"用工荒"，导致经济社会发展对劳动力需求缺口较大，研究农村劳动力国内外流动一体化机理与调控已是当下最重要的不容忽视的发展问题。

（一）研究内容

合理引导我国劳动力在国内外自由流动不仅是我国遵循要素市场一体化规律的体现，还是我国实现乡村振兴和城乡经济一体化的重要举措。

1. 全面梳理劳动力在国内外流动的基本理论。首先，利用基于不同现实情况提出的推拉理论、刘易斯—拉尼斯—费景汉模型、托达罗模型以及人力资本迁移模型等对农村劳动力迁移的影响因素进行分析，并借助梯度转移理论从空间、产业、制度和身份的角度对农村劳动力转移的模式和次序进行阐述。其次，根据劳动力市场分割及一体化理论对我国劳动力出现跨国流动现象进行解释，并将家庭及空间经济这两个角度作为切入点对前文理论予以补充。

2. 阐述我国农村劳动力国内外流动的机理。农村劳动力流动无论是早期，还是近期，在城乡不平衡发展下，城市及其工业发展，较高的收入、便利的生活以及较多的机会等都吸引着农村劳动力国内流动，再加上，我国农村经济发展存在滞后性，这为农村劳动力国内流动提供了充分条件；对劳动力国外流动的机理分析则从经济推动、需求拉动、环境吸引、地缘文化等角度分析；二者相互转化的机理则从选择、动力、运行机制、流动效应等进行阐述。

3. 描述我国农村劳动力国内外流动的现状及形势。根据《中国流动人口发展报告》《中国统计年鉴》及历年《农民工监测报告》等渠道所搜集及整理的数据，从流动规模、流动流向、行业分布及流动劳动者的素质等方面客观描述我国农村劳动力国内外流动的现状；并了解我国劳动力国外流动形势及劳动力流出对我国国内经济发展的影响。

4. 分析我国农村劳动力国内外流动及其进程的影响因素。利用《中国流动人口动态监测报告》及整理所得面板数据，采用多重选择模型和 Tobit 模型从宏、微观的角度对影响我国不同区域的劳动力国内外流转因素进行分析，并采用多项 Logit 模型对影响其进程的因素进行研究。

5. 验证我国农村劳动力国内、国外流动的相互关系，并考察由国内转向国外流动的临界值。首先，借助基准模型验证我国劳动力国内流转是否促进国外流转，若是，其传导路径是什么。其次，在了解其相关关系基础上，立足我国越过经济发展"门槛"部分地区的农村劳动力国际流动日益显现的实际，选取经济发展、人力资本、空间距离等指标，利用门槛回归方法对农村劳动力国内流动促进国外流动的门槛值进行探讨。

6. 探讨合理调控农村劳动力国内外流动的措施。态度上，我国要正确认识农村劳动力国内外流动的现状；行动上，应积极应对农村劳动力国内外流动的新形势，努力提升其在国内、国外市场上的适配性，并构建合理的收入分配机制及社会保障制度辅之，稳步推进我国农村劳动力国内外流动一体化进程。

（二）研究方法

1. 文献分析法。将相关文献按照跨国流动劳动力现状及其权益、劳动力市场及劳动力流动理论基础、我国国内劳动力流动现状及其权益等标准进行分类，对不同分类文献进行分析，为本书写作提前做好思路和操作准备。并借用文献中基于不同现实情况提出的推拉理论、刘易斯—拉尼斯—费景汉模型、托达罗模型以及人力资本迁移模型、梯度转移理论、劳动力市场分割及一体化理论等现有理论基础，为本书第三章梳理导致我国农村劳动力在国内外流动的机理提供思路。

2. 描述统计分析。本研究利用从《2018 中国流动人口发展报告》、2000 年以来的中国各省级及全国统计年鉴、农民工监测报告、中国贸易外经统计年鉴以及国家卫计委发布的中国流动人口动态监测数据等途径搜集到的数据，以流动规模、行业分布、地区流向、国内外流动形势等角度为切入点，利用表格、图形等表现形式，以更简洁、清晰、直观的方式对我国农村劳动力国内外流动的现状进行深入分析，并从现状中发现当前我国劳动力国内外流动存在的问题。

3. 比较分析法。从宏观层面、微观层面两个角度出发，根据实证需要选择不同的模型，包含 Tobit 模型、多项 Logit 模型、中介效应模型、门槛回归模型等，选取收入差距、受教育程度、市场规模、利用外资水平、产业结构高级化、人力资本水平等指标对影响我国农村劳动力国内外流动及其进程的主要因素、我国劳动力国内外流转的相关关系及其传导机制、我国农村劳动力由国内流动转化成国内外流动一体化是否具有门槛效应等进行分析，并将面板数据按地理、经济特征等标准划分成东中西部等地区，将不同区域的实证结果进行比较，分析我国劳动力国内外流动及其进程的影响因素、我国国内外劳动力流动的相关关系及其传导机制以及门槛效应是否具有地区异质性。

4. 计量经济分析。将前文提到的推拉理论、刘易斯—拉尼斯—费景汉模型等理论、机制分析与计量模型结合起来，采用多重选择模型和 Tobit 模型从宏、微观的角度对影响我国不同区域的劳动力国内外流动因素进行分析；选取多项 Logit 模型实证研究我国不同区域的劳动力国内外流动进程的影响因素；并通过固定效应模型检验我国农村劳动力国内外流动之间的关联性，在检验其稳健性的基础上，利用中介效应分析我国劳动力国内流动促进跨国流动的传导路径并进行稳健性检验；最后，采取门槛回归方法找出我国农村劳动力由国内流动逐渐转变成国内外流动一体化的门槛值。

四、研究创新与展望

以往关于劳动力国内流动和国外流动的研究都是分开的，大多是围绕某一国或者某一特定地区来解释劳动力流动发生的原因或者作用效果。并且农村劳动力的国内流动只是针对本国国情出发而忽略国际大环境对其的冲击，对于农村劳动力国外流动的研究更是少之又少，多着重于理论范围内的解释。所以，本研究在研究思路、研究内容上都做了一定的拓展创新。

首先在研究思路上，本书结合国际化大背景，考虑了其对农村劳动力流动的冲击，并且把农村劳动力的国内流动和国外流动结合起来研究，而不是像以前的研究一样，把两者看成是单独的两个部分，同时在思路设计上注重理论与实证的结合；最后，打破空间地理位置的限定对于农村劳动力的国内流动和国外流动进行了更广泛意义上的界定，这是本课题很重要的研究思路创新。

其次，在研究内容上，力求真实而细致、系统而深入，借鉴农村劳动力迁移经典理论、新迁移劳动力经济学理论及国际劳动力市场分割及一体化理论等，为农村劳动力国内外流动一体化的机理分析提供理论支撑；选择从《中国贸易外经年鉴》《中国统计年鉴》《农民工检测报告》以及《中国流动人口监测报告》等渠道获得权威数据。基于理论基础，利用所获得的数据，构建我国农村劳动力国内外流动一体化的实证分析框架。在实证中，不仅关注了社会因素，还重点关注了劳动者的个人特质，从农村劳动力的"自我选择"行为出发，建立"自我选择模型"，纳入影响农村劳动力国内外流动的微观及宏观因素，研究农村劳动力国内外流动问题。其中最为关键的实证创新点还在于考虑了农村劳动力国内外流动一体化进程问题，通过分地区和分年份来研究影响我国农村劳动力国内外流动进程的因素；最后还检验了我国农村劳动力国内外流动的中介效应和门槛效应，使整个实证研究更加深入和清晰。通过系统的梳理理论和实证分析，提炼核心观点，探讨我国农村劳动力国内外一体化进程的影响因素、地区差异以及农村劳动力国内外流动之间的关联关系和门槛值，以期为现阶段我国农村劳动力国内外流动问题提供理论框架和事实依据，为合理调控国际化进程中的农村劳动力流动一体化发展提供可行的政策建议。

本章小结

本章首先通过描述研究背景及意义，在明晰农村劳动力流动概念的基础上，了解到农村劳动力国内外流动一体化已经是一种常见的经济现象，符合经济发展规律，当今世界的国际化进程更是助推了这一现象的产生，我国已经不能阻挡劳动力在国内外进行流动，应该顺应其发展规律。但是我国也不能任由其进行随意的流动，一方面，随着劳动力跨国流动规模的增加，不便于我国相关机构对我国公民进行监管；另一方面，我国当前处于人口红利消失，经济发展方式转变亟须劳动力的阶段，所以应对国内外流动劳动力进行合理调控，实现劳动力资源合理配置，同时构建农村劳动力吸引机制，尽可能地吸引我国部分劳动力，为我国经济发展提供强大后备之军。其次从宏微观的角度对现有文献进行梳理，发现，从宏观来说，劳动力转移被认为是农村劳动力进行地区或产业间的流动；从微观来看，劳动力转移是他们在市场经济体系下对实现自身价值最大化的一种理性选择。然后梳理了本书的研究内容与方法，明确说明本书的框架、采用的模型及实证方法，在了解本书研究目的基础上，采取实证与理论相结合，数据搜集与文献查找相结合的方法，以便为本书后续操作提供实践可能性，保证数据、实证的科学性。最后阐述了本书的创新及展望，即通过系统梳理理论和实证分析，提炼核心观点，探讨影响我国农村劳动力国内外流动及其进程的主要因素、地区差异，考察我国农村劳动力国内外流动之间的关联关系和门槛效应，以期为现阶段我国劳动力国内外流动问题提供理论框架和事实依据及可行的政策建议。

第二章　劳动力国内外流动理论基础

　　针对世界各国在经济发展的过程中都会存在的农村劳动力流动这一普遍现象，国内外学者从多角度来对这一现象进行了探讨，试图从理论上对这一基本现象进行解释。有关农村劳动力流动的理论研究，最早的是拉文斯坦（Ravenstein）在 1985 年提出的"迁移法则"，之后不断有学者对农村劳动力流动的理论进行了发展与完善，其中有代表性研究的有"刘易斯—拉尼斯—费景汉"模型；美国经济学家托达罗（M.P.Todaro，1970）建立"托达罗模型"；李（Lee，1996）"推拉理论"[①]；以 Sjaastad（1962）为代表建立的人力资本迁移理论；斯达克以家庭为单位的"新劳动力迁移经济学理论"（Stark，1991）；劳动力市场分割理论以及新经济地理学理论等等。其实，劳动力流动是劳动力为了实现其效用、收入最大化的正常选择结果，只不过，随着对外开放程度的不断加深，国际化进程不断加快，劳动力在国内国外市场之间进行流动的自主选择性增强，劳动力流动的范围越来越广，逐渐出现了劳动力国内外流动一体化的现象。也就是说，经济全球化的发展，我国国际化进程加快，对外开放程度不断加深，劳动力、资本等生产要素已经不可分割，各国的劳动力在国际市场上进行流动的障碍越来越小，所以，日渐成熟的我国农村劳动力不再局限在国内进行流动，他们会根据国内外环境和自身条件的变化，来选择在国内还是在国

---

① Lee E："A theory of migration"，*Demography*，1966，Vol.3，No.1，pp.47-57.

际进行流动，国内外流动不再绝对分开，在一定程度上可以互相转化，农村劳动力在国内外进行流动的一体化趋势越来越明显。因此，本章着重梳理劳动力流动的相关理论，来为下章农村劳动力国内外流动一体化作用机理分析奠定基础。

一、劳动力国内流动理论研究

（一）推—拉理论

农村劳动力出现转移这一行为，是受收入水平等多种因素共同作用的结果。19世纪末 E.G. 雷文斯坦（E.G.Ravenstein）[①] 将"迁出地"和"迁入地"作为劳动力迁移决策的影响因素纳入到了劳动力迁移理论研究中，20 世纪 50 年代末，唐纳德·博格（D.J.Bogue）借鉴这一思想提出"推一拉"理论。该理论主要是对劳动力流动的影响因素进行了分析，认为任何地区都存在两股相互排斥的作用力，即推力和拉力，其中，推力是促使劳动力转移的力量，也就是正面因素，拉力是阻碍劳动力转移的力量，也就是负面因素，在这两股作用力综合作用的情况下，对劳动力产生了推拉效果，进而使得劳动者为实现自己效用最大化来决策是否选择流动。在劳动力流出的地区，存在着一些可以让原住民退出原住地区的推力，例如，自然资源的枯竭，由于农业存在过剩的劳动力导致的失业，生活收入水平低下等，这些因素都是形成推力的原动力。当然，迁出地也存在一定的"拉

---

① 雷文斯坦（E.G.Ravenstein）从人口学的角度提出了人口迁移的六个法则：(1) 有关人口迁移与距离。为了寻求商业中心和机会，人们能迁移到他力所能及的地方。(2) 有关迁移的时间，有短期和长期之分，先是就近迁移，后延续到较远的城市；女性人口更倾向于短期迁移，男性人口则长、短期兼而有之。(3) 人口迁移总会遇到不同的阻碍，有从农村向城市的正向迁移，也有从城市向农村的反向迁移，因此净迁移总是小于总迁移。(4) 农村人口比城市人口更容易迁移。(5) 迁移有利于制造业和商业的发展，并被商业和制造业的繁荣吸引。(6) 迁移的主要动力是经济原因。

力"，例如，家庭团聚、社区环境与社交网络所带来的归属感等等，这些都会对劳动力迁移产生一定的阻碍作用，不过，迁出地的拉力作用小于其推力作用。同样，迁入地，也存在着一种吸引外地人的"拉力"，例如，较多的就业及受教育的机会，较高的工资水平及生产生活水平，较完善的基础文化设施及发达的交通等等，这些因素都会吸引非本地居民的流入。当然，迁入地也存在一定的"推力"因素，例如，家庭成员的分离，生活环境以及工作环境的陌生，生态环境质量的下降等等，这些推力因素都会促使劳动力因为对未来生活的担忧而选择不会流动。只不过对于迁入地来说，其"拉力"因素对劳动力的影响高于其"推力"因素对劳动力的影响。

之后，李（Lee Everett.S，1996）在前人的基础上发展了劳动力迁移理论，他建立了一个完整的分析框架，认为不同人群在从迁出地流入迁入地的过程中，除了受迁入地及迁出地的拉力、推力因素的影响，中间障碍因素及个人因素也会对劳动力从迁出地流向迁入地产生影响。也就是说，对于那些居住在同一出发地的人，他所面临的迁入地及迁出地的推拉力因素都是同等的，但是其迁移的倾向和动机却由于个人存在的特征不同而不同，即一些主客观方面的因素会让劳动力在进行迁移时遇到很多障碍，但是对推、拉力及阻力因素的评估和决定是否迁移会因个体特征存在的差异而不同。换言之，结合出发地及目的地的推拉力因素，再考虑某些隐含个人特征的影响因素，它们共同作用于迁移劳动力的心理临界值，促使或阻碍了劳动力迁移的发生。① 他的一系列假设可简单概括成以下三个方面：(1) 迁移数量。李认为某地区劳动力的迁移数量是由该地经济发展水平及迁移人群的整体素质共同决定的，在没认为给劳动力迁移设置制度障碍的前提下，其迁移数量和迁移率会随着时间的推移而增加。(2) 迁入流及回流。在劳动力迁移的过程中，正向的迁入流及逆向的回流都会存在，如果迁出地的条件较差，负向（"－"）的影响因素多，那么净迁出的规模就

---

① 朱农：《中国劳动力流动与三农问题》，武汉大学出版社 2005 年版，第 61 页。

多，若迁出地与迁入地的条件相当，影响因素也相仿，那么迁移率就低，并且迁移率与经济状态是呈正相关关系。（3）迁移有较强的人口选择特性。通常高素质的迁入者相比素质不高的劳动力而言，更容易在迁入地站稳脚跟。并且研究中还发现，迁移也会与迁移者的生命阶段相关，年轻人相比老年劳动力来说，更容易发生迁移。一般来说，人们对迁出地的了解比对迁入地的了解更重要，由此，李（Lee Everett.S，1996）断言，迁出地作用于劳动力的各种因素比迁入地存在的特征更重要，所以，从某种意义上来说，劳动力的流动也取决于劳动者对迁入地及迁出地的了解程度。在图 2–1 中，迁入地与迁出地中间都存在影响劳动力流动的推力及拉力因素，这些因素对个人流动的影响程度是不同的，其中"＋"表示拉力因素，"－"表示推力因素，"0"表示中性因素，另外，农村迁移劳动力在从迁出地流向迁入地的过程中，还存在着各种阻力，下图用曲线表示。通常劳动者需要花费一定的时间去适应迁入地陌生的环境，来减少迁移的障碍，当迁移者不能适应迁入地陌生的环境时，比如在迁入地的生活条件困难，归属感差等，这时迁移者可能会选择回流。

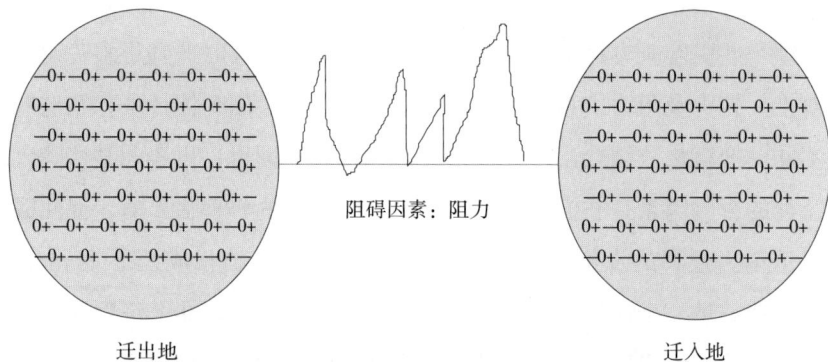

图 2–1　农村劳动力转移吸引力、排斥力简图

（二）收入差距理论

农村劳动力流动一经形成就广受关注，有关农村劳动力转移理论的研究有着较长时间的研究传统，早期的理论研究着重解释发生此种现象的

原因，之后，国内外专家学者从不同角度对这一现象进行了研究，无论是通过调查研究，还是通过数据整理，都拥有相对系统和完整的分析框架，构建了诸多各具特色的模型，形成了许多各有所长的理论，经典的农村劳动力理论以城乡、部门之间的工资差距或者收入差距为基础依据，比较有代表性的理论有刘易斯—拉尼斯—费景汉模型、托达罗模型、乔根森模型等。

1. 刘易斯—拉尼斯—费景汉模型

刘易斯（W.A.Lewis，1954）在古典经济学理论的基础上，提出了二元经济结构理论。他认为，各国在经济发展的起步阶段，整个经济社会是封闭的并且只有两个部门：一个是资源和资本都比较丰厚的现代部门，该部门可以生产食品之外的其他产品，能与外部世界进行自由联系；另一个是劳动力资源比较丰富的传统部门，该部门只能生产食品，保持自给自足的状态。[①] 他将以资本主义生产方式来生产的两部门经济称为"二元经济"。在传统部门中，土地有限且只能依靠投入劳动力来进行生产，不过，该部门存在大量边际生产率为零甚至为负的劳动力。而在现代部门，只要拥有高于传统部门能维持生计的工资水平，就能得到无限的劳动力供给，劳动力会从传统部门流向现代部门。

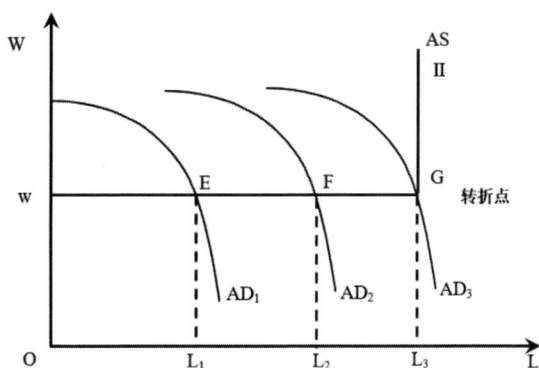

图 2-2 刘易斯二元经济模型

① LEWIS W A："Economic development with unlimited supplies of labor"，*Manchester School*，1954，No.22，pp.139-191。

　　刘易斯以现代部门为切入点，把发展中国家的劳动力流动过程分割成两阶段：一是劳动力处于供给无限的阶段。当现代部门的工资水平相比传统部门较高时，传统部门中从土地解放出来的那部分劳动力会逐渐向现代部门转移，这时劳动供给是完全弹性的，即如图 2-2 所示，此时的劳动力供给曲线位于 WG 阶段时，劳动力供给无限，当劳动力需求曲线从 AD_1 移动到 AD_2 时，劳动雇佣数量会从 L_1 移动到 L_2，该阶段现代部门的就业会不断增加，之后由于现代部门会随着资本的积累而不断扩张，这时新的再投资会使得劳动力需求曲线向右移到 AD_3，进而劳动力需求数量增加到 L_3，这一阶段一直持续到点 G，该点即为刘易斯转折点，也就是说，随着传统部门剩余劳动力的转移，现代部门的不断扩张，使得资本积累到过剩劳动力的特征逐渐消失，以及因劳动力供给短缺引起工资上涨时，二元部门就达到了转折点，异质的二元部门逐渐向同质的一元部门转化，呈现出新古典模型的特征。至此，劳动力转移开始进入第二阶段，即如下图 AS 的垂直阶段，该阶段不论是劳动力还是其剩余劳动力都没有供给弹性，现代部门只有增加工资才会吸引传统部门的劳动力流入，这说明劳动力供给已经由过剩向短缺过渡，其工资水平也从长期固定向向上增长转变。

　　刘易斯模型在劳动力从乡村迁移到城市的原因方面有一定的解释力度，但是由于该模型假设前提，即工资水平"恒久不变"和农业剩余劳动"无限供给"明显与现实不符[①]，所以拉尼斯和费景汉对刘易斯模型进行了修正和扩展。与刘易斯模型相反，拉尼斯—费景汉模型主要从传统部门出发，在该模型中，对于劳动力剩余的概念相较刘易斯模型有所扩充，他们认为，除边际劳动生产率为零的绝对剩余劳动力外，剩余劳动力还包括"隐性失业者"，即边际劳动生产率在 0 和固定制度工资之间的劳动力；除了资本的积累，技术创新也决定现代部门的劳动力需求。并且，他们强调

---

① 费景汉（John.C.H.Fei）和拉尼斯（G.Ranis）认为刘易斯模型存在两个不足：一是对农业生产在推动工业发展中的作用重视不够；二是忽视了农业劳动生产率提高是农村劳动力转移的重要前提条件。

了两点：一是传统部门的生产对推动现代部门的发展具有重要作用，二是传统部门劳动生产率的提高是其剩余劳动力走向现代部门的重要前提，农业部门农产品剩余是农村劳动力流向现代部门和现代部门规模扩张的必要条件。劳动力在没有农业剩余的情况下不可能向现代部门转移，并且农产品剩余如果不能与现代部门扩张的需求相一致，那么，也必然会减缓剩余劳动力向现代部门的转移进程。事实上，由于落后国家（地区）的经济发展速度远低于农村劳动力的增长速度，所以即便两部门生产率保持相同速率的增长也无法保证农村剩余劳动力的顺利转移，因此，必须突破临界最小努力，促进农村剩余劳动力的转移，使其达到二元经济转折点。其方程可表达为：

$$C = G + \frac{In\left[1/(1-V)\right]}{T} + \frac{In\left[1-V_t(T)\right]}{T}$$

上式中，C 是指现代部门的劳动力增长率；G 指人口增长率；V 代表最初从事农业生产活动的人口在总人口中所占比重；$V_t(T)$ 是 T 年的总人口数量。在该表达式中，只要在某时期 T 能达到转折点，那么临界最小努力值就可以确定。即若现代部门的劳动力增长率在 T 年内低于 C，那么，在 T 年内该国现代部门就不会将传统部门的剩余劳动力全部吸收过来。所以可以看出：一个国家走向现代化其中最重要的一步就是要使其工业部门的劳动力增长率大于农业人口增长率。总结为：传统部门剩余劳动力流向现代部门的先决条件是农业劳动生产率的提高和农产品剩余总量的增加，而其转移速度则取决于人口增长率、传统部门的技术进步率和现代部门资本存量的增长。[1]

　　拉尼斯—费景汉将传统部门剩余劳动力的转移分成了三个阶段，第一阶段工资率固定不变，传统部门劳动边际生产率为零，绝对剩余劳动力无限供给。该阶段传统部门存在大量的显性失业，不会因为劳动力供给减

---

[1]　罗明忠：《农村劳动力转移：决策、约束与突破"三重"约束的理论范式及其实证分析》，中国劳动社会保障出版社 2008 年版，第 5 页。

少而影响农业生产，导致粮食短缺；相反，劳动力的流出使得传统部门形成剩余农产品，可以供应流入现代部门的就业人口，所以传统部门剩余劳动力可以毫无阻碍地自由流动。第二阶段，传统部门的劳动边际生产率在零到固定制度工资之间。在剩余劳动力转移达到一定规模时，传统部门劳动力的边际产量逐渐为正，其由 0 转正的 A 点就是剩余劳动力短缺点。这一阶段，劳动力显性失业逐渐消失，但是仍存在隐性的剩余劳动力，这部分劳动力继续流向现代部门，但是，随着传统部门劳动力的流出，农业总产量不再与现代部门保持同样的增长速度，粮食价格提高，工人工资也随之提高，这时现代部门必须通过提高工资待遇等措施来弥补劳动力离开传统部门的机会成本，否则就会导致现代部门因缺少劳动力而被迫缩减规模的情况。并且，为避免进城劳动力食品短缺的情况，还应通过技术进步来提高传统部门的劳动生产率，这与刘易斯模型单纯牺牲农业发展工业相比是一大进步。

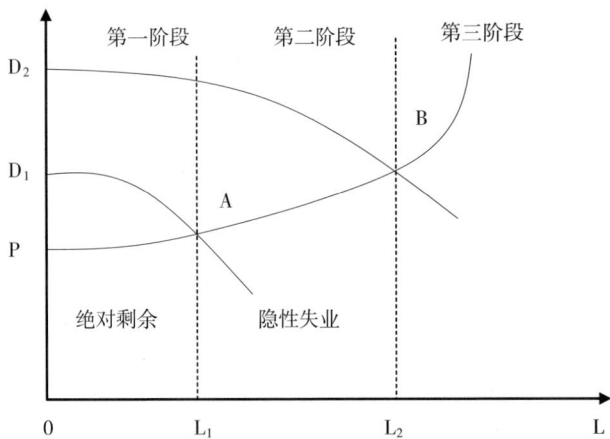

图 2-3 拉尼斯—费景汉农村劳动力转移模型

劳动边际生产率为正的传统部门劳动力持续转移，会使农业总产出下降，如果劳动力此时还要执意离开农业生产，这将给农业产出带来沉重打击造成粮食短缺，之后，因持续粮食短缺带来的价格上涨，会导致现代部门生活成本提高，可现代部门的发展需要劳动力的支撑，所以该部门会通过提高劳动者的报酬去弥补日益增加的劳动力生活成本，从而避免劳动者因无法维持最基本的生存需要而返回传统部门，这一变化也导致传统部门向现代部门流动的步伐放缓，但也使农业和工业、城市和农村在劳动力市场进行平等竞争，将出现第二转折点 B。即进入传统部门和现代部门争夺劳动力的第三阶段，这一阶段劳动力边际生产率大于固定制度工资，传统部门的剩余劳动力不复存在，扩张的现代部门与停滞的传统部门同时存在，其工资也不再由制度工资决定，而是依靠市场的力量形成，传统农业变得商业化，工业部门必须支付与劳动边际生产率相匹配的工资才能吸引劳动力，二元经济趋于一元化。综上，拉尼斯—费景汉模型从技术进步和农业发展状况两个层面对刘易斯模型做了补充，而且对劳动力转移过程、经济增长过程和结构调整过程进行了动态化研究①，更为重要的是，通过农业劳动力转移临界最小努力方程建立，使得农村劳动力转移理论研究从抽象到具体迈出了重大一步，因此，"拉尼斯—费景汉模型"在农村劳动力转移理论研究上产生了重大影响。

受拉尼斯—费景汉模型的启发，刘易斯仍以现代部门作为出发点，并结合上述模型将经济发展过程划分成三段，即无限劳动力供给、有限劳动力供给和农业部门消失三阶段。并将下图中 A 转折点、B 转折点分别称为"刘易斯第一拐点"②、"刘易斯第二拐点"。发展经济学将该模型称之为"刘易斯—拉尼斯—费景汉"模型，简称"刘—拉—费"模型。如图 2-4 所示，横轴表示劳动力供给和需求数量，纵轴表示劳动力价格（工资率 W），M_1R_1、M_2R_2、M_3R_3 代表现代部门对传统部门劳动力的需求曲线，SS 表示传统部门的劳动力供给。在 SA 阶段，传统农业部门尚存在大量显性剩余劳动力，他们的边际生产率为零甚至为负，只要向传统部门的劳动力支付能维持基本生活需要的工资 W1，就可以得到无限供给的劳动力，这一阶段被称为"古典阶段"。在 AS 阶段，即"新古典阶段"，

---

① 盛来运：《流动还是迁移：中国农村劳动力流动过程的经济学分析》，上海远东出版社 2008 年版，第 40 页。
② 刘易斯拐点，即劳动力由过剩向短缺转变的转折点，是指发展中国家从"古典经济条件"向"新古典经济条件"跨越的转折点。

该阶段传统部门的劳动力向现代部门转移，劳动力供给从无限变成有限，即在 L_2L_3 阶段，为劳动力供给有限阶段，其转折点 A 为"刘易斯第一拐点"。这阶段只要现代部门的工资比制度工资高一点，就可以刺激剩余劳动力流动，随着现代部门资本存量不断增加，出于利润最大化考虑，资本家会将资本投入到再生产中去，从而使得劳动力的需求曲线从 M_2R_2 右移到 M_3R_3，均衡点转移到 B 点。

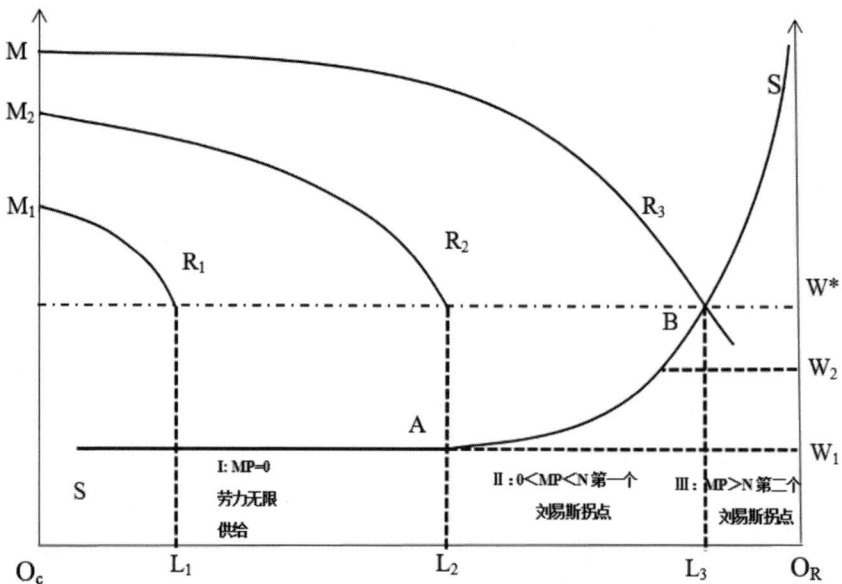

图 2-4 "刘—拉—费"模型

在 BS 阶段，劳动力供给由有限向短缺转变，图中 B 为刘易斯第二拐点，即 L_3O_R 阶段，为劳动力供给短缺阶段。在这个过程中，由于现代部门已有的劳动力已经全部就业，所以只有转移传统部门的剩余劳动力才能满足发展所需要的劳动力，但该阶段，传统部门剩余劳动力变得稀缺，现代部门如果想继续从传统部门吸收劳动力，就必须提高工资，只不过工资水平仍然小于 W*，直到两部门的工资水平趋于均衡，即到 W* 点。须注意的是，随着社会经济整体的资本积累水平不断提高，现代部门要是想继续从传统部门吸收剩余劳动力，这会导致传统部门因劳动力的减少而使得农业产量缩减，所以，应在劳动力转移的过程中，协调好经济在由"二元经济结构"逐渐向"一元"转变和农业产出之间的关系。

2. 托达罗模型

20世纪六七十年代，刘易斯模型所提出的理想化工业理论在发展中国家的实践，出现了因发展工业而过度损害农业的情况，同时，发展中国家出现城市中存在大量失业，但农村劳动力仍源源不断涌入城市的现象，并且城乡之间的经济发展严重失衡。这一现象与刘易斯模型的基本假设相违背且该模型无法解释这一现象，所以，美国经济学家托达罗建立了著名的劳动力流动模型。无论是"刘易斯"模型还是"拉尼斯—费景汉"模型，都认为"经济发展是一个不断掏干农村剩余劳动力的过程"，并指出"只要非农产业能够支付一个高于农业的实际工资，两者工资差额能够补偿在城市生活的较高费用以及与转移相联系的心理成本，农村劳动力就会源源不断地流入城市非农产业"。可现实中，发展中国家的城市和农村都同时存在着失业或就业不足的问题，因此美国经济学家托达罗（M.P.Todaro，1970）建立"托达罗模型"，从理论上解释"农村向城市的移民过程会不顾城市失业的存在而继续进行"。托达罗认为，扩大的城乡收入差距是造成城市存在失业与农村劳动力大量流向城市这一矛盾现象并存的根本原因，农村劳动力会先权衡迁移的成本和收益，再做出迁移决策。托达罗的二元经济结构模型讨论了农业部门、城市正规部门和非正规部门这三个部门，模型中并没有维持城市工资保持不变的假定，相比刘易斯模型更贴近发展中国家的现实。托达罗模型将转移农村劳动力的"预期"收入最大化作为研究的基本内容。主要包括两方面：一是普遍存在的城乡工资差距（尤其在发展中国家）；二是农村劳动力在城市能顺利就业的概率。托达罗模型的重要贡献在于模型中又新增了概率变量，从而合理地解释了在城市存在高失业率的情况下农民还会选择转移的原因，也说明了城乡间存在的预期收入差距对农村劳动力的吸引力。农村劳动力会因为城市的预期收入值比农村的预期收入值高，从而选择从农村转移到城市就业，以获得更高的收入。托达罗（M.P.Todaro）模型用公式表示为：

$$\Delta = \int_0^T e^{\delta t} \left[P_u(t) y_u - y_r(t) \right] dt - c$$

其中，Δ 代表着农村劳动力的城乡预期收入差距，当 $\Delta > 0$ 时，农村劳动力就会选择从乡村流向城市，反之，农村劳动力流动这一现象就不会发生。$P_u(t)$ 表示农村劳动力在 t 时间内决定流向城市就业的概率，y_u 代表农村劳动力到城市就业后所获得的收入，$y_r(t)$ 是指 t 时间内劳动力在农村可能获得的收入，c 表示农村劳动力从乡村流向城市的过程中所支出的成本，其中包括交通费、在城市寻找工作的费用、生活费用以及心理成本等各种成本，δ 表示贴现折扣率。托达罗模型表示，即使城市的失业率比较高，如劳动力在城市所获得的预期收入比在农村所获得的预期收入高，依旧会选择从农村流转到城市，见图 2–5。D_M 表示传统部门劳动力的需求曲线，D_N 表示现代部门劳动力的需求曲线，横轴 $O_M O_N$ 代表两部门劳动供给总量。在经济发展之初，传统部门的工资为 W_N 时，从事农业生产活动劳动力的就业量为 $Q_N O_N$。此时现代部门工资水平稍高于传统部门的 W_N，传统部门的劳动力就会不断地移动到现代部门。如果两部门的工资水平能够随着劳动力供求的变动而灵活变动，那么随着传统部门劳动力向

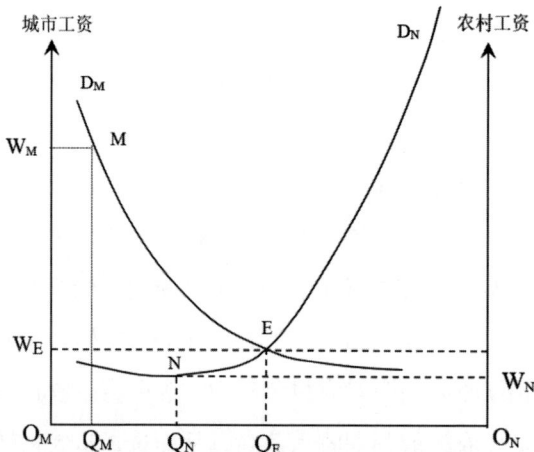

图 2–5　托达罗劳动力转移模型

现代部门的转移，传统部门的工资水平也会随之升高，当两部门工资水平相当时，即传统部门劳动需求曲线与现代部门相交于均衡点 E 时，此时，两部门达到充分就业，均衡工资为 W_E，传统部门和现代部门的均衡就业量就分别为 O_NO_E、O_MQ_E。

但实际上，现代部门的工资往往是具有刚性的，假如现代部门的实际工资为 W_M，传统部门的工资为 W_N，那么即使传统部门的劳动力愿意接受工资 W_E，也会大大提高现代部门的失业率。总之，"托达罗"（M.P.Todaro）模型认为，城乡间的"预期"收入差距才是真正影响农村劳动力选择从第一产业向第二产业流动的因素，而非所普遍认为的城乡间"实际"收入差距，这是托达罗对刘易斯模型的修订。但是该模型的缺点也是显而易见的，如模型假定主导劳动力市场及工资率的是现代工业部门。虽然托达罗后来也承认城市中非正规部门的作用，但他仍认为这只起到补充城市就业的功能。事实上，在发展中国家，城市非正规部门中存在大量的农村劳动力，他们在计算预期收入时主要以工资为参考，因此并不简单地看作是补充。另外，它也不能很好地解释劳动力在特殊制度下的就业选择问题，甚至夸大劳动力流动对城市发展的负面影响，忽视了打工收入给农村发展带来的积极影响。

3. 乔根森模型

20 世纪 60 年代，美国经济学家戴尔·乔根森（D.WJorgensen）在《剩余农业劳动力和二元经济的发展》①论文研究中建立了新的劳动力流动模型。乔根森从一个纯农业国开始分析，在这个国家中，没有工业，所有的人都从事农业，在这个假定下，他对农业发展的两种情况进行了探讨：第一种情况，乔根森假定生理最大量即在现有社会制度和医疗水平上能够达到的自然人口增长率是一个固定值，人口增长率低于生理最大量，并且农业的产出增长与人口增长成固定比率，这样人均农业产出保持不变，乔

---

① ［美］乔根森：《剩余农业劳动与二元经济的发展》，载《牛津经济文汇》1967 年版，第 288—312 页。

根森称这种情况为"低水平均衡陷阱"。如果部门的经济发展处于这个陷阱中，那么它不可能存在劳动力从农业部门向工业部门转移的情况，所有的劳动力都得从事农业。第二种情况是，人口增长率等于生理最大值。此时，农业产出增长将可能会快于人口的增长，因为人口的增长这时已经达到了增长的极限，当一国农业产出的增长速度快于人口的增长时，农业剩余便由此产生。乔根森建立劳动力流动模型的前提是农业剩余，具体含义是当农业剩余为零时，农业是劳动力选择生产的唯一部门，这时就不存在劳动力转移的现象，只有当农业出现剩余时，此部分农业劳动力才会转移到非农业部门从事生产活动。此外，乔根森还假定人均粮食消费固定，即农业总产量的增长与人口增长一致。若通过农业技术进步可以实现借助少量的劳动力生产出与人口增速相适应的农产品目标时，更多的劳动力会流向现代部门。所以，在乔根森模型中，农业剩余规模的大小会影响农村劳动力决策是否向其他部门转移，进而影响工业部门劳动力规模的扩张，这两者之间的平衡关系是工业部门的劳动力在总人口中占的比重与农业剩余在总的农业产出中占的比重相等。乔根森还表明只要存在农业剩余，不管规模如何，农业劳动力流向现代部门的速度都要比总人口的增速快，但是就发展趋势而言，工业人口的增长率上升到一定幅度后会持续下降，发展到最后则逐渐逼近于最大的人口增长率。该模型认为，工业技术进步率是提高现代部门工资水平的决定因素，没有工业技术进步，则工业部门的工资无法得到提高，这与费景汉、拉尼斯、刘易斯等学者的研究观点一致。但实际上如工业部门出现工业技术进步，工业部门劳动力的实际工资会得到提高。另外，伴随着工业技术进步和资本的积累，工业部门的规模扩张提高了资本积累率，进而工资率也随之提高，因此乔根森认为工业部门的工资是变动的，不断上升的，而非固定不变的数值。他还认为农业部门的工资也并非是固定不变的，从事工业劳动比从事农业劳动的工资水平高是促使劳动力从农业部门流向工业部门的必要条件，但对于上述二者的工资水平差异比例，乔根森认为应该是固定的，只有这样，当工业部门的工资水平上升，农业部门的工资水平也以同样的比例上升，从而对劳动力的转移选择造成影响。

　　综上，相比"刘—拉—费"模型，乔根森模型具有如下特点：第一，乔根森模型是建立在农业剩余的基础之上，而"刘—拉—费"模型是建立在剩余劳动的基础之上。"刘—拉—费"模型认为，剩余劳动力，如边际生产率为零和低于实际收入的劳动力（或伪装失业）是从农业部门向工业部门流转的劳动力基础，这是发展中国家普遍存在的现象。如果这部分劳动力由农业部门全部转移到工业部门，则宣告了以二元经济结构为特征的劳动力转移全部结束。乔根森并不同意上述观点，他认为即使在经济发展水平萎靡的时候，这样的剩余劳动现象也不会出现在传统部门，人口的增长速度与农业产出的增长速度是正向的相关关系。人口的增长速度始终会与农业产出的增速相适应，在一段时间内人口的增速可能超过农业产出的增速，即使差值很大，但人口增速会逐渐慢下来，直至与农业产出速度相匹配，这说明了劳动力的转移并不能以剩余劳动作为前提条件。此外需注意的是，在"拉—费"模型中，虽然农业剩余是影响劳动力转移进程是否顺利的关键性因素，农业剩余与农业劳动是密切相关的两个概念，农业劳动同样是劳动力转移的关键性因素，二者的区别是，乔根森所说的农业剩余的前提是人口增长率最大，二者的含义有着根本的区别。第二，在乔根森模型中，工资水平是上升并非固定不变的。乔根森不承认存在剩余劳动这一说法，这也否定了不变工资的假说，他认为农业部门和工业部门的工资水平都会受到技术进步以及资本积累率的影响。因为资本积累率的提高，技术进步也会随之提高。第三，在乔根森模型中，人口增长属于内生变量，经济增长决定人口增长，人口增速会比经济增速要慢，由此说明，如人口增速比经济增速快的时候，受到生存、生活资料的影响，人们的生育率会下降，从而使人口增速与经济增速相匹配。受二者增速相匹配这一特点的影响，不会产生剩余劳动，由此可见，乔根森模型的重要特点之一就是人口增长内生决定论。他认为，经济增长对人口增长的带动性是有一定期限的，而不是长期的，人口存在一个生理的最大界限，当经济发展水平促使人口增长到达这一界限值时，人口增速就会停滞，甚至下降。此时，经济发展水平如果继续提高，经济发展的增速超过人口的增速，农业剩余也会随之扩大，正印证乔根森所说的，技术进步的发展是经济增长的持续动力来源。第四，乔根森模型认为劳动力流动最后会改变消费结构。消费需求结构的变化会随着经济的发展促使农业部门的劳动力不断流向工业部门。虽然人们对粮食的生理需求有一定的界限值，但对工业品的需求是无止境的。当人均粮食产量达到最大人口增长所需的临界水平，甚至超过临界水平时，农业部门发展受限会使农村劳动力流向工业部门进行生产活动，从而扩大人们对工业品的需求。但是乔根森模型也有一定的局限性，其中，最大的局限性是关于粮食需求收入弹性的假设。他认为，一旦人均粮食产出达到和超过人们所需的临界最低水平值时，人们会把劳动所得的收入倾向用于工业品和劳务的消费，而不是粮食消费。也就是说，当劳动收入过剩时，人们对粮食的需求收入弹性为零，这个假定显然有悖于现实。此外，乔根森的马尔萨斯人口论也与发展中国家人口增长很迅速但经济发展很缓慢的具体实际情况不符。

（三）人力资本迁移理论

1. 斯加斯塔人力资本迁移理论

无论是新古典迁移模型还是二元经济结构迁移模型，其局限性主要都在于难以解释为何迁移的发生在所有农村劳动力个体上并不具有统一性，即当农村劳动力发生迁移的时候，仍存在大量农村劳动力留在农村从事农业性生产活动的现象。基于此，以 Sjaastad（1962）为代表的学者将人力资本作为切入点，构建了人力资本约束下的劳动力迁移模型，他们认为劳动力个体迁移是在人力资本约束下产生的一种自选择行为。之后有 Maxwell（1988）、Crozet（2004）等学者对劳动力迁移模型进行了完善，他们认为预期和当期收入与人力资本的变动呈同向关系。即预期和当期收入都是人力资本的增函数。在进行农业生产活动时，人力资本存量较高的劳动力会产生一定的人力资本冗余，这会直接导致农业从业人员的隐性收入损失，也无法使劳动者的能力得到充分的发挥。但这种冗余在进入到非农业部门之后就会减少甚至消失，主要原因在于农业部门与非农业部门所需的生产技能是不同的，后者的技能要求以及复杂程度要远高于前者，充分利用此时的人力资本能促进劳动者增收，故劳动者的收入预期与冗余效应相一致时，就会促使劳动力发生部门的迁移。当然，Sjaastad 也认为劳动力决策是否迁移本身就是一个很典型的复杂行为，其家庭风险（子女成长、父母健康）、个体偏好（迁移成本）以及流向地劳动力市场的发展程度等等都会对迁移产生影响甚至制约该行为的发生，究其根本，人力资本水平高的劳动力相比那些人力资本存量低的劳动力来说，迁移的概率会更高，这是现实中的一个典型事实（Alasia，2009）。综上，人力资本迁移模型的提出对于现实具有一定的参考价值，因为它从人力资本内在约束角度出发解释劳动力发生迁移的现象，这对现有的理论基础进行了不同角度的补充，甚至对农村部分劳动力的迁移行为给予了相对合理的解释。

2. 卢卡斯的内生人力资本迁移模型

Locus（2004）在 Sjaastad（1962）提出的理论基础上，将人力资本的积累过程也纳入到模型中，观察人力资本的积累对劳动力迁移的影响，该理论的提出进一步丰富了原有的人力资本约束动态理论，并且合理地解释了 Sjaastad（1962）无法诠释的"那些迁移者如果在城市无法获得满意收入时仍然会选择留在城市，而不是返乡"这一迁移事实。Locus（2004）认为，劳动分工具有专业性与细化性的特征，迁移中人力资本存量较低的劳动者并不具备非农业部门的生产活动所需的专业工作技能，此时这部分迁移劳动者必须通过不断的专业技能培训、相关内容的学习以及生产活动经验的积累使自己的能力与工作岗位职责相匹配，这种为迁移储备的人力资本具有明显的地域特征，也就是说，迁移的农村劳动力只有在城市才能增加人力资本存量，提高其专业性，从而增加在城市就业的可能性。当迁移劳动力所积累的人力资本存量与在城市就业所需存量相当时，他们在城市获得稳定就业的可能性就更大，此时，大量在城市就业的迁移劳动力会选择继续留在城市而非返乡就业，该阶段其实也是劳动力积累人力资本的必经阶段。Locus（2004）提出的这种以人力资本积累为核心的理论范式拓展了解释农村劳动力迁移决策的理论模型。在该范式中，人力资本存量水平是劳动者决策是否迁移的决定性因素。正是因为农村劳动力所积累的人力资本水平存在个体差异，所以导致部分农村劳动力能流向城市顺利地实现就业，部分劳动力尚需留在城市进一步积累人力资本等待就业，甚至存在部分劳动力在短期收入及风险分散目标得到实现后选择返乡继续从事农业生产性活动（Wang，2011）[1]，之后的很长一段时间都会继续留在农村。另外，该人力资本内生约束迁移模型还为农村迁移劳动力加速融入流入地提供了政策建议，譬如，政府为农村迁移者提供职业技能培训和教育，增加其人力资本存量，使得迁移者拥有的人力资本存量逐渐接近城市最低人力资本要求量，从而提高其在城市顺利就业的可能性。总的来说，Sjaastad（1962）、Lucas（2004）等学者建立的人力资本迁移模型，都认为人力资本会对农村劳动力的迁移产生约束，还将农村劳动力的人力资本与城市就业所需最低人力资本联系起来，同时也为人力资本存量低的劳动者与无法实现城市稳定就业、获取较高工资等情况提供了合理的解释。但从另一个角度看，我们可以得出要想提高劳动者的工作专业技能、实现城市的稳定就业与融入性迁移的决策路径：人力资本的积累。结合中国农村劳动力的迁移现状进行分析，不难得出，大部分涌入城市的农民工只能选择城市的二级劳动力市场作为自己的就业部门，这样的二级劳动力市场是非正规的，农民工在该市场并不能获得稳定的工作（罗炳锦，2012）。在就业不稳定和收入不确定的共同约束下，这些暂时迁移的农村劳动力最终会因为其自身水平和竞争力的不足，难以真正实现融入型迁移，只能从城市的劳动力市场中退出，回到农村，我们将这种现象称为"候鸟式"迁移。随着经济发展水平提高以及劳动力市场发展逐渐成熟，生产部门的分工合作将进一步深化，它所提供的就业岗位对专业技能水平的要求也愈来愈高，这直接导致城市就业人力资本存量的进一步提升，主要体现在技术专业

---

① 农村劳动力的风险分散目标主要是指当农业生产由于灾害等导致大幅度减产歉收时，农村家庭会面临收入减少与生活困难，此时外出务工成为实现收入补偿的一种方式。

化、技能复杂性以及知识更新性（赵蜀蓉等，2004；戴江维等，2015）。对提升人力资本存量的要求与现存农村劳动力人力资本存量较低是一对现实存在的事实矛盾，加大了迁移劳动力实现顺利迁移的难度，这很有可能是导致我国大部分迁移劳动力不能顺利实现融入型迁移以及在城镇化发展过程中使我国市民化进程滞后的深层次原因之一。第二代迁移的农村劳动力由于教育水平较高和接受的技能培训更专业，因此相对积累了更高的人力资本，从而这部分农村劳动力会主动或被动地表现出融入城市的强烈意愿及较强的融入能力（张艳丽，2014）。本研究正是借鉴了人力资本内生这一思想，对农村劳动力决策是否迁移及选择迁移模式的行为进行了阐述。

（四）梯度转移理论

农村劳动力转移不管是从理论还是实践的角度来看，都有一定的次序转换。农村劳动力转移的次序，是指在内外部因素共同作用的驱使下，具有一定从事非农产业工作能力的农村劳动力愿意在产业间、空间上、身份等方面进行转移或转换的顺序、方式与模式。① 也就是说，农村劳动力转移次序包括在产业上的转移次序，在空间上的转移次序以及在身份上的转换次序，甚至包含相关制度的安排次序。研究农村劳动力转移的次序，就是将农村劳动力愿意且能够进行迁移作为前提条件，把特定国家（地区）内部的特定区域作为研究对象，来研究农村劳动力进行迁移的决策选择和迁移规律。其中迁移规律包括农村劳动力在产业间的转移规律、空间上的转移规律及身份上的转换规律。在借鉴国内外农村劳动力转移次序理论的基础上，根据主要影响农村劳动力迁移的因素，总结我国农村劳动力在产业、空间以及身份上的基本转换次序规律，进而为我国农村劳动力流动的社会实践奠定理论基础。

农村劳动力转移的空间次序。该理论借鉴唐纳德·博格（D.J.Bogue）的"推—拉"理论，认为农村劳动力的转移次序是由农村劳动力流出地和

---

① 秦兴方、田珍：《农村劳动力转移的次序》，社会科学文献出版社2009年版，第63页。

流入地的推力、拉力因素共同决定的。这四种力量①的共同作用决定农村
劳动力是选择就地转移还是向外地甚至国外转移。如下表所示，我们用 A
表示农村劳动力的就地转移倾向，用 B 表示流入异地的倾向：(1) A（农
村劳动力就地迁移倾向）= 本地"拉力" - 本地"推力"。当 A<0 时，表
示本地农村劳动力很大程度会选择流向流入地；当 A>0 时，表示本地农
村劳动力很大程度不会流出，只会在本地区域内流动；(2) B（农村劳动力
异地迁移倾向）= 流入地"拉力" - 流入地"推力"。当 B>0 时，表示本
地农村劳动力很大程度会流向流入地；当 B<0 时，表示本地农村劳动力
很大程度不会流向流入地。因此，农村劳动力在空间上的转移次序为：①
如果 A<0，且 B>0，则农村劳动力将首先选择向外地或外国转移。②如
果 A>0，且 B<0，则农村劳动力将首先选择就地转移。③如果 A>0，且
B>0，但 A>B，则农村劳动力会选择就地流动；若 A<B，那么农村劳动力
会选择流向流入地。④如果 A<0，且 B<0，但 A>B，那么农村劳动力会
流向流入地；若 A<B，则农村劳动力会选择就地转移。

表 2-1　农村劳动力转移空间选择的次序

倾向 B ＼ 倾向 A		农村劳动力就地转移倾向	
		A>0	A<0
农村劳动力异地转移倾向	B>0	A>B，就地转移 A<B，异地转移	异地转移
	B<0	就地转移	A>B，异地转移 A<B，就地转移

---

① 农村劳动力本地的"推力"——随着自然资源枯竭、农业生产成本增加、农村劳动力
过剩导致的失业和就业不足、较低的经济收入水平、生存环境较差等，促使农村劳动
力产生向外地转移的动机；农村劳动力本地的"拉力"主要是指尽管本地收入低，但
生活成本低、熟悉的社区环境和长期形成的社交网络等，吸引着农村劳动力留在本地
就近就业；农村劳动力流入地的"拉力"——流入地相对较多的非农就业机会、较高
的工资收入等吸引着其他地区的农村劳动力进入；农村劳动力流入地的"推力"——
流入地歧视性行为，以及个人在语言、教育水平、行为等方面的特殊要求又对农村劳
动力流入该区域产生一种推力。

农村劳动力转移的产业次序。1691年，威廉·配第通过对英国实际情况的观察，发现"劳动力必然会从农业转移到工业，再由工业转移到商业"，在这一结论的基础上，20世纪40年代，英国经济学家科林·克拉克通过计量比较了当劳动者收入不在同一水平上时，就业人口分别在第一、第二和第三产业的分布趋势，解释了就业人口在三类产业中的演变规律，这一规律被称为"配第—克拉克"定理。该定理认为，农村劳动力会因为国民收入水平的不断提升从第一产业逐渐转移到第三产业。从劳动力迁移的长期趋势来看，劳动者更倾向于选择第二、第三产业，人数也越来越多，而第一产业的就业人数会逐渐减少。之所以会呈现这样的分布，主要是因为两大形成机制的存在，即收入弹性差异以及投资报酬差异（技术进步差异）。首先从收入弹性来看，第一产业即农业，当人们的收入水平提高到一定程度之后，农产品的需求特性不会与收入水平保持同样的增长速度，也就是说收入弹性下降且小于第二、三产业的收入弹性。所以，随着经济的发展，第一产业的劳动力会转移到第二、第三产业。从投资报酬的差异性来看，由于农业的生产具有一定的周期性，且这周期性较长，这大大阻碍了农业生产技术进步的提高，直接导致了产业之间技术进步的巨大差异，第一产业会出现"报酬递减"的情况。相较农业，工业技术进步要迅速得多，工业投资多处于"报酬递增"的情况，随着工业投资的增加，产量的扩大，其单位成本下降的潜力会很大，这势必会进一步推动工业的发展。

农村劳动力转移的身份次序。农村劳动力受多重因素的共同影响，通过实地调查发现，随着农村劳动力的迁移，其身份逐渐发生了明显的分化，即农民、农民工、市民。从解决中国农民问题，特别是从中国社会发展的角度说，实现由农民向市民的转变是转移农村劳动力的根本目标。①可在实践中，进行迁移的那部分劳动力实际市民化的占比很小，大多都介于农民与市民之间，长期在城市和农村之间流动，我们称这部分群体为农

---

① 秦兴方、田珍：《农村劳动力转移的次序》，社会科学文献出版社2009年版，第75页。

民工。尽管在产业上，他们已经属于产业工人，但是其身份并未发生根本转变，即使有学者提出他们既不同于纯农民，也不同于市民，但其本质仍是农民。综上，研究我国流转的农村劳动力身份转换的次序，也就是研究我国流转的农村劳动力其身份由农民转换为市民的次序。通常，农村劳动力的身份次序转换有两种形式，一种是直接从农民转换成市民的模式，另一种是间接地从农民到农民工再到产业工人最终转换为市民的模式。① 当然，结合现实状况来看，农民转换为市民尚具有不完全性，也就是说，农民转化为市民与城市居民还存在一定的差别，不仅在观念生活方式上有所体现，而且在医疗、养老等社会保障方面也存在不一致性。② 与直接转换模式相比较，身份次序的间接转换模式似乎看起来更加符合迁移劳动力身份转换的一般规律，随着农村劳动力转移的不断推进，不管是社会环境，还是劳动者自身都会不断地进行调试，最终在所有条件都具备时才会进行市民的转换，实现市民化的目标。但值得注意的是，结合我国实际，如果农民转化为市民的磨合期太长的话，将不利于我国建设全面小康社会，并且，农村劳动力的转移本来就事关国家经济社会建设的发展全局，若农民工市民化的进程缓慢，不仅会妨碍城市化的推进、国家重大基础设施的建设、重大工程项目的设计，还会影响我国农村经济和农村社会的发展。

农村劳动力转移的制度次序。该理论是指，促进农村劳动力转移并实现农民转化为市民的各种制度及其实施的顺序③。其主要表现是，农村劳动力不断涌入城市，随之而来的工资拖欠、社会保障、工伤维权、医疗保险、住房等问题也日益显现，根据这些问题并非我们想到什么制度就制定什么制度，安排制度并非我们当前阶段面临的主要任务，我们更应该关注的是如何制定推行制度的次序，以实现我国解决现有社会问题的利益最大化，也就是说，我国应根据环境的变化，从实际出发选择安排制度的策略，使制度的实施不仅可以促进劳动力进行转移，还能够妥善地解决好农

---

① 秦兴方、田珍：《农村劳动力转移的次序》，社会科学文献出版社 2009 年版，第 76 页。

② 秦兴方、田珍：《农村劳动力转移的次序》，社会科学文献出版社 2009 年版，第 77 页。

③ 秦兴方、田珍：《农村劳动力转移的次序》，社会科学文献出版社 2009 年版，第 80 页。

民在转化为市民的过程中及转化为市民后所面临的诸多矛盾，进而促进我国和谐社会的构建。提出"农村劳动力转移的制度安排次序"这个命题，并非只是研究其在转移过程中的次序安排，而是我国当前劳动力转移实践的需要。① 因为，我国当前劳动力转移面临的并非是是否转移，如何实现转移的问题，而面临的是在不断推进工业化、城市化、改革和发展环境变化的过程中，如何解决我国农村劳动力再转移后的深层矛盾的问题，即农民转化为市民后能否享受与原城市居民同等的权利、福利制度问题。所以，我国政府必须加紧颁布配套政策，因为伴随着劳动力转移的将是一场深刻的制度变革。

二、劳动力国外流动理论研究

人口学家、经济学家及社会学家从不同的角度对劳动力离开母国在国际劳动力市场进行流动的现象进行了详细的阐述，形成了一系列系统性的理论，其代表性理论主要有劳动力市场分割理论（双重劳动力市场理论）、劳动力市场一体化理论、新劳动力迁移经济学理论以及新经济地理学四种。这四种理论虽然切入角度和侧重点均有所不同，但都从不同方面对不同国家劳动力在国际劳动力市场上进行流动作出了有力解释。

（一）双重劳动力市场理论

双重劳动力市场理论，即劳动力市场分割理论② （labour market segmentation Theory），对理解当代移民有着重大意义。20 世纪 60 年代，

---

① 秦兴方、田珍：《农村劳动力转移的次序》，社会科学文献出版社 2009 年版，第 80 页。

② 劳动力市场分割是指由于社会和制度性因素的作用，形成劳动力市场的部门差异；不同人群获得劳动力市场信息以及进入劳动力市场渠道的差别，导致不同人群在就业部门、职位以及收入模式上的明显差异，比较突出的如在种族、性别与移民之间的分层等。

美国经济学家多林格尔和皮奥雷提出劳动力市场分割理论，主张将劳动力市场划分为主要劳动力市场和次要劳动力市场两个部分。该理论以约翰·穆勒和凯恩斯的研究为出发点，他们曾公开反对过亚当·斯密提出的劳动力市场竞争论学说，认为劳动力市场是非竞争性的。"分割的劳动力市场"修正了"竞争的劳动力市场"，一般来说，具有竞争性的劳动力市场并不能作为劳动力市场的主要部分，应该称之为"内部劳动力市场"①，而歧视、私人交易、裙带关系等人为因素是对分割劳动力市场进行划分的主要依据。且该理论的不同学术分支也通过职业竞争理论、激进理论及双元结构论等对以新古典经济学派为基础的劳动力市场理论提出质疑，这些理论主要是在观测点、划分依据以及研究方法等方面存在不同，其中双元结构论是引述最多的，它是劳动力市场分割理论的代表性理论。

　　劳动力市场分割理论是在与新古典理论的争论中产生并发展的，该理论对劳动力从低收入国家向高收入国家流动的机制进行了详细阐述。②根据该理论，先进工业社会的劳动力市场普遍具有层次化，从而产生了永久性的劳动力需求，进而促进了国际移民。高收入国家主要拥有两个部门：资本密集型效率较高的主要部门和劳动密集型效率较低的次要部门，主要部门与次要部门的差异性导致了不稳定工作的产生，从而造成了劳动力市场的层次化。在高收入国家，大多工人都不愿意从事稳定性差且效率低的工作，因为这不仅会面子上不光彩，甚至会打击工人的积极性，这种障碍仅仅依靠正常的市场机制是并不能消除的，因为若只是针对最低级劳动岗位，单纯地提高这些岗位的工资，这必将引起在高等级岗位工作的劳动者的抗议，这种抗议结果会阻碍政府对整个社会等级的维护，更严重的甚至会引起结构性通货膨胀。但那些低收入国家的劳动力却愿意接受低等

---

①　内部劳动力市场是指排斥外部竞争的封闭劳动力市场，在该市场里，劳动力的定价和配置是由整套制度性管理规则和程序调节的；该市场的特权地位和待遇是授予"内部人"，而非"外部人"，"内部劳动力"可以很大程度上免除"外部劳动力"的经常性竞争；内部劳动力市场的工资水平高于社会平均工资，并且其规则受外部劳动力市场的影响较小。

②　Piore M J："The Dual Labor Market：Theory and Implications"，1970.

级的工作，因为即便是高收入国家低等级工作的工资报酬，也比低收入国家同等工作的工资报酬高。随着时代的发展，妇女逐渐具有相互独立性，不再处于依附的地位，并且，由于生育率过低，受教育程度加深，相关法律的约束等，雇佣童工也变得不切实际，所以，劳动力的缺口无法再通过雇佣妇女以及童工来弥补，只能通过吸引在国际市场上进行流动的劳动力来填补缺口。除此之外，劳动力市场分割理论还阐述了工资决定因素，该理论认为主要劳动力市场的劳动力之所以能获得较高的工资，是由其内部劳动力市场的劳动力所处的阶级地位决定的，而次要劳动力市场的工资水平则会受劳动力市场供求关系的影响逐渐决定了趋于一个固定的水平。总的来说，双重劳动力市场理论存在两个特点，1. 劳动力市场不再被视为是一个整体，而是由几个不同的市场组成，同时劳动力的分配及其工资的决定在不同的市场上都拥有自己的特征；2. 不同的劳动力市场之间存在阻碍劳动力进行自由流动的障碍，并且不同市场之间因为制度等因素导致它们基本都是处于相互封闭的状态。该理论被广泛地应用在解释劳动力为什么不能够在经济社会中进行自由流动以及同质劳动力为什么会存在很大的工资差异甚至失业的现象，这大大提高了解释现实问题的能力。以往的学术研究都假设转移的农村劳动力进入的是与城里人具有同等竞争力的劳动力市场，但是经由发展中国家的实践，发现其假设完全与实践事实相反，农村转移劳动力大多都是进入非正规的劳动力市场。这在一定程度上将研究重点从劳动力市场的竞争性转移到了劳动力市场的分割性上，也就是说强调了劳动力就业及其报酬的制度性和社会性因素。①

　　双重劳动力市场理论是在传统劳动力市场理论的基础上对其进行了修订，该理论阐述了高收入国家的一些稳定性较差、工作效率低下的工作能够对低收入国家的劳动力产生一定的吸引力，更重要的是，当劳动力市场出现分割状况时，市场机制中的歧视原则就会替代固有的平等原则。分割的劳动力市场是指同质即拥有同等素质、技能的劳动力其工资报酬由于

---

① 许经勇：《中国农村经济制度变迁 60 年研究》，厦门大学出版社 2009 年版，第 195 页。

社会制度的原因存在明显的差异。通常来说，我们可以接受因劳动者"人力资本"、制度差异等因素造成的工资报酬差异，但是我们并不能理解由于分割的劳动力市场导致的工资报酬差异。该理论可以在一定程度上解释我国劳动力的跨国流动现象，但是在解释该现象时，该理论仅仅只是单纯地从需求角度进行考虑，忽视了供给角度，所以，该理论尚存在一定的局限性，并且，即便从需求角度对我国跨国流动劳动力进行解释，也不能在某些岗位对人力资源的需求是否决定了我国流动的劳动力能找到工作以及经济结构类似的高收入国家在跨国流动劳动力数量存在很大差异性等等这些方面有很好的解释。当然，劳动力市场分割理论也可以用来解释我国农村劳动力转移的现象。在我国，当前城市劳动力市场明显存在层次性，转移的农村劳动力主要是被那些劳动密集型、技术水平低下、劳动报酬较低的次要部门所容纳。建立一体化的城乡劳动力市场，吸引我国劳动力在国内就业是解决农村劳动力转移就业问题、实现我国经济结构转型的重中之重。

（二）劳动力市场一体化理论

Wallerstein 于 1974 年提出，16 世纪以来，经济全球化持续扩张，世界市场不断形成和发展，形成了"中心"和"边缘"两种类型的国家，拥有资本和其他物质财富的国家称为中心国家，除此之外的国家称为边缘国家。[①] 资本主义国家为了利益进行扩张，经济关系不断地渗透到非资本主义国家，这就是中心国家不断扩张和延伸的过程，在此过程中全世界的人被源源不断地吸收到世界经济体系中，形成了劳动力的跨国流动。这种劳动力的流动是随着资本、技术及商品的流动而流动的，边缘国家和中心国家无法阻止该国劳动力进行国际迁移加入世界体系中去。其实质就是中心国家的生产方式向边缘国家渗透从而导致边缘国家的经济融入以中心国家为主导的经济体系的过程，该理论在一定程度上体现了国内外劳动要素市

---

① 　张晓青：《国际人口迁移理论述评》，《人口学刊》2001 年第 3 期。

场一体化的思想。起初，大多数学者都是针对劳动力市场分割这一问题进行研究，在劳动力市场是完全竞争的假设前提下，传统劳动力市场理论所要研究的主要问题是劳动力的就业问题，但现实情况是，劳动力市场并非是完全竞争的，由于一些社会性、制度性等因素的影响，劳动力市场出现了城乡之间、区域之间、产业之间的劳动力市场分割现象，由此，更多学者开始逐渐突破要素市场分割理论认识到劳动力市场一体化的重要性。

在劳动力市场理论中，一体化与分割是互斥的概念。目前，有关劳动力市场一体化的内涵，学术界已经给予其较宽泛的描述：首先，以新古典经济学理论为切入点，认为劳动力能够在不同的劳动力市场之间进行自由流动，同质的劳动力可以在不同的劳动力市场获得相同的工资，也就是说，劳动力市场一体化在收入上的体现就是即使在不同的劳动力市场，也可以形成单一的工资率。Leiws（1956）农村剩余劳动力流动模型已经体现出劳动力市场一体化的思想，该模型表示，农村剩余劳动力可以在城乡之间毫无障碍地进行流动，直至两部门的劳动力工资趋于一致，"二元"经济结构逐渐转变为"一元"，此时，统一的劳动力市场形成。另外，区域劳动力市场动态均衡模型也认为"在劳动力能够自由流动的情况下，劳动力流动回到那些未来收入折现高的地区实现就业，那么同质的劳动力在区域间的自由流动能够缩小劳动力之间的工资差异"（Topel，1986）。很显然，以上两个国外学者基于新古典经济学理论提出的模型都体现了"劳动力市场一体化"这一概念。在国内，都阳和蔡昉（2004）认为：若存在不同的两个市场，这两个市场对于劳动要素的供求曲线不相同，从而使得这两个劳动力市场的工资水平存在差异，在劳动力市场对劳动力以及用人单位的流入不设门槛的情况下，由于两市场的工资水平存在差异，劳动供给曲线各自会朝着不同的方向移动，直到两市场的工资水平逐渐相同。所以，劳动力工资水平的逐渐趋同是劳动力市场一体化的重要体现。此外，许多学者从制度经济学的角度入手，认为实现劳动力市场一体化可以通过建立平等的城乡劳动力市场制度实现。

（三）新劳动力迁移经济学理论

以往的古典迁移理论和新古典迁移理论都强调地区差距是劳动力进行迁移的唯一动力，但实际情况却是农村劳动力在乡城之间进行转移并没有因为两个地区之间的收入差距（预期收入差距）的消失而终止。目前在发展中国家家庭中常常是部分劳动力流动或迁移到城市，而其他家庭成员依旧在农村从事与农业相关的生产性活动，以上迁移现象通过城乡收入差距或预期收入差距等理论是无法得到合理解释的。这时，以斯塔克（Stark，1991）、Brock（2000）、Taylor（2002）等学者为代表所提出的从家庭视角出发的新劳动力迁移经济学理论就能够为其提供更为准确合理的解释。

新劳动力经济迁移理论（New Economics of Labor Migration，简称NELM）认为，劳动力决定是否迁移的决策一般是由以家庭为单位、同时又拥有相互关联关系的人作出的。斯塔克（Stark，1991）认为，在发展中国家，决定劳动力是否外出或迁移的是家庭集体，做出这样决策的目的也是为了实现家庭福利最大化。通常一个家庭会以家庭成员的实际情况为基础来决定谁从农业流向城市非农产业，谁继续留在家里从事与农业相关的生产性活动。由于发达国家已经建立了健全的保险和信贷体系，并且在劳动力迁移的有关保障方面也比发展中国家更为完善，所以发达国家进行迁移的劳动力可以从中得到支持，但发展中国家因为没有完善的保障体系，所以其迁移的劳动力只能靠自己。从这个意义上讲，家庭成员要想完成劳动力流动和迁移，需要来自家庭经营决策中的理性制度安排予以支持，不论城乡之间或地区之间存在多大的收入差距，这种家庭式的制度安排是很有必要存在的。与认为收入是同质的新古典经济理论不同，新劳动力经济迁移理论认为劳动收入具有异质性，同时也具有不同的效用，所以，家庭决策追求收入最大化的同时还要兼顾收入来源的多元化（Taylor，1996）。对收入水平和生活条件不同的住户或者收入水平相同但出于不同的收入分配链的住户来讲，同样的收入住户所获得的效用及感受

是不相同的，所以，该理论的一个重要理论假设是家庭在决定部分劳动力
是否进行迁移时的一个更为重要目的是——为了改善特定群体的收入处于
一个相对剥夺的尴尬地位（Stark&Taylor，1991）。某家庭的相对剥夺可以
表示为：

$$RD(y) = \int_{y}^{y\max} h\left[1 - F(y)\right] dy$$

某家庭在群体中的收入分布情况决定了其相对剥夺的感觉。如上式
所示，F（y）表示一个群体的收入分配函数，h［1－F（y）］表示某家庭
在 y 收入水平上的不舒服程度，y_{max} 代表参照群体中家庭的最高收入，1－
F（y）代表的是群体中收入高于 y 的住户占比（Massy、Taylor，1993），
RD（y）表示某家庭的相对剥夺。根据上式可以得出在某群体中，由于富
人收入增加而穷人收入不变，这会导致穷人存在强烈的相对剥夺感，为了
缓解这种感觉，缩小与富人之间的收入差距，增加家庭收入，此时，穷
人家庭会决定增派家庭成员外出，进而促进了劳动力以家庭为单位进行
流动或者迁移；反之，即使绝对收入水平未得到提高，穷人家庭也会因为
收入分配状况的改善而减少迁移或者流动。"新劳动力迁移经济学"的主
要论点可以作以下概括：第一，工资差异不是导致乡城迁移发生的必要条
件。即便在不存在工资差异的情况下，家庭还是会有强烈的跨地区迁移的
动机，以求分散其风险。第二，迁移与当地的就业或生产状况并不是相互
排斥的。一个家庭通常既有很强的迁移动机，又有很强的参与当地经济活
动的动机。事实上，当地经济活动收入水平的提高可能会提高迁移的吸引
力，迁移此时可以被当作克服在当地经济活动中进行投入所面临的资本约
束和风险约束的手段，因此，迁出地的经济发展会减低一定迁移的压力。
第三，即便地区间的工资差异得以消除，迁移也不一定会停止下来。只要
迁出地区的其他市场还是不完善的或是处于不均衡的状态，向外迁移的动
机就会继续存在。第四，政府不仅可以通过影响劳动力市场的政策措施来
影响迁移速度，而且可以通过影响保险市场和资本市场的政策措施来影响
迁移速度。政府的保障计划尤其是失业保障计划，可以极大地影响迁移的

动机。第五，收入分配状况的政府政策变动、经济状况变动等会改变一些家庭的相对贫困状况，从而改变这些家庭的迁移动机。第六，能够影响收入分配的政府政策变动和经济变动，无论其对平均收入的影响如何，都会对迁移发生影响。

综上，相比上述其他劳动力迁移理论，"新迁移劳动力经济学"对农村劳动力转移解释更贴近发展中国家现实。按照新劳动力迁移经济学，城乡两地之间的收入差距以及其他一些个人或家庭的因素都会引发迁移动机。[①] 该理论中有三个特别重要的中心概念：一是"风险转移"。为了规避风险和使收入来源多元化以保证家庭收入的稳定性，减少对当地传统的或单一的收入来源的依赖，部分家庭成员会选择迁移至城市打工以获取更高的劳动收入。二是"经济约束"。在当地，由于很多家庭资金短缺，制度供给的不完善，不仅没有稳定的信贷支持来源，连农作物保险以及失业保险也没有，诸如此类等因素加快了家庭成员外出打工和迁移的进程，以缓解上述不利局面，获得必要的资金和技术支持。三是"相对剥夺"。新迁移理论认为家庭成员是否选择迁移与他们选择的参照人群的收入水平密切相关。即使收入水平较自身已经有了大幅度的提高，但如果不及参照人群，仍会有相对剥夺感，这就使得部分家庭成员仍选择迁移。

最后，新劳动力经济迁移理论具有较强的理论意义和政策意义。首先，与古典迁移理论和新古典理论相比，农业劳动力流动和迁移对农业发展有促进作用。因为通过外出挣得的收入改善了信贷市场的失灵，增加了农业生产投入，也回避了自然和市场的风险。其次，农村劳动力转移与整个家庭密切相关。家庭作为农村劳动力转移的决策主体，不仅可以在家庭内部实现资源配置的帕累托优化，还可以通过外出就业的劳动力收入与在家务农的农业收入之间实现优势互补，从而规避市场经济变化而带来的收入增减风险。再次，面对相同的城乡收入差距，不同的群体或不同的家庭

[①] 朱农：《中国劳动力流动与"三农"问题》，武汉大学出版社 2004 年版，第 57 页。

具有不同收入预期，也会作出不同的迁移决策，只要相对剥夺和回避风险的理由成立，就存在迁移的动力，不必像古典理论那样靠城乡收入差距扩大来提供迁移的动力。在保持农业发展和农村进步的情况下，城乡差别的缩小也能产生劳动力流动和迁移的动力，这对政府决策的方向将产生积极的影响。根据新劳动力迁移经济学理论，为我国在农村劳动力转移的政府政策上也有重要启示。虽然托达罗理论在我国农村劳动力转移研究中具有很强的传统，但是托达罗模型的一些基本假设与中国的农村劳动力乡城转移行为却存在重大差异。不过，通过"新劳动力迁移经济学"理论研究，我们认为，在农村家庭联产承包责任制强化了家庭作为农村经济活动决策主体的地位、重视家庭的传统观念（尤其是在农村）、转移到城市务工的农村劳动者与其在农村的家庭之间较强的汇款联系和其他生产生活联系。所以，对中国农村劳动力转移的研究并不能仅靠研究深层次的延伸、影响因素的全面就能解决。因为，斯塔克等人认为（Stark 等，1986），农村外出劳动力与家庭收入分布的关系，实质上反映了发展中国家农村地区经济增长和社会平等问题。它实际上涉及更为基础层面的理论创新问题，即应该在什么样的农村劳动力转移理论框架下分析包括与制度相关的一系列问题在内的中国农村劳动力乡城转移问题，因此，解决农村收入不平等对社会福利的提高具有重要意义。

（四）新经济地理学理论

20 世纪 90 年代初，Krugman（1991）发表了《Increasing Returns and Economic Geography》一文，将空间经济的思想纳入到经济分析模型之中，开辟了新经济地理学的研究。经过 20 多年的发展，新经济地理学不论是理论方面，还是实证研究方面都取得了巨大的进展（颜银根，2013）。以 Krugman 为代表的新经济地理学认为，劳动力在规模经济的作用下将会产生集聚的效应，通过劳动力在地区之间的流动来使得地区间的发展达到一种动态平衡。他们通过建立劳动力区域流动模型，对劳动力对区域之间工资差异的不同反应进行了探讨，认为所有的劳动力最后都会流向劳动力份额最初就较高的区域，形成"中心—外围"模型，即 CP 模型。Krugman 认为，含有人力资本的劳动力与物质资本一样，因受产业集聚等因素的影响而流动，最终形成空间集聚效应。其过程表现为：在初期，由于某区域具有良好空气、丰富的矿山等要素禀赋，且处于交通枢纽或港口等优越的地理位置，这会为厂商提供较好的创业环境。在供求作用下，随着企业进行创新活动不断发展达到一定的规模之后，规模经济的不断显现，该区域就会类似于磁场一样，吸引区域外的劳动力源源不断地涌入。可以发现，通过纵观中外经济发展史，上述结论可以由沿海贸易城市以及内陆城镇的形成得到验证。发达区域因为规模报酬递增的效应以及正反馈机制形成累积因果的自我强化效应，会使得发达地区更加发达，且随着集聚规模的不断扩大，该区域的专业化程度也会不断加强，伴随而来的是更加细致化的分工，进而会形成相同产业或者相互关联的产业在该区域庞大的产业链，从而提供更多的创业机会，这种创业活动的发展必然会吸引其他地区劳动力的流入。同时，同种产业或者相关联的产业在某区域的集聚也会因伴随的劳动力的集聚而将市场、技术等各方面的知识、经验、信息汇集起来进行传递，一方面这不仅会激发劳动力自身的搜集数据信息的能力，另一方面区域为确保信息搜集的准确性和传递性，也会完善相关的信息网络等基础设施建设。可以发现，熟练工人的集聚、专业化程度的不断提高，服务的不断发展，知识的溢出效应不断增强，反过来也会促进产业在结构调整以及转型的过程中形成集聚。

新经济地理学以劳动力在空间可以进行自由流动为基本假设，从劳动力集聚和产业集聚之间的相关关系来对劳动力集聚的变化和水平进行分析，并认为劳动力的空间集聚和企业的集聚是同步的且相互对应的过程。不过在该过程中，劳动力集聚是由产业集聚所推动的，由此空间经济地理将劳动力在某区域的集聚和扩散归结为中心地区的运输成本和规模经济之间的平衡。也就是说，产业在空间上的集聚形成了他在该区域的规模经济，进而吸引其他区域劳动力这一生产要素向聚集在产业集聚的区域。同时又因为由规模经济形成的知识效应具有外部溢出性，这会进一步加大对其他区域劳动力的吸引力。综上，新经济地理学为解释劳动力的流动提供了一种全新思路，这种理论的核心问题是规模经济、劳动力集聚、生产外部性及人力资本。这一理论不是同新古典经济学那样，单纯地认为因工资差异引起劳动力流动到最终由于收入趋同而使得劳动力停止流动。新经济地理学指出劳动力流入地区的工资不一定会降低，而是随着劳动力的流入，地区经济规模扩大而出现规模经济效应，劳动力要素投入更加专业，生产更有效率，劳动力的流入还带来人力资本，具有知识溢出效应，同时也带动了流入地的需求，流入地企业更加具有竞争力，经济发展水平大大提高。人力资本和规模经济会导致该地区的工资水平与流出地的工资水平差距越来越大，这会使得经济不发达地区的劳动力继续流入，发生劳动力的集聚。这种过程一直持续，形成了"中心—边缘"地区，中心地区就是劳动力流入地区，而边缘地区就是劳动力流出地区，这种格局形成之后不容易被打破，两地之间的经济差距始终存在，只要经济不发达地区存在剩余劳动力，那么劳动力就会发生流动。同时劳动力流入地的产品需求也会提高，还会引起劳动力的需求流动。新经济地理学从经济聚集引起劳动力集聚的角度解释了劳动力的流动问题，这其中着重强调了规模经济，人力资本及生产外部性的作用，从空间地理角度来分析，比较符合经济发展和人口流动的事实，对于劳动力流动的研究具有很好的引导和借鉴作用。不过，该理论忽视了在历史久远的农业社会，劳动力的集聚是中心地区形成的前提条件。在近现代，我国小城镇形成的过程中，其便利的交通条件和较低的运输成本推动了小城镇发展，反之，小城镇发展又推动了劳动力的集聚。根据内生增长理论所述，劳动者通过接受正规教育、在职培训等进行人力资本积累，同时物质资本的积累也会形成技术进步，二者的综合作用会促进内外部规模经济的形成，正是这种外部规模经济的出现，促进企业按照就近原则进行产业集聚。从这一角度，发现劳动力和产业的集聚是互为因果，互为前提的，双方之间的互相促进放大了新经济地理分析框架里提到的循环累计因果效应。①

本章小结

首先，就农村劳动力迁移模型而言，本章通过"推—拉"理论梳理了影响农村劳动力转移的迁入地及迁出地的推力及拉力因素，然后通过对"刘易斯—拉尼斯—费景汉"模型的描述，阐述了劳动力从农村转移到城市是以剩余劳动力为前提，并将劳动力的流动过程划分成三个阶段，即剩余劳动力从"无限供给"转变为"有限供给"再到"短缺"的阶段，之后托达罗模型在前人的基础上提出，对刘易斯模型予以了修订，农村劳动力从农村流向城市，最根本的原因不是劳动力剩余，而是取决于城乡之间的"预期"收入差距，而乔根森则认为农业剩余才是农村劳动力流向城市的前提，而不是前面学者认为的农村劳动力存在绝对剩余是引起劳动力流向城市的前提那样。不管是在新古典框架下的模型，还是以刘易斯为基础所建立的模型，都存在局限性，即对大量劳动力尽管就业不好（或未就业）但还是选择留在城市的现象无法解释。此时，以 Sjaastad（1962）为代表的学者就构建了基于人力资本约束的劳动力迁移模型，该模型认为迁移的发生是劳动力个体在人力资本存量约束下的自选择行为。此外，有学者还通过梯度转移理论，从产业、空间以及身份的角度对劳动力的流向，身份的转换进行了详细的阐述。其次，将劳动力作为一种要素放到国际市场，相关理论例如劳动力市场分割理论、劳动力市场一体化理论，新劳动力迁移经济学理论等，对劳动力进行国际流动予以了解释。随着经济全球化，要素市场例如劳动力市场也逐渐往一体化发展，但是由于不同区域出现经济发展水平不一样的情况，所以在世界这个整体范围内，出现了小范围的

---

① 循环累积因果效应是指"本地市场效应"及"价格指数效应"，因为受到某种外生冲击会不断自我强大并且形成循环累积的因果关系，正是由于这种因果关系会放大初始震动对经济系统的影响。

劳动力市场分割现象，由于不同国家（区域）在收入水平、福利制度等方面具有差异性，所以在当前具有更多自主性的劳动力会选择向具有更好条件的国外流动。其中新迁移劳动经济学理论特意以家庭为突破点，从一个全新的角度对劳动力国外流动予以了详细解释。

第三章　农村劳动力国内外流动一体化机理

　　劳动力流动机理是劳动力参与市场配置的理由与道理。劳动力流动，尤其是中国农村劳动力之所以选择"背井离乡"，而不是依旧眷恋生养自己的"故土"，促使这种变化发生的理由是什么？或者说，该种现象是偶然还是必然？如果是"必然"，那这个"必然"又是什么？同理，除去如历史上由于姻亲关系、投靠亲友，或出国学习、短暂进修等原因，如何从理论上分析近年来日益壮大的农村劳动力跨国流动？更为重要的是，随着中国经济社会持续稳定发展，全面"用工荒"已经初现的今天，我们要加大农村劳动力国内外流动机理分析，从理论上阐释农村劳动力国内外流动一体化的理由，从而实现"既要顺应劳动力资源市场配置的基本规律，又要按照国家经济社会发展需要对劳动力市场进行合理调控"的发展目标。农村劳动力国内外转移一体化的作用机理：1.农村劳动力国内外转移影响因素一致（推—拉理论）；2.农村劳动力国内外转移动力机制一致（以经济收益为主，兼顾"自然环境、发展机会"等生活质量追求）；3.农村劳动力国内外转移效应机制一致（流出地、流入地都是"双刃剑"：如流出地而言，虽然有助于缓解就业压力，但是也会加剧人才供给的紧张局面）；4.农村劳动力国内外转移有效途径一致（以地缘、血缘等为特征的移民网络为典型特征）。

一、国内流动形成机理

农村劳动力流动是国家经济社会发展中的普遍现象。人类社会历史演进过程中，国家或地区在发展中一般分为"城市"和"乡村"两个不同的地域，并且这两个不同经济单元也通常会存在不一致性。也就是说，"城市"和"乡村"在产业选择、社会交往和生活环境等内容上会有差异，有时这种差异还可能较大。更为重要的是，这种差异会深深地影响着在其范围内生活的人民。譬如，"城市"相对应的是"非农产业"（工业和服务业），在此工作的人员就是"产业工人、服务人员"；乡村则以"农业为主"，在此地域范围内大多是"农民"。显然，如果资源、环境等条件充分而不稀缺，城市和乡村应该各自按照自己规则运转，市民和农民也各得其所。但是，现实中却总会面临着资源、环境等条件的不充分或严重"稀缺"，在要素流动不受限制的状况下，城乡之前在对等的条件下（譬如"等价"）互动交流就成为必然。劳动力是生产力中最活跃的生产要素，在城乡之间的自由流动不仅密切城乡之间的联系，也可以在某种程度上调节城乡发展差距。

农村劳动力流动是国内城乡不平衡发展的一种反映。如前所述，只要劳动力流动不受限制，城市与乡村之间不平衡发展的必然结果，就是农村劳动力流向城市（镇）。除由于姻亲关系、家人团聚等客观原因外，农村劳动力流动虽然受到多种因素的影响，但是主要还是就业机会、劳动报酬、生活便利以及公共福利等因素的作用（如图 3–1 所示）。我们知道，城市（镇）是生产要素高度集结而形成的区域，在城市（镇）里，由于资本、技术、劳动力等生产要素高度集聚，在生产要素代替规律的作用下，不仅可以弥补经济社会发展所需要素资源不足的缺陷，也会由于要素资源集聚而形成集聚效应，从而在新产业形成、新工种创造等方面发挥着引领作用。这也是城市（镇）相对变化较慢乡村而言的活力和吸引力，也正是由于这种城乡间发展差异的存在，使得农村劳动力只要不受限制，或条件具备情况下就存在流动的可能。显然，农村劳动力流动一般不只是某一种原因引起的，是在多个因素的综合作用。不过，只要其中某个因素是被认为最重要的，就可能诱发农村劳动力流动现象出现。

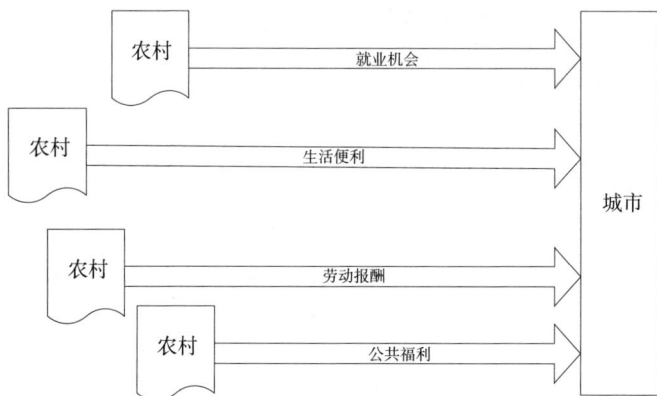

图3-1　农村劳动力流动（国内）机理

　　农村劳动力流动是世界各国发展过程中的普遍现象。虽然世界各国发展历史进程不同，发展阶段不一，但是劳动力流动都是由乡村向城市，由城市向乡村流动是少数，即使有，也会被认为是"非典型"现象。那么，为什么呈现这样状况？应该说，劳动力作为最活跃生产要素，在市场经济条件下应该是自由流动，其结果必然是城市和农村之间双向流动，而不会出现任何单向流动状况。但是，现实中却就是农村劳动力单向流往城市（镇），尽管流入地城市（镇）规模、级别存在差异。这种现象引起了社会各界的广泛关注，以刘易斯为代表的专家学者，运用农业生产劳动边际生产率、农业剩余以及工业与农业对劳动力需求差异等经济术语，通过构建数学模型来实证分析城乡间"实际收入差距"或"预期收入差距"在农村劳动力转移进程中的地位与作用，使学术研究从规范研究、感性规律总结向实证研究、理性探讨转变。① 其实，促使农村劳动力流动不只是

---

① 张志新：《基于城乡统筹发展的农村劳动力转移与政府配套政策研究》，人民出版社2019年版，第25页。

"城乡收入差距"带来劳动报酬增加的"可能性",和更全面的"福利待遇"、更多更好的"就业机会",以至于与城市社会有关的"生活便利性"都有可能影响其决策,加速其流动(如图3-2所示)。其实,在农村劳动力流动进程中,起决定作用可能只是某个方面的因素,但是相对于城市而言农村发展不充分是其中的主要原因。也就是说,农村劳动力流动是多种因素综合作用的结果。

(一)早期的一般情形

农村劳动力流动是劳动者自主选择的结果。农村劳动力流动是个自发过程,虽然原因各异,但是从来都没有间断。单从理论上讲,农村劳动力流动是劳动力市场自发调整过程。一般来说,农业土地资源有限性、农业生产效率和从事农业生产效益增长缓慢,其直接结果就是农村劳动力相对于农业生产而言存在富余,也有学者称之为"相对过剩"。而另一方面,城市(镇)经济繁荣、城市工业、服务业快速发展,相对较好的生活环境、较高的工资收益和不断创造出新的就业机会,这都吸引着农村劳动力流向城市(镇)。这其中也与城市(镇)劳动力一时难以增加有关,因为劳动力再生产不能马上达成,需要一定周期。不过,农村劳动力并不都是

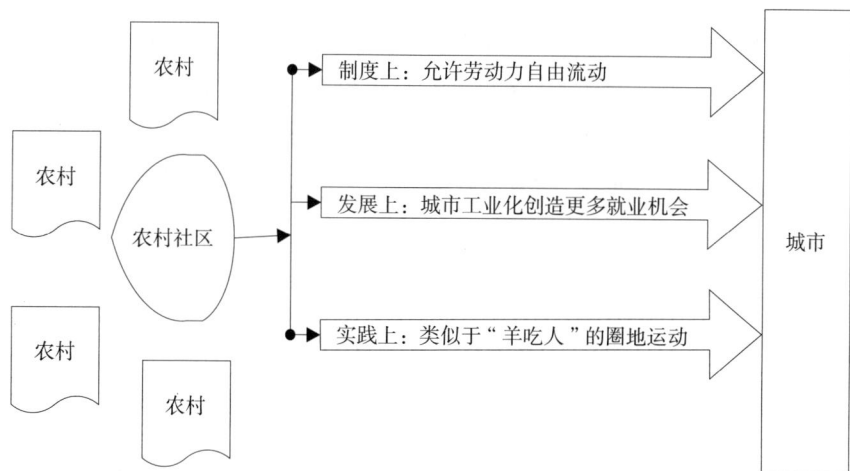

图3-2　农村劳动力流动(国内)一般情形

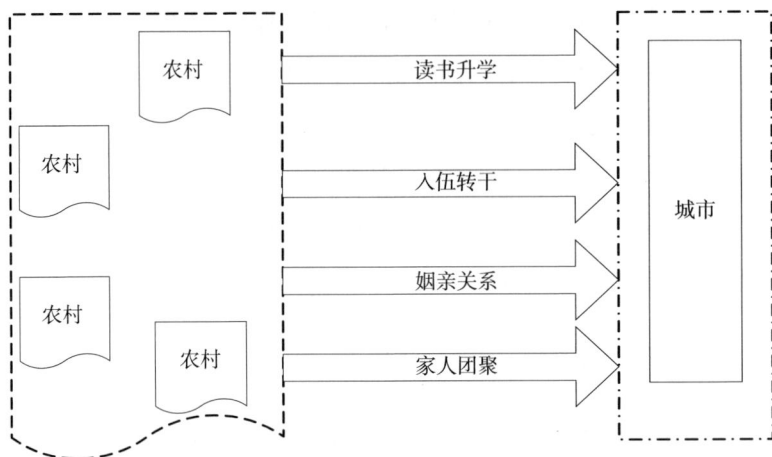

图 3–3　中国农村劳动力（国内）早期情形

流向城市（镇），其他富裕的农村地区也可以成为目标区域。当然，农村劳动力流动最终形成还需要条件的成熟，即农村劳动力个体自身、其家庭具体情况，或亲戚朋友的邀请等某个特殊情况，都可以诱发农村劳动力流动。我们认为，后者只是促使农村劳动力流动的外因，前者才是决定农村劳动力流动的关键。

　　农村劳动力流动首先是从国内开始的。虽然不同的国家或地区具有明显的差异，但农村劳动力转移与工业化、城市化同步推进似乎是发达国家经济发展史的基本规律。[①] 根据对世界多数工业化国家的研究发现，早期农村劳动力流动的主要动力来自于城市化和工业化，城市化、工业化最显著的特征就是对劳动力需求急剧增长，工业革命还没有最终形成，甚至蒸汽机时代还没有到来，工业生产与城市发展中还主要依靠劳动力数量增加来维持，机械化对劳动力的替代还不明显。因而，农村劳动力流动是国家工业化和城市化发展的必然现象。我们知道，农村劳动力流动受到多种因素的影响，在此期间，城市化、工业化对劳动力需求"爆炸式"增

---

① 张志新、李亚：《中印两国农村劳动力转移进程的比较研究》，《亚太经济》2010 年第 4 期。

长，也要求政府部门采取多种政策去加速农村劳动力离开土地，流向城市（镇）。除赋予劳动者"自由迁徙权"外，政府还通过组建劳动力市场、成立劳动中介组织、设置主管劳动力部门等多种方式，为农村劳动力流动创造"外部"条件。其中，羊吃人的"圈地运动"是最为极端的方式之一。"圈地运动"①始于英国，是因为英国早期是一个传统的养羊大国，在相对于农业高昂的羊毛业的利润驱使下，获取足够多的土地以壮大养羊场所就是贵族们一时的努力方向。于是，把原本从事农业的土地圈起来养羊，把仰仗土地生存的农民赶走，就成为竞相效仿的成功做法，也是"圈地运动"的必然结果。

　　农村劳动力流动与政府也有密切关系。农村劳动力流动虽然是劳动力市场自我调节，但是如果政府对其进行限制，或设置障碍，那么农村劳动力流动至少不会那么顺利。不过，世界多数国家对国民在本国范围内流动是不加限制的，即公民享有"自由迁徙权"，输出地、输入地政府间也是放任市场去调节。如图3-2所示，此时国家在政策上一般不会限制本国居民的自由流动，包括农村劳动力在内的全体居民都可以根据自身条件，选择在管辖范围内任何地方居住和从业。因此只要城市经济社会发展超过乡村社会，劳动力就会"用脚投票"，就会出现农村劳动力由乡村流向城市。因为人们对城市就业机会和城乡之间收入差距有较高的敏感性。为了促进城市及其产业的更好更快发展，或出于某种其他原因的考量，政府还会采取激励措施促进农村劳动力流动。如前所述的"圈地运动"，尽管当时的英国政府对贵族的圈地行为进行了一定程度的限制，以避免过多的农民流离失所，成为无业流浪者而危及自己的统治。但是，这些限制措施收效甚微。历史出现了戏剧性的一幕，政府发现对付那些从土地上被赶出的"无业流浪者"，要比限制贵族们"圈地"容易得多。因此，纷纷出台政策，规定"凡是有劳动能力的游民，如果不在规定的时间里找到工作，一

---

① "圈地运动"在英国很有典型性，是从15世纪50年代开始一直延续到18世纪末，虽然是对养羊业利润高于从事农业生产的直接反映，但是其结果却是促使从事农业的劳动者被迫离开土地，成为不得不靠出卖"劳动力"的无产者。

律加以严惩"①。在该政策的作用下，"圈地运动"直接结果就是迫使失地农民不得不进入羊毛及其制品或其他工厂，成为"廉价"的劳动力，去接受资本的剥削。政府政策成了"羊吃人"运动的助推器，早期的英国通过"圈地运动"为资本主义发展，准备了大量廉价的、除出卖自己劳动力外一无所有的劳动力。

农村劳动力流动存在较高国别地区差异。农村劳动力流动与国内城市化、工业化同步进行，是世界各国经济社会发展的基本规律。我们知道，尽管农业在国家经济社会发展中处于基础性地位，但是国家城市化和工业化又是人类社会发展的必然趋势，也是不可改变的。城市化和工业化既是生产力提高的结果，也会通过生产要素集聚而促进生产力进一步提高。纵观人类社会由农业文明向城市文明转变进程，城市社会发展最为突出的表现，就是"制造业、服务业及高新技术产业等蓬勃发展的新兴产业集聚于城市，城市会形成新的就业岗位，吸引农村劳动力向城市转移"②。社会发展的现实也多次被专家学者理论研究所证实，譬如，克拉克、库兹涅茨等人的研究都表明：随着国家或地区城市化、工业化，该区域内人均收入水平随之提高，并且第一产业总值逐年下降，提供就业岗位越来越少，第一产业劳动力就业份额日益减少。与此同时，第二、三产业在经济社会发展的贡献显著增长，吸纳更多的劳动力就业，甚至在短期内岗位"空缺"严重。从中得出，社会进步导致的生产结构的变化，使得生产资料、资本和劳动力等生产要素从农村、农业不断流向城市、非农产业。因此，农村劳动力流动是经济社会发展的必然。只不过，不同国家发展阶段不同，农村劳动力流动呈现不同形式。

---

① 通常，对于那些流浪的农民，一旦被抓住，就要受到鞭打，然后送回原籍。如果再次发现他流浪，就要割掉他的半只耳朵。第三次发现他仍在流浪，就要处以死刑。后来又规定，凡是流浪一个月还没有找到工作的人，一经告发，就要被卖为奴隶，他的主人可以任意驱使他从事任何劳动。这种奴隶如果逃亡，抓回来就要被判为终身的奴隶。任何人都有权将流浪者的子女抓去作学徒，当苦役。

② 陈甬军、陈爱民：《中国城市化：实证分析与对策研究》，厦门大学出版社 2002 年版，第 14—20 页。

早期的中国农村劳动力流动较少较慢。中国农村劳动力流动虽然由来已久，但是由于新中国成立后中国城市经济、城市工业相对滞后，不仅不能为农村劳动力提供就业机会，就是为解决城市新增劳动力就业也存在较大压力。这其中最为突出的是国家实施"优先发展重工业"战略，"重工业优先发展不利于缓解农村劳动力就业问题"[①]。在此背景下，国家实施以"户籍制度"为核心的城乡分离的治理体系，城乡"二元结构"是该时期社会的显著特征。因而，农村劳动力由于"农业户口"而限制在农村，即使短期到城市（镇），需要自备好流动城市（镇）期间一切"证""票"。否则不仅难以获得基本的生活资料，也可能被当作危害社会治安的"嫌疑人"。"商品粮"成为城里人身份标签，也是农村人的向往和追求。如图3-3所示，在此时期，政府对农村劳动力流动不仅有严格的以户籍制度为中心的制度体系进行限制，还有通过高度集中的农村集体经济组织进行有效的管控。可以说，自20世纪60年代初开始，中国农村劳动力向城市的流动或转移完全置于政府的严格控制之下，并基本堵死了农村劳动力乡城间自由转移的渠道。[②] 在当时情形下，对于多数农村居民而言成为城市居民是可望而不可即的，只有少许通过"读书升学""参军转干""姻亲关系"等机会，才有可能实现从农村到城市的这样一个难以逾越的"鸿沟"。

（二）近期的基本情形

农村劳动力流动一般与城市化同步进行。城市化是国家现代化进程中的必然趋势，同时，城市化进程也伴随着农村劳动力流动，其中最为典型和集中的是由乡村流向城市。只不过城市化不同阶段，农村劳动力流动有不同的特征。一般意义上讲，城市化是一个循序渐进的过程，可分为初级、中级和高级三个发展阶段。

---

① 张志新、李亚：《中印两国农村劳动力转移进程的比较研究》，《亚太经济》2010年第4期。

② 张志新：《基于城乡统筹发展的农村劳动力转移与政府配套政策研究》，人民出版社2019年版，第67页。

　　首先，城市化的初级阶段，即城市刚刚兴起，城市发育水平较低，社会生产简单粗糙，工业化程度也不高，城市及其工业能够提供的就业岗位十分有限。与此同时，农村农业生产力水平低下，农业生产发展主要依靠更多农村劳动力的投入，因此，农村劳动力对农村农业发展重要性，决定了农村劳动力不可能从土地上解放出来，因而，城市化初级阶段，农村劳动力流动现象不明显。

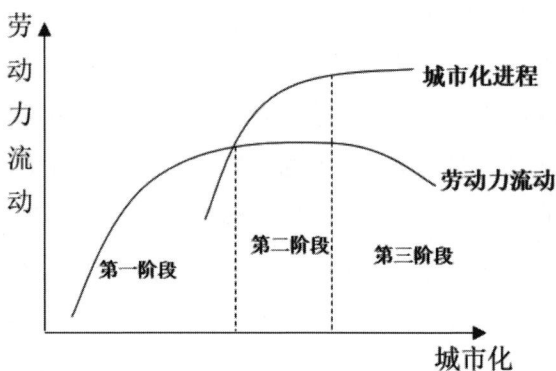

图3-4　劳动力流动与城市化趋势图

　　其次，城市化的中级阶段，即城市加速发展，直至基本实现城市化的阶段。在这个阶段，随着社会生产力大幅提升，农业劳动生产率也不例外，其中最为典型的是农村劳动力相对于有限的农业用地而言显得"剩余"，即由原初的多人共同完成的农业生产，在农业机械为代表的农业科技下只需少数农民就可以完成，因而"迫使"一部分农村劳动力从土地上释放出来，不断地从农村农业流向城市非农产业。与此同时，农村劳动力流动也推动城市及其工业化发展。因为随着"新市民"流入和聚集，不仅弥补了城市工业发展对劳动力需求的"缺口"，也催生了城市新产业、新业态的加快发展。在以上因素共同作用下，城市及其产业成长所形成较多的就业机会、较高的收入等，都对农村劳动力流动产生强大的吸引力。因此，这一阶段，城市化中期是农村劳动力流动大规模爆发的阶段。

　　最后，城市化高级阶段，即城市化水平较高，且已进入发展较慢、增速减缓的阶段。在这一阶段，城市化发展水平较高，在技术水平不变的情况下，城市产业、人口、基础设施等都相对完善，各项指标都已趋于稳定。因此，此时城市已不再能为农村劳动力流动提供强有力的动力。同时，城市化带动的农村农业现代化发展，使得城乡之间差距日益缩小，以至于在城市化高级阶段，城乡差距已不是农村劳动力流动的主要因素。由此，我们认为，经济社会发展到这个阶段，农村原本的从业人员也都是农业工人，农业生产机械化、信息化，甚至是智能化，农村劳动力"剩余"现象几乎不存在。更为重要的是，城市化高级阶段，社会工资水平显著提高，无论是城市还是农村，虽然机器可以替代部分雇佣问题，但是城市化发展对劳动力需求，无法继续通过农村劳动力流动得以补充，因而，农村劳动力流动现象急剧减少，甚至出现"逆流动"①。也即是随着农村农业现代化，城乡融合发展使得城乡差距不再明显，乡村的自然风光、生态宜居环境等会加速劳动力"逆流动"现象增加。

中国农村劳动力流动异常活跃。中国自1978年推进改革开放基本国策以来，农村劳动力流动由少数人的自发行动，到现如今是"产业工人的重要组成部分"，是国家现代化建设的重要生力军，不但说明我们在农村劳动力流动的认识不断深入，而且再次证实了国家现代化进程中农村劳动力流动的同步性。通过对我国农村劳动力流动进程来看，基本符合了以上规律。中国是农业大国，尤其是在改革开放前，传统的农业生产经营方式，此时不仅农业生产效率低、农业生产条件差，还有就是从事农业生产收入低、劳动力强度大。虽然这一发展阶段，从总体上讲，中国的城市化、工业化发展进程缓慢，城市及其工业发展水平也不高，但是相对于更为落后的农村，城市对农村劳动力流动而言还是产生很强的吸引力。随着农村以家庭联产承包责任制为中心的改革大幕的拉开，农村农业发生了举世瞩目的变化。其中最为典型的是家庭作为承包主体，使得由家庭成员全部从事

---

① 劳动力"逆流动"，是相对于我们熟知"农村劳动力流动"而言的一种新现象。即，劳动力流动不再是由乡村流向城市，而是随着经济社会发展进步，尤其是城乡差距的缩小，以至于趋于一体，乡村的自然风光、生态宜居和美好环境等特有优势，吸引着越来越多的劳动力从城市流向农村的回流现象。

农业生产并不能带来生产效率的提高，因而部分家庭成员相对于承包地而显得"多余"。因而，家庭联产承包责任制不只是在一定时期提高农村劳动力从事农业生产的积极性，从而使得农产品出现剩余成为可能。更为重要的是，它的推行使得部分农村劳动了从土地上解放出来，迫使农村劳动力流动、从事其他产业成为可能。据四川、河南、安徽、湖南、湖北、江西等省的不完全统计，1982 年外出打工的农村劳动力不足 100 万人，1993 年增加到 2400 万人。安徽省 1982 年外出打工的农村劳动力只有 12 万人，1989 年以后，每年增加 100 万人，1993 年就达到 300 万人。[1] 也就是说，农村土地制度改革促动的我国改革开放，其深远影响之一是国家城市化和工业化。城市化和工业化加速了农村劳动力流动步伐，使得大量从土地上"解放"出来的农村劳动力流向城市。

中国农村劳动力流动呈现不彻底性。中国农村劳动力流动"既没有像一些成熟的市场经济国家那样'职业转换'与'身份转换'同步进行，当然也不能学习有些国家通过'贫民窟'来实现'被市民化'的发展目标"[2]，而是根据经济社会发展的不同阶段走出了自己的特色路径。如前所示，农村劳动力流动，尤其是对中国农村劳动力而言，离开生养自己的"土地"是一种艰难的选择，但是在"人多地少"和城乡发展不平衡的现实面前，农村劳动力外出就业的收益与拥有的土地呈负向关系，人均占有耕地每减少一亩，劳动力外出的概率就增加4.6%（赵耀辉，1997）[3]。尤其是 1978 年后中国农村积极实施以家庭联产承包责任制为主体的一系列改革，有效刺激了农民生产积极性，不仅提高了农民收入水平，也为农村劳动力流动创造了外部条件。农村改革的重要性在农村劳动力流动上表现较为突出，我们习惯性将其表述为"家庭联产承包责任"，这里只是说明农

---

① 张志新：《基于城乡统筹发展的农村劳动力转移与政府配套政策研究》，人民出版社2019 年版，第 67 页。
② 张志新、白海洋、姚杰：《农民工市民化进程不同阶段政府角色定位差异性分析》，《农业经济》2020 年第 1 期。
③ 赵耀辉：《中国农村劳动力流动及教育在其中的作用——以四川省为基础的研究》，《经济研究》1997 年第 2 期。

村改革起源于此，同时也证实了土地制度对农村劳动力的重要性，其实促使农村劳动力流动是与农村一系列改革综合作用的结果。当然，家庭联产承包责任制作为除提高农业生产效率、把部分农村劳动力从土地上"解放"出来、使得农村劳动力对于土地而言出现"剩余"外，还有就是农产品在满足自给自足的同时出现了"剩余"，这就为农村劳动力流动"自带口粮"进城提供了可能。加之，城市及其工业快速发展所带来的就业机会和相对较高的收入等原因，又将农村劳动力流动成为现实往前推进了一大步。

政策制度是中国农村劳动力流动先决条件。农村劳动力流动的机理分析有很多，比较一致的观点是，农村劳动力也是理性"经济人"，如果无法从农业生产中获得可观的收益，他们就会流向城市（镇）非农产业，以期获取更多"收益"。不过，这个"收益"内涵随着研究深入外延不断得到拓展，从最初的"工资收入"发展到包括"工资、福利，甚至是生活便利性"等方面。不过，与农村劳动力关系密切的所有权、承包权和经营权"三权分置"的土地经营制度是农村劳动力转移到城市的原因之一（白南生，2008）[①]。其实，从某种意义上讲，政府在我国农村劳动力转移中充当主导者角色，发挥引导者的作用[②]。纵观中国农村劳动力流动全过程，政府政策制度在农村劳动力流动中始终发挥着重要作用，甚至是关键性作用，这就决定了中国农村劳动力流动不彻底性。正如舒尔茨指出："制度是一种行为规则，这些规则涉及社会、政治及经济行为。"[③] 农村劳动力流动虽然是个体决策行为，但每个人的个人决策是受到国家和社会多种条件的制约。其中国家政策制度为农村劳动力流动既可以是有力支撑，也可以是最大的约束。

政府政策左右着中国农村劳动力流动进程。农村劳动力流动离不开政府作用的发挥，只是依托市场机制来进行资源配置，至少在劳动力市场

[①]　白南生、李靖：《城市化与中国农村劳动力流动问题研究》，《中国人口科学》2008 年第 4 期。

[②]　张志新：《农村劳动力转移战略中的政府行为分析》，《特区经济》2009 年第 2 期。

[③]　舒尔茨：《制度与人的经济价值的不断提高》，三联书店 2003 年版，第 23 页。

上会存在明显的"市场失灵"。通过对我国农村劳动力流动全过程考察，我们可以发现：制度或政策的变动导致了我国农村劳动力乡城转移过程的起伏和波动①。改革开放后，国家对农村劳动力流动不再像过去那样，通过包括户籍在内的政策制度，已到达阻止农村劳动力流动的目的。不过，改革开放后"户籍制度"限制作用逐渐减弱，但是也并没有完全解除。尤其值得一提的是，附加在"户籍"上一系列社会福利、公共服务等城市（镇）居民享有的配套政策却仍然坚固，难以破解。譬如，农村劳动力无法同等享受到城市（镇）中的社会保障、城镇医疗、教育等公共服务。加之，在城市就业还受到种种歧视、不公平待遇等等，都对农村劳动力流动产生着一定的阻碍作用。譬如，中国农村智库发展平台中的中农简报指出，2016 年对全国 31 个省 2752 位外出农民工调查发现，其中 43.48% 的农民工曾遭到就业歧视。② 与此相对的是，随着近年来国家支农、惠农政策相继出台与实施，尤其是 2001 年后农业税的取消，从事农业获取收入虽然没有进城务工那么高，但是可以不用"背井离乡"，还可以照顾家庭，其结果就是农村劳动力回流也是时下又一新现象。譬如，有学者通过对重庆、贵州两省市的调研，在国家惠农政策的吸引下，许多返乡农村劳动力都希望在家乡创办工商企业和发展现代农业（"城镇化进程中农村劳动力转移问题研究"课题组、张红宇，2011）③。所以，国家政策制度左右农村劳动力流动，即农村劳动力流动也会在政策制度及其效应中进行选择。如果城市融入政策比较有利时，农村劳动力流向城市；如果惠农政策加大时，农村劳动力则会逆流动，即"回流"。

总体上看，农村劳动力流动无论是早期，还是近期，大多数都是在国家主权范围内不同地域间，比较典型的是由乡村到城市这样一个过程，

① 王萍：《中国农村剩余劳动力乡城转移问题研究》，东北财经大学出版社 2008 年版，第 45 页。
② 中国农村智库发展平台中的中农简报，见 http://www.ccrs.org.cn/List/Details.aspx?tid=2043。
③ 张红宇：《城镇化进程中农村劳动力转移：战略抉择和政策思路》，《中国农村经济》2011 年第 6 期。

虽然各国经历的时间、程度等不尽相同，但是引起该现象的作用机制都主要是由于城乡发展不平衡所致。城乡不平衡发展下，城市及其工业发展，较高的收入、便利的生活以及较多的机会等都吸引着农村劳动力流动。加之，乡村经济社会发展的滞后性也为农村劳动力流动提供了充分条件。当然，在此过程中政府政策制度又起到推波助澜的作用。只是，不同社会制度、不同的文化背景，农村劳动力流动受到政府政策制度的影响程度有很大差异。客观地讲，中国农村劳动力流动离不开政府作用的发挥。早期政府通过城乡分离的户籍制度，以及与此相关的社会福利、社会保障和公共服务政策，将农村劳动力阻隔在城门之外。近期影响农村劳动力流动的"户籍制度"虽有松动，但是与此相关的配套政策没有根本性改变，从而使得农村劳动力流动出现波动，基本与农村劳动力流动政策相关。还有，西方发展起来的国家农村劳动力流动是为了资本主义大生产，所以对"劳动力需求"出现巨大缺口，催促政府在农村劳动力流动政策上，真正做到"职业转换"与"身份转换"同步性。中国农村劳动力流动不同就是农村劳动力流动不彻底性，这与政府政策制度密切相关，必须顺应农村劳动力流动进程而做相应调适，从而有序推进农村劳动力流动目标的实现。

二、国外流动形成机理

劳动力国际流动是经济全球化的重要内容。当今世界国家之间资源禀赋、发展阶段虽有差异，有时甚至还可能存在重大差异，只不过"和平与发展"仍是时代的主题，因此，在经济全球化背景下，世界各国间联系日趋密切，孤立于世界之外，要么面临日趋落后的下场，要么自绝于世界民族之外。因此，为了获取发展机会，国家理应基于国际分工形成的产业链、价值链，增进国际交往。同时，按照"平等互利、等价交换"等市场交易规则，密切经济关系。这就要求包括劳动力在内的生产要素在国家间自由流动、合理配置，加之国际生产、贸易、投融资等形式，共同增进人类福祉的发展目标。因此，"国际移民"（International migrants）或"跨国迁移"（Transnational migrants）正日渐成为不同民众的生活实践。① 根据国际移民组织（IOM）与全球化智库（CCG）联合发布的《世界移民报告2018》数据显示，在过去近半个世纪里，国际移民人数已大幅增加。2015年，居住在出生国以外国家的人数大约为 2.44 亿，为 1970 年数量的三倍以上。② 单从数据上看劳动力跨国流动不仅是对经济全球化的结果，也是推动经济全球化的重要力量。通过劳动力跨国流动不只是国际劳动力市场上合理配置，实现经济上互联；还可以通过其增进国家间的文化、技术等方面的交流，增进互信。因此，劳动力跨国流动既是国家间的经济现象，也可能牵扯到文化政治等多层面的内容。

　　劳动力跨国流动理应得到足够重视。劳动力跨国流动在符合流出国、流入国相关法律规定基础上，尽管是劳动者个体的自由选择，但是对其中哪一方来说都是一把"双刃剑"。"一方面，国际人口迁移对提高移民接受国人口素质，促进接受国经济发展、政治民主化、文化多元发展、人口增长和就业以及在加速城市化进程方面起着重要的作用。另一方面，国际人口迁移给移民输出国造成人才流失，给迁入国带来了难民问题、非法移民问题和跨国移民犯罪问题等。"③ 我们认为，对输出国而言，劳动力跨国流动也可能减少就业压力、资源消耗，也还可以通过移民汇款增加国家外汇储备能力等多种好处。由此，随着中国经济社会发展和国际化进程加快，农村劳动力流动虽然是以国内区际间流动为主，但是这些在流动中成长起来的农村劳动力，不仅具备了外出务工能力，也积攒了丰富经验，部分开始跨越国境，走出国门，积极参与国际劳动力市场竞争。中国劳动力跨国流动已是亚洲国家中重要力量。据资料显示，"2015 年来自中国的移民

---

① "国际移民"（International migrants）或"跨国迁移"（Transnational migrants）是国际社会关于"劳动力跨国流动"使用较广泛的用语。联合国等国际组织对其的基本定义是：跨越主权国家边界，以非官方身份在非本人出生国居住达一年以上的群体。

② 国际移民组织（IOM）：《世界移民报告 2018》（中文版），第 13 页。

③ 杨恕、王术森：《人口迁移：全球化进程中的"双刃剑"》，《人民论坛·学术前沿》2014 第 14 期。

构成印度、墨西哥和俄罗斯之后的世界第四大移民团体，有接近 1000 万中国出生的移民生活在中国以外地区，其中生活在美国的有超过 200 万人。"[1] 当然，由于统计口径不同以及劳动力跨国流动方式多样，中国劳动力跨国流动[2] 肯定比已有数据要大得多，也复杂得多。因此，研究中国劳动力跨国流动及其机理，是做好该项工作的基础和前提。

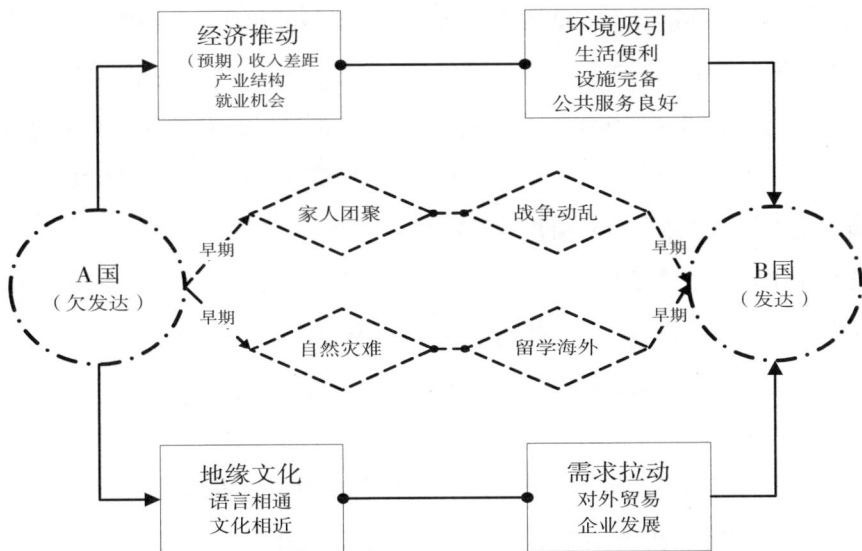

图 3-5 A 国不同时期劳动力流向 B 国决定因素简图

　　劳动力跨国流动与国内流动之间有关联。劳动力国内外流动虽然复杂程度不同，但也有一些共同的地方，存在一定的关联性。我们这里说明一下，劳动力跨国流动，对中国而言，没有区分"城市"和"农村"，而且在现实中这个区分意义也不大，因为"户籍"制度在改革开放 40 多年后已逐渐放松。更为重要的是，在劳动力跨国流动中，农村劳动力数量显著性增长，如果使用广义的"跨国流动"的概念，农村劳动力跨国流动一

---

① 国际移民组织（IOM）：《世界移民报告 2018》（中文版），第 13 页。

② 劳动力跨国流动其实是不分城市和农村的，随着国际化进程加快，在国际劳务市场上"农业户口"的劳动力越来越多，如果不把跨越国境作为重要标准，而是只根据雇佣关系是否与境外个人、企业或组织之间形成，那么"三资"企业中的农村劳动力都可以视为"跨国流动"，尽管没有跨越形式上的"国境"。本研究由于数据的可得性，使用的是后者。即农村劳动力跨国流动作为中国劳动力跨国流动的主体。

定是主体地位。因此，我们将中国劳动力跨国流动近似化为农村劳动力跨国流动，除了数量上的主体地位，还有一个重要原因是引起劳动力跨国流动的机理是一致的。农村劳动力国内流动在国家政策不做强制性规定的条件下，城市及工业较快发展所形成的"拉力"，农业及农村相对落后对其的"推力"，在这两个"力"的综合作用下，促使了农村劳动力流动的可能。当然，最终事实上流动还会受到某种客观条件的影响，譬如，用人单位发出针对性的"招工"广告、同乡亲友的"游说"，生产中水（旱）灾，甚至是与乡邻间的"纠纷"等"偶然事件"，都是引起农村劳动力流动的最终"导火索"。相对于国外流动而言，农村劳动力面对形势虽然复杂得多，这个复杂性主要有对流出地经济社会发展了解程度不一样，政治、语言、文化以及生活习惯上一般也有差别，有时甚至是严重差别。但还是有相同性的一面，譬如，都是要离开家乡，都得自我克服流出后的工作、生活等问题。其实，最重要的一致性是引起他们流动机理是一样的，都是对美好生活的向往。

劳动力国际流动机理是复杂多元的。劳动力国际流动机理的"复杂"性，是相对于国内流动而言，因为它一般要跨越国境，不只是地域范围更广，面对风险和不确定性大大高于国内流动，更重要的是无论是流出地还是流入地的政府"管制"要比国内流动严格得多。虽然当时的"政府力量"不如现在强大，但是任何时代任何政府都不会对劳动力流动，尤其是跨越"统治边界"的现象置若罔闻。因此，政府管制也大大增加劳动力跨国流动的复杂程度。我们知道，在没有形成现代政府之前，户籍人口、公民身份都还没有创造出来，因而对国内流动是不加限制，但对外国人还是要进行有效管控。因为"这些人"是"危险的"异类，争食的蛮夷。"多元"则是虽然劳动力跨国流动与国际化进程有关，但是早期"大量人口因战争动乱、自然灾害、遭受迫害等原因被迫迁移"①，即是说，早

---

① 李明欢：《国际移民治理的现实困境与善治趋势》，《人民论坛·学术前沿》2014 年第 14 期。

期的劳动力跨国流动大多是在生活"被迫"下的无奈之举。这些无论是肇始于唐朝末年的中国东南沿海贫困百姓，由于战乱频繁、恶霸横行，加之人多地少等原因，无以为生而不得不铤而走险，以至于漂洋过海到"南洋"①求得生机。还是1620年36名清教徒和66名破产者、流浪汉等搭乘"五月花号"离开英国，前往荒无人烟、不受英国政府管制的"新大陆"，都说明了劳动力跨国流动非自愿，在生存危机受到挑战时奋起一搏。不过，我们现在能看到的只是劳动力跨国流动的少数"成功者"，那些葬身于"流亡海外"途中辛酸我们不能体会，所以一部"移民"史绝对是一部血泪史。"但是，在当今世界移民中占据主体的却是主动移民，其迁移终极原因，基本可以归结为移民者主动追求与社会环境实现最佳有效的结合。"②

环境因素成为劳动力跨国流动的决定性因素。劳动力跨国流动通常被当作"移民""国际移民"，我们不直接用上述概念的原因，主要是因为中国劳动力跨国流动只有少数会考虑长时期定居而形成"移民"，绝大多数只是因为工作关系一定时限内在母国所在地以外地方"暂时"居住，工作中止或终止后返回家乡。"移民""迁移"等概念更多关注"长期性"，而"跨国流动"则是个暂时性流动现象。应该说，中国经济社会全面发展不只是解放了思想，也让包括农村劳动力在内的广大群众在实践中得到锻炼，劳动能力得以提升、适应性得以增强。"在经济全球化快速发展的今天，文化多元日益被大家认同、移民政策越来越国际化，因而移民环境更

---

① "下南洋"为啥多为广东、福建人？其一，世界各地，东南亚以其土质肥沃、阳光雨量充足、资源丰富而地理位置与广东、福建两省最为接近，来往较为便利，气候亦相去不大。其二，浙江、江苏两省，虽为沿海省份，但是如果为了谋生发展，不必远渡重洋，而是有近在咫尺，且机会良多的中国最大都市上海可供选择。山东、河北等人口大省，虽然人多地少、百姓生活困苦，但是地域上临近土地广袤、人烟稀少的东北可资移植，无须舍近求远，出国远行。其三，广东、福建自古现代商业文明传播较早，外国商船战舰打交道也早于其他区域。因此，"南洋"成为最适于广东、福建人谋生发展首选之地。

② 李明欢：《国际移民治理的现实困境与善治趋势》，《人民论坛·学术前沿》2014年第14期。

多的与接收国的居民生活质量、经济发展水平、产业结构等要素密切相关。"① 这其中一个显著的变化就是，中国农村劳动力跨国流动正在兴起，成为中国对外经济贸易合作中的重要力量。显然，中国农村劳动力跨国流动有着自己的原因，有别于其他国家。我们认为，与中国农村劳动力跨国流动显著不同的是，世界上很多国家每年有大量居民因自然灾害、政治事件以及经济困难等原因而不得不"迁移"，当然也有因为追求高质量生活、较好就业机会等与中国劳动力跨国流动相似的原因。

（一）经济推动

经济发展差距成为影响劳动力跨国流动的重要因素。世界各地资源禀赋不同、发展历史进程有别，加之发展道路、政府效用发挥等多种因素作用下，国家与国家、国家内部各地间经济社会发展不平衡，甚至存在较大发展差距。这种"发展差距"存在要求"理性经济人"的劳动力，无论是城市还是农村②，在条件允许的条件下做出对自己最有利的选择。即输出成本小于收益时，就会选择"流动"；反之，就不会选择"流动"。这与"推拉理论"解释劳动力流动上是一致的。因此，引起劳动力跨国流动，主要在于流出地与流入地之间的经济因素。

收入差距左右农村劳动力国内外流动最关键因素。中国农村劳动力跨国流动最主要的就是为了获得更高的收入或预期收入，用以改善自身或者家庭的经济状况，从而使之达到一个更高、更好、更优质生活水平。当然，劳动力对收入差距认知、判断力与实际还是有较大差距，但"理想"收入预期却是劳动力跨国流动首要因素。有学者通过研究，发现"韩国、马来西亚和中国台湾的劳动力净流动和国际贸易的关系与国家收入水平有

---

① 张志新、张秀丽、黄海蓉：《基于因子分析的主要移民接收国移民环境评价》，《山东理工大学学报》（社会科学版）2019 年第 3 期。

② 农村劳动力也是"理性经济人"，即在市场经济下，农村劳动力在作出决策前也得进行经济学上"投入——产出"核算，虽然并非每一行为都符合"理性"，但是会在众多可供选择方案中挑选一个对自己最有利的。

关，高收入水平下二者为替代关系，中低收入水平下则为互补关系"①。其实，劳动力跨国流动，尤其是流向发达国家，由于经济发展阶段不同，与流出地在经济发展存在较大优势，单位小时工资要高出流出地很多，因而发展中国家的劳动力跨国流动后的确在工资性收入有很大增长幅度。但是，"中国劳动力供给未能完全迎合国际劳动力市场高端化和低端化的两极化需求，所以中国输出劳动力的实际收入下降"②。不过，国外流入地的经济发展阶段、收入水平总是让人充满无限遐想，这也是近年来促使世界各国劳动力流向新加坡、澳大利亚、新西兰、美国和日本等国家的根本动力。

劳动力跨国流动是生产要素市场配置的结果。国际化进程加快是全球化背景下世界各国的基本反映，唯有加速国际化进程，才可能积极参与到国际化分工体系，才会成为价值链、产业链等世界经济发展体系中，而不被其他国家排挤、被分割在世界经济体系之外。也就是说，国际化进程加快，与经济全球化一样，无论你认识还是不认识，无论你承认还是不承认，它都在那里。劳动力是生产要素中最为活跃的元素，积极参与劳动力市场竞争，从而获取生存所需要的生产和生活资料，因此，一般情况下劳动力会主动参与到劳动力市场竞争，甚至有时不惜走出国门，参与国际竞争，从而获取难得的就业机会。其实，这样做，原本无可厚非，跟国内流动一样，劳动力跨国流动也是由充足的一方流向有缺口的一方。即是对劳动力市场，不过是"国际"市场的一种反映。一般来说，劳动力跨国流动总是由劳动力资源丰裕的国家流向相对短缺的国家。因为，劳动力丰裕的国家国内的就业水平较低，大量的"剩余"劳动力必然表现在"低廉的"劳动力价格。与此相反，世界上有些已经发展起来的国家，经济社会发展程度比较高，国民受教育程度高，在劳动力再生产上趋于理性，因而，人口老龄化严重和生育率水平较低就成为这些国家经济社会发展瓶颈。在这

---

① BLhning, W.R, M.L, Schloeter-Paredes, ed: "Aid in place of Migration?", *International Labor office*, Geneva, 1994.

② 杨幼林：《国际劳务市场现状与对外劳务合作拓展》，《浙江经济》2006 年第 17 期。

些国家，经济社会发展对劳动力需求又相对旺盛，本国自身劳动力资源供给不足，因此，为了经济社会持续稳定发展，不得不通过优惠的移民政策来吸引国外劳动力的流入，从而弥补本国劳动力资源需求的"缺口"，从而催生了劳动力跨国流动现象。

新古典经济学基于边际效用与规模报酬递减规律，以效用函数作为最优化分析工具，对国家之间的劳动力流动进行了探讨，认为国家之间的收入差距是国际人力资本（劳动力）流动的最主要动因。该理论对人力资本（劳动力）流入国和流出国的工资差距进行实证研究，结果表明：基于人力资本国家市场不平衡状态下，通过供求作用，人力资本对流动过程中产生的成本和收益进行估算，如果收益大于成本，人力资本就会做出向国外流动的决策。换言之，国家之间人力资本流动与否的决策是以收益大于成本为原则确定的。人力资本价格水平存在差异，人力资本载体即劳动力就必然从劳动力供给过度的国家流向劳动力供给不足的国家。

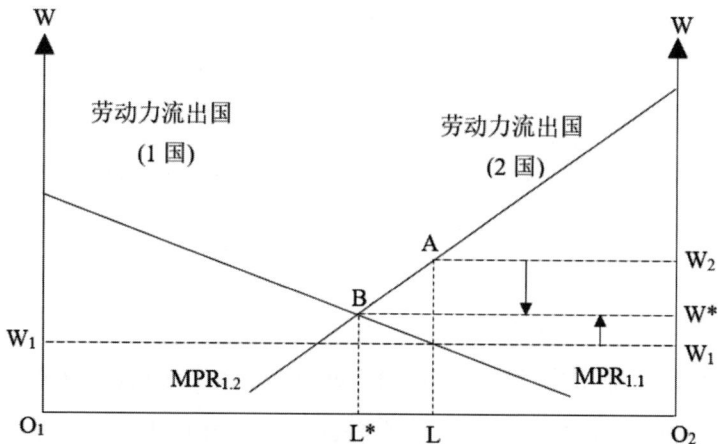

图 3-6　劳动力国内外流动经济驱动模型分析简图

本节基于上述理论，构建两国模型进行劳动力的跨国界流动分析，从宏观角度说明劳动力为了更清晰地从宏观视角展示劳动力跨国界流动的经济驱动效应。假设世界上只有 1 和 2 两个国家，两个国家之间不存在劳动力流动壁垒，劳动力总供给是 O_1O_2，其中 1 国的劳动力供给为 O_1L，2 国的劳动力供给为 O_2L；1 国劳动生产率低于 2 国，且两国国内的工资率也有差别，1 国的工资率为 W_1，低于 2 国的工资率 W_2。劳动力不存在流动障碍，那么劳动力必然从工资较低的 1 国流向工资率较高的 2 国。1 国的劳动力供给随着劳动力的流出而减少，工资率将会上升，而 2 国劳动供给量将会增加，其均衡工资率开始下降，最终的结果是两国之间发生劳动力流动之后，在 W^* 处达到平衡，这时，1、2 两国的劳动力供给分别为 O_1L^* 和 O_2L^*，1 国有 LL^* 的劳动力流向了 2 国。

　　国家产业结构对劳动力跨国流动也有重要影响。劳动力跨国流动虽然是为了更高的收入水平，但收入的获得是通过从事某一工作而获取，很少是怀揣着"不劳而获"思想进行跨国流动。因而，流入地的产业发展、产业结构决定着什么规模、什么类别的劳动力跨国流动。就劳动力跨国流动而言，作出决策前不仅要弄清楚流入地国家发展基本情况、产业发展（包括产业结构）和就业机会等内容，也要对自己的劳动技能、就业机会以及适应性等方面进行评估。通过研究发现，产业发展较好，产业结构合理会吸引外来劳动力的流入，包括外国劳动力。反之，会加速本地劳动力向外流动，甚至是跨国流动。因为对一国或地区而言，产业发展不好、产业结构不健全，经济发展不可能好，收入增长的预期也就大大降低，本地劳动力就业困难而出现"剩余"，此时外来（包括外国）劳动力流入的可能性就会大大降低。我们知道，发达国家或地区是当前对劳动力跨国流动的首选，与其产业发展状况和产业结构合理，存在密切关系。一个国家或地区的产业结构代表了就业结构，产业结构的变动会引起就业结构变动。所以，在劳动力跨国流动中离不开对产业发展和产业结构的研究。中国农村劳动力跨国流动日趋活跃，其中重要原因之一与流入地国家产业发展和产业结构有直接关系。中国农村劳动力之所以能在近年来成为国际劳动力市场上的一支重要力量，除中国经济社会发展转型期，产业发展和产业结构调整还不到位，劳动力市场调控能力不足，使得农村劳动力资源出现"剩余"；同时，国际社会，无论发达国家还是发展中国家，产业发展和产业结构，譬如"制造业、建筑业、餐饮业"等劳动密集型产业发展，要求大量受到严格训练、劳动技能好且吃苦耐劳精神的劳动者与之相匹配。这正好与中国农村劳动力相吻合，从而为中国农村劳动力跨国流动提供了千载难逢的机会。

（二）需求拉动

劳动力跨国流动受供求规律支配。在一定生产技术水平条件下，劳动力供求要与国家或地区经济发展相适应，相适应时则促进经济社会发展，不相适应则会限制或延缓经济社会发展。不过，在经济全球化和国际化进程加快发展的背景下，劳动力短缺可以通过国际劳动力市场进行适度调整。这也是近年来劳动力跨国流动现象日趋活跃的最重要原因。纵观世界各国经济发展历程来看，劳动力跨国流动总是从发展中国家或地区流向发达国家或地区，当然也可能是新兴市场经济国家。这些国家为啥能对劳动力跨国流动形成如此强大的吸引力？这主要是因为在发达国家或新兴经济体，劳动力资源供给不足，经济社会发展对劳动力需求旺盛，尤其是劳动强度大、工作时间长且薪资水平不高的餐饮业、建筑业、制造业等呈现出对劳动力需求"缺口"。为了满足经济社会发展需要，政府不得不对从事该产业运行的机制进行调整，从而尽可能少的雇佣劳动力；与之相反的是发展中国家劳动力供给充足，经济社会发展一时难以吸纳如此众多的劳动力，劳动力就业竞争激烈，就业压力大，出现劳动力"剩余"，则对外来劳动力形不成有效需求，那么就业竞争就会异常激烈，对于外来劳动力就可能产生排斥，本国劳动力可能就会进行国外流动来寻求更好的就业机会。[1] 相反，那些国内人口老龄化严重、劳动力资源缺乏的国家，存在就业岗位缺口，则会形成对国外劳动力额外的有效需求，来弥补国内劳动力的短缺；为了吸引外来劳动力，实现充分就业，这些国家的劳动力限制政

---

[1]　像印度、墨西哥、中国等国劳动力资源丰富，一直以来都是劳动力流动输出国，特别是在早期，这种流动特别明显。

策也会相对宽松。① 当然，劳动力供求在很大程度上是由一个国家或地区的经济发展和经济发展阶段所决定的。一般来说，经济发展水平高，经济社会发展吸纳劳动力就业能力强，会加速国外或域外劳动力流入。

对外经济贸易发展加速劳动力跨国流动。国家对外贸易、对外投资等活动开展，虽然对劳动力跨国流动来说只是一种外部力量，但是由于促进了国家之间的经济往来密切程度，增进了互信，为劳动力流向国外搭建了沟通了解的桥梁，因而为劳动力跨国流动创造了客观条件。对外贸易是如何促进劳动力跨国流动，虽然研究结论不尽相同，但他们之间存在正相关是基本共识。譬如，中国劳务输出与出口贸易之间存在稳定协同关系，出口贸易的发展使得劳务输出增加（李礼、郝臣，2005）。② 再如，Maurice（1999）③ 在纳入政策变化和外生因素的基础上，研究得出普通劳动力的国外流动与贸易呈互补关系，即贸易促进了普通劳动力的国外流动，这种促进作用还受到劳动力性别、FDI 水平和贸易类型的影响。同理，"劳动力流向国外可以增加本国的外汇收入，本国收入提高会使得本国的投资和出口贸易增加，这会进一步地促进劳动力外流"（Connell；Conway，2000）。④ 还有，国家对外投资，这里主要是指对外直接投资，由于在国境之外投资设厂，不仅是带动技术人员的输出，还会带动普通劳动力跨国流动，其中的道理非常简单，在此不必赘述。不过，外商直接投资对投资国劳动力就业来说，产生"工作消减效应"和"工作创造效应"⑤

---

① 从美国、日本、沙特、新加坡、韩国等国家对国外劳动力相继开放以对中国的大量劳务需求就能看出。

② 李礼、郝臣：《我国出口增长中劳务输出效应实证研究》，《现代财经》2005 年第 7 期。

③ Maurice Schiff："Trade，Migration，and Welfare：The Impact of Social Capital"，*World Bank-Development Research Group*（*DECRG*）；*Institute for the Study of Labor*（*IZA*），1999，No.12，pp.11-24.

④ Connell，John，D.Conway："Migration and Remittances in Island icrostates：A Comparative on the South Pacific and the Caribbean"，*International Journal of Urban and Regional Research*，2000，No.24，pp.52-78.

⑤ "工作消减效应"是指对外直接投资取代了本国的生产和出口，造成就业机会的减少；"工作创造效应"是指对外直接投资增加了投资国的设备和中间品需求，从而增加就业。

两种效应 R.G.Hawkins（1972）[①]。如果使用扩展的劳动力跨国流动的概念，外商直接投资对投资国而言，只有在"工作创造效应"时才会促进本国劳动力跨国流动。如果是"工作消减效应"时则不但不能促进劳动力跨国流动，还会对本国劳动力就业形成一定的挤压。

（三）环境吸引

环境变化也可以引起劳动力跨国流动。劳动力跨国流动虽然是劳动者的"个人理性"下的"最优"决策，但是马斯洛层次需求理论认为，人的生存需要、安全需要是最基本需要，因此生存需要得到满足后，"环境因素"在内的安全需要，就成为劳动力行为决策的重要考量。全球每年有大量居民因自然灾害而被迫迁徙，同时，根据可预期到因环境变化而导致的国际移民数量也呈现上升之势。近来，环境的"库兹涅茨曲线"拐点日益凸显，人们对生态环境的要求不断提升，这也符合经济发展的基本规律，表现在劳动力流动上，环境因素成为劳动力流动决策的主要因素之一。学者对全球移民研究发现，不但"全球气候的变暖与世界性移民的联系（Marchiori and Schumacher，2011）"[②]，而且"本地环境的恶化会导致对发达国家的移民增多（Reuveny and Moore2009）"[③]。具体到某一国家劳动力流动也有类似的结论。在发展中国家初期大规模经济建设时，由于环境问题导致 4000 多万人口国内迁移；再如，"墨西哥干旱地区，降雨量减少导致劳动者迁出量增多（Nawrotzki et al，2013）"[④]。以上只是

[①]　Hawkins，Robert："Job displacement and the multinational firm: a methodological review"，*Center for Multinational Studies*，1972，Vol.6，No. 3.

[②]　Marchiori L，Schumacher I："When nature rebels: international migration，climate change，and inequality"，*Journal of Population Economics*，2011，Vol.24，No.2，pp.569-600.

[③]　Reuveny R，Moore W H："Does Environmental Degradation Influence Migration? Emigration to Developed Countries in the Late 1980s and 1990s"，*Social Science Quarterly*，2009，Vol.90，No.3，pp.461-479.

[④]　Nawrotzki R J，Riosmena F，Hunter L M："Do Rainfall Deficits Predict U.S.-Bound Migration from Rural Mexico? Evidence from the Mexican Census"，*Population Research and Policy Review*，2013，Vol.32，No.1，pp.129-158.

狭义上的"环境"概念，如果将其外延进行拓展到包括自然、经济、社会等在内的综合环境概念，那么环境因素在劳动力流动重要性就很明显了。所以，随着全球化进程的加快，国际移民日趋理性，移民决策不再只是考虑经济因素，而是更多关注移民接受国的对外开放度、居民生活质量、公共服务供给以及生活安全保障等内容（张志新、张秀丽、黄海蓉，2019）①。

　　劳动力流动会考虑到社会环境因素。社会文化环境对劳动力跨国流动的影响虽然不是决定性的，但是由于与其在流入地工作生活密切关联，所以如果流入地基础设施建设、公共服务良好、生活便利性好、文化氛围融洽，这些"环境因素"一定会在劳动力跨国流动决策时的"加分项"。也就是说，劳动力跨国流动不再只是考虑更高的薪资待遇、更多的就业机会，同时还需要关注流入地工作生活有关方方面面的内容。因为对劳动力跨国流动而言，流出是为了更好地生活。所以与"生活"有关的都是考虑的因素，当然这方面牵扯的内容很多，不可能在流动之初都能考虑得清楚，但是备受关注的还是基础教育、医疗服务等公共产品有关的内容。一方面是这些方面信息很容易获取，且各地差异较大；另一方面公共产品多寡不仅是经济社会发展的表现，还能说明流入地社会的包容性。公共产品和公共服务在劳动力流动决策中的重要作用在现实中多次被证实。我们知道，公共产品和公共服务是社会文化环境的重要组成部分，这些究竟对劳动力流动有何作用？Dahlberg 等（2012）② 研究了地方公共服务对 1990—1991 年间迁往瑞典斯德哥尔摩地区的人口迁移行为的影响，发现人们更愿意迁往在孩子照顾上公共支出更多的小区，同时还发现有孩子的家庭更愿意迁往教育支出多的地方。其实，流动人口的子女教育及教学质量是综合环境的考量，"学校质量对美国俄亥俄州哥伦布地区富兰克林县的家庭

① 张志新、张秀丽、黄海蓉：《基于因子分析的主要移民接收国移民环境评价》，《山东理工大学学报》（社会科学版）2019 年第 3 期。

② Dahlberg M，Matias Eklöf，Fredriksson P，et al："Estimating Preferences for Local Public Services using Migration Data"，*Urban Studies*，2009，Vol.49，No.2，p.319.

户居住地的选择具有显著影响"（Bayoh 等 2006）[1]。通过利用人口普查微观数据与城市特征数据，发现基础教育、医疗服务等城市特征对劳动力流向有显著正向影响（夏怡然、陆铭2015）[2]。综上得知，劳动力跨国流动中基本教育、社会管理和金融服务，都可以归结为"环境"因素，教育对劳动力迁移有显著的促进作用（Zhao，2017）[3]。

（四）地缘文化

地缘文化有助于劳动力跨国流动。劳动力跨国流动，一般是要离开母国，迁移到他国从事生产活动，由于历史文化、资源禀赋等客观条件，流出地和流入地发展差距，不只是表现在经济上，语言文字、生活习惯及在长期生产实践中形成的民族心理，都有很大的差别，有时还存在严重的差别。也就是说在特殊条件下形成独一无二的民族文化，这也是一个人，乃至民族区别于其他人或民族的重要特性。因此，地缘文化是人与人之间连接的重要"符号"，这个独有"符号"印记很容易且迅速地被识别和印记，从而使人与人之间沟通、包容性大大增强。语言是最具代表性的地缘文化元素，其在劳动力跨国流动中的作用备受关注。譬如，Falck 等（2012）[4]、Adsera & Pytlikova（2015）[5] 先后讨论了语言对劳动力迁移的影响。尽管研究方法不同，但基本结论都是"以语言为特征的文化越相似移民概率就会越高"。当语言相似度差异较大时，"移民"掌握迁入地

---

① Bayoh I，Irwin E G，Haab T："Determinants of Residential Location Choice：How Important Are Local Public Goods in Attracting Homeowners to Central City Locations?"，*Journal of Regional Science*，2006，Vol.46.

② 夏怡然、陆铭：《城市间的"孟母三迁"——公共服务影响劳动力流向的经验研究》，《管理世界》2015 年第 10 期。

③ Zhao Y："Labor Migration and Returns to Rural Education in China"，*American Journal of Agricultural Economics*，1997，Vol.79，No.4，pp.1278-1287.

④ Falck O，Heblich S，Lameli A，et al："Dialects，cultural identity，and economic exchange"，*Journal of Urban Economics*，2012，Vol.72，pp.2-3.

⑤ Adserà，Alícia，Pytliková，Mariola："The Role of Language in Shaping International Migration"，*The Economic Journal*，2015，Vol.125，No.586，pp.F49-F81.

语言的难度较大，移民在语言交流上存在一定障碍（Chiswick & Miller，1998）①。还有，语言是一种符号，"语言会形成身份认同"（Pendakur & Pendakur，2002）②，相同或相似的语言是人们情感上互认，语言文字上的差异，不仅会增加沟通困难，还不利于移民归属感。此外，语言相似度越远双边信任度越低（Guiso 等，2009）③，这就必须增加劳动力流动"跨语言区"的隐性成本；学习或适应新语言难度会影响劳动力跨国流动的决策。如果以方言相似性来反映心理上的非货币成本，劳动力跨国流动的前提是获得收益大于付出的成本。当语言差异较大、学习语言支出的成本增加时，过高的迁移总成本降低流动的可能性。

地缘相近是劳动力跨国流动的重要优势。前面我们论述了"文化多样性有助于互补思想和技能"（刘毓芸等，2015）④，但是对劳动力跨国流动来说，如果流出地与流入地之间，在语言文化、思想观念和生活习俗等方面相同或相近，尤其是方言口语、生活习惯相似更有助于劳动力跨国流动。这主要存在于地理相近的跨界民族，或交往密切的多民族区域。地理上相连或相近是劳动力跨国流动的先天优势，不仅可以降低跨国流动中风险，还可以大大减少流动中的交通成本，更重要的是，利用语言文字上便利条件，增强彼此间沟通交流，减少隔阂，增加了流动的可行性。譬如，鲁永刚和张凯（2019）通过构造流动机会比率，基于引力模型和普通最小二乘法的研究表明地理距离阻碍劳动力流动：在空间距离上，劳动力偏好邻近城市，地理距离每增加 1%，劳动力的流动机会比率降低约 0.6%。⑤

---

① Chiswick B R，Miller P W："English Language Fluency among Immigrants in the United States"，*Social Science Electronic Publishing*，1997，Vol.17，No.4，pp.930-955.

② Pendakur K，Pendakur R："Language as both human capital and ethnicity"，*International Migration Review*，2002，Vol. 36，No.1，pp.147-177.

③ Guiso L，Zingales S L："Cultural Biases in Economic Exchange?"，*MIT Press*，2009，pp.1095-1131.

④ 刘毓芸、徐现祥、肖泽凯：《劳动力跨方言流动的倒 U 型模式》，《经济研究》2015 第 10 期。

⑤ 鲁永刚、张凯：《地理距离、方言文化与劳动力空间流动》，《统计研究》2019 年第 3 期。

再如，根据 2017 年 8 月暑期调研，中国延边地区朝鲜族农村劳动力跨国流动是比较典型的地缘文化促动的。首先，中国朝鲜族与韩国人"同为朝鲜族人，相同的族源，共同的早期历史，再加上亲缘形成的社会关系网络和双边贸易之间的联系，中国朝鲜族作为迁出人群，在语言、文化特征、风俗习惯乃至民族心理等方面，依旧保持原有的特点"①，这为中国延边朝鲜族农村劳动力流向韩国提供了较便利的地缘文化条件。其次，韩国长时间持续的低生育率和人口自然增长导致韩国人口的规模和结构发生变化，劳动力市场上的新增人口也因此减少，劳动力人口的规模和结构也随之受到影响②。在此情况下，韩国一些劳动强度大、工资水平低、就业条件差的行业出现劳动力短缺，这就为中国延边朝鲜族农村劳动力跨国流动提供了机会。所以，如中国延边朝鲜族农村劳动力跨国流动，这些地理上相连或相近的两个国家或地区，由于语言文化、生活习俗、同祖同族，甚至亲缘关系等优势和便利，客观上扩大了这些区域劳动力跨国流动的可能性。

除此之外，劳动力个体因素也会影响其流动决策或迁移效率。在劳动力国外流动中，一般来说，18—35 岁年龄是比较适合进行国外流动。还有"教育程度对迁移率有较大影响"（严善平，2004）③，受教育程度越高，流入地移民政策会予以优先考虑，甚至不受限制。再者，劳动力个人因素中"性别、受教育程度、家庭背景等方面会影响劳动力流动的意愿（Fan，2004）"④，所以，劳动力个体因素也是影响其迁移的重要因素。

---

① 于潇：《东北亚区域劳务合作研究》，吉林人民出版社 2006 年版，第 116 页。

② 孙艳姝：《朝鲜人》，东方出版社 2008 年版，第 14—15 页。

③ 严善平：《地区间人口流动的年龄模型及选择性》，《中国人口科学》2004 年第 3 期。

④ Fan C C："The state, the migrant labor regime, and maiden workers in China"，*Political Geography*，2004，Vol.23，No.3，pp.283-305.

三、国内外流动一体化机理

农村劳动力国内外流动一体化是新时代的新现象。劳动力流动是生产要求市场化的必然现象，在国际化进程加快的背景下，随着经济社会发展，农村劳动力流动日趋活跃，尤其是在中国历经40多年的改革开放，农村劳动力在广泛参与国内流动的基础上，随着中国对外开放深入和参与经济全球化程度加深，越来越多的中国企业、中国资本以及中国倡议在国际舞台上发挥重要影响，越来越多的农村劳动力走出国门，参与国际劳动力市场的竞争，并发挥着重要积极作用。不过，农村劳动力国内外流动问题的研究还没有得到足够的重视，在中国国际化进程不断加快和经济全球化影响不断加深的新时代，农村劳动力国内外流动不仅联系密切，也彼此关联。因此，研究农村劳动力国内外流动的机理，既是中国经济持续稳定协调发展对劳动力需求增长的需要，也是中国通过农村劳动力跨国流动、积极发挥国际影响的需要。正如大家熟知，劳动力跨国流动是市场经济条件下，生产要素市场化配置的合理需求；但同时中国改革开放后的"人口红利"日渐消退，全面"用工荒"现象日趋严峻。因此研究农村劳动力跨国流动一体化机理，既要为中国经济社会发展保障充足的劳动力资源，又要不违背市场经济规律来支持其参与国际劳动力市场的竞争，从而实现合理配置劳动力资源的目标。

劳动力国内外流动机理上有很强的相似性。劳动力国内流动与国外流动虽然地域范围不同，国外流动比国内流动复杂得多，但是在流动动机、实施途径等方面有很强的相似性。在某种程度上讲，劳动力国内外流动是一个过程的两个环节，国外流动是国内流动的深化。一般来说，劳动力在国内流动的基础上，得到锻炼，增长了见识和适应性后，才会在国外流动中能应对可能困难和问题。具体来说，劳动力国内外流动首先考虑的经济因素，理性经济人假设比较适合，只要流出的收益大于成本，流动可能性就会增强，而且二者差距越大，可能性也就越大。至于是国内流动还是国外流动，这就要参考国外与国内成本大小，哪一种方案更有价值，如果综合考虑的国外流动成本小于国内，那么就会选择"国外流动"。这当然不包括外国政府移民政策限制。不过，随着经济社会的发展，经济因素的首要考虑因素地位逐渐被削弱，非经济因素成为劳动力流动决策时的重要考量。譬如，"城市基础设施、教育经费投入以及社会保障体系与劳动力流动有着正相关关系"（杨荣海，2011）[①]；劳动力流动是"为了享受当地更好的教育、医疗卫生、文化等"（张亚丽，2019）[②]，这里虽然更多的是从国内流动的角度来进行研究，其实劳动力国外流动决策时"经济因素"与"非经济因素"考量上是差不多的，只是如果选择国外流动时则要加入"跨国"方面的因素。总体上看，在劳动力国内外流动决策时，经济因素决定"流动方向"，非经济因素则与"流动效果"相关。即非经济因素会影响"流动体验"，无论是亲自体验还是别人体验，只要有"不好"内容，就会对最终的流动决策产生重大影响，甚至彻底改变。以下将从选择机制、动力机制和运行机制三个方面简述劳动力国内外流动一体化机理。

（一）选择机制

劳动力国内外流动是劳动力者个人自主决策。在市场经济条件下，国家内部、国与国之间劳动力流动的屏障越来越少，劳动力国内外流动享有更多的自主权。假设国家内部，国家之间都不存在流动壁垒，那么劳动力国内外流动就是劳动者个人在不同经济体之间，根据利益最大化原则（这里利益不限于"经济利益"）所进行的空间地域上自由活动。即究竟选择"国内流动"还是"国外流动"，都是在收益最大化基础上做出的最优化决策。接下来，我们构建收益最大化流动选择模型来探讨农村劳动力国

---

①　杨荣海：《劳动力流动非金钱因素实证分析——基于结构方程》，《技术经济与管理研究》2011 年第 1 期。

②　张亚丽、方齐云：《城市舒适度对劳动力流动的影响》，《中国人口·资源与环境》2019 年第 3 期。

内外流动机理。

假设一：农村劳动力也是"理性经济人"。农村劳动力无论是国内流动，还是国外流动，在做出流动选择之前，一定会做成本——收益分析，以实现个人的收益最大化，从而获得最大化效用。

假设二：农村劳动力流动不受任何限制。农村劳动力可以自由地进行国内或国外流动，即政府、企业和个人都不能对农村劳动力流动进行干预、限制。不过，流动过程支付的必要管理费用不在此限制范围。即农村劳动力流动所需的证件费（签证）、机票、培训费、中介费用等初始流动成本，以及生活和心理成本等其他流动成本。

假设三：本国和外国存在劳动力市场分割。现代国家及其管理职能的存在，劳动力流动虽然没有不受政策性限制规定，但由于国家利益和主权范围的分立，因此，本国和外国是两个独立的经济体，两国间的劳动力市场理应处于分割状态。

假设四：劳动力工资是内生的。本国与外国的劳动力市场工资率不相关，外国工资由外国劳动力市场供求状况决定，本国工资率由本国劳动力市场的供求状况决定，且存在剩余劳动力。

1. 国内流动成本——收益

（1）国内流动收益

农村劳动力国内流动的收益主要包括四部分：第一部分是从农村流到乡镇或者其他城市从事非农产业为所获得的收入（$R_内$）（假设农村劳动力流动之后不能再兼顾农业生产获得农业生产性收入），这种收入由城市的工资率 ω 和农村劳动力进入城市的就业概率 ρ 共同决定；第二部分是技能提高（人力资本投资）所带来的收益（R_H），城市务工人员经过企业的系统培训可以提高自身的劳动技能和知识技能，无形中形成一种对自身的人力资本投资；积累了一定技能之后，农村劳动力再就业或者自己创业的机会和可能会增大，潜在的未来收益会提高；第三部分是城市提供的公共基础设施和公共服务所带来的收益（R_B），相比农村，城市拥有更好的公共基础设施和更高的公共服务水平比如公共教育、公共卫生等，给进城务工人员提供了便利；第四部分是本土社会关系网络（R_N）带来的正效用，相对于农村劳动力的国外流动而言，国内流动可以更多地享受与团聚的机会，并且在自己的祖国语言、文化及风俗习惯差异较小，农村劳动力更容易适应；再者，进城务工所获得的信息及建立的和谐人际关系等都是一笔宝贵的财富，对于农村劳动力来说都是正效用。

（2）国内流动成本

农村劳动力国内流动的成本主要包括三部分：第一部分是迁移费用（$C_内$），是指农村劳动力由农村流向城市所形成的交通费、就业信息费、培训费以及各种"入门费"，研究表明农村劳动力进城务工需要务工证、暂住证、就业证、健康证、婚育证、消防证等"六证"，这"六证"每年都需要缴纳一定的费用[①]；第二部分是生活成本费用（C_L），农村劳动力进入城市势必需要各种生活费用，比如：城市高额的房租、消费品、医疗卫生及教育等的支出，这些主要受到城市商品销售价格 $P_城$ 的影响；第三部分是心理成本（C_M），农村劳动力进城务工离开原本熟悉的生活环境，承受独自在异地生活和工作的压力，以及所遭受的来自城市的各种歧视，都会使得劳动力的心理成本增加，当然这些远远小于劳动力国外流动的心理成本。

（3）国内流动净收益表示的效用的函数

国内流动的净收益表示为：

$$U_内 = U\{R_内(\omega,\ \rho)、\ R_H、\ R_B、\ R_N、\ C_内、\ C_L、\ C_M\} \qquad (3-1)$$

其中，$\dfrac{\partial U_内}{\partial R_内} > 0, \dfrac{\partial U_内}{\partial R_H} > 0,\ \dfrac{\partial U_内}{\partial R_B} > 0, \dfrac{\partial U_内}{\partial R_N} > 0, \dfrac{\partial U_内}{\partial C_内} > 0, \dfrac{\partial U_内}{\partial C_L} > 0,\ \dfrac{\partial U_内}{\partial C_M} > 0$。

2. 国外流动的成本——收益

（1）国外流动收益

农村劳动力国外流动的收益与国内流动具有相似性同时又存在差异，

---

① 王勇胜、刘桂玲、吕振武：《农村劳动力转移的成本与收益分析》，《西北农林科技大学学报》（社会科学版）2006 年第 1 期。

国外流动的收益也包括四部分：第一部分是国外就业比国内就业更高的工资收入（$R_外$），这种收入由外国的工资率 ω 和外国的劳动力供给状况 S 及流动劳动力在外国就业的概率 ρ 共同决定；第二部分和第三部分同国内流动类似，国外流动就业使得自身技能提高（人力资本投资）获得收益（R_H）；国外提供的公共基础设施和公共服务所获得的预期收益（R_B）；最后与国内流动不同，国外流动没有本土社会关系网络的正效用，但是却通过可观的劳工汇款带给家庭成员生活水平的提升以及利用劳工汇款进行国内再投资所获得的收益（R_R）。

（2）国外流动成本

相比国内劳动，农村劳动力国外流动面临的成本更高，主要包括：初始迁移货币费用（$C_外$），比如办理出国签证、昂贵的机票、进行语言培训等一次性初始流动成本，这些是劳动力进行国内流动所不需要承担的；第二就是劳动力选择出国所放弃的可获得的国内的收入（C_I），这一部分属于隐性成本；另外农村劳动力进行国外流动就业的信息不易获得，往往需要通过一些中介结构来获取就业信息来实现国外流动就业，因此要承担相应的中介费用（C_F）；当然与国内流动一样，国外流动同样需要负担在国外生活的成本费用（C_L），这是由国外价格和消费水平 $P_外$ 决定的；最后劳动力的国外流动要面临更高的心理成本（C_M），异国语言文化、风俗习惯、生活方式的巨大差异、远离家乡、远离亲人的孤独和寂寞以及接受异国不同的就业管理模式、新工作的挑战、适应新的身份、处理异国陌生人际关系等都会造成劳动力国外流动的巨大心理成本。

（3）国外流动净收益表示的效用函数

国外流动的净收益函数表示为：

$$U_外 = U\left\{R_外(\omega,\ S,\ \rho)、\ R_H、\ R_B、\ R_R、\ C_外、\ C_I、\ C_F、\ C_L、\ C_M\right\}$$

$$(3-2)$$

其中，$\dfrac{\partial U_外}{\partial R_H} > 0, \dfrac{\partial U_外}{\partial R_B} > 0, \dfrac{\partial U_外}{\partial R_R} > 0, \dfrac{\partial U_外}{\partial C_外} < 0, \dfrac{\partial U_外}{\partial C_I} < 0, \dfrac{\partial U_外}{\partial C_F} < 0, \dfrac{\partial U_外}{\partial C_L} < 0, \dfrac{\partial U_外}{\partial C_M} < 0$。

3. 国内外流动选择模型

在一定的条件制约下，高收入带来高效用，给流动劳动力带来效用满足，本节综合考虑了经济因素和非经济因素，用效用代替净收益来建立劳动力国内外流动选择效用最大化模型。基于前文的假设分析农村劳动力进行国内和国外流动所获得的效用大小来做出流动决策，根据 3–1 和 3–2 式，最终的流动选择模型为：

$$\Delta U = U_外 - U_内 = U\{R_外(w,\ S,\ r)、R_H、R_B、R_R、C_外、C_I、C_F、C_L、C_M\} - $$
$$= U\{R_内(w,\ r)、R_H、R_B、R_N、C_内、C_L、C_M\} \qquad\qquad (3\text{--}3)$$

农村劳动力选择进行国内流动还是国外流动，取决于两种流动所带来的预期效用大小的比较。当Δ>0时，国外流动所获预期效用大于国内，农村劳动力国外流动比较有利；当ΔU<0时，国内流动所获预期效用大于国外流动，农村劳动力国内流动比较合适；ΔU＝0时，两种流动无差别，达到静态平衡，此时 $U_1 = U_2$，此时劳动力国内流动或国外流动效用一致，如何选择取决于其他外在变量。

（二）动力机制

农村劳动力国内外流动受到内外力量的作用。国内外专家学者在研究农村劳动力流动的动力上，颇费周折，主要有"经济和非经济的""内部和外部的""流出地和流入地"等较多的研究，但是到目前为止还没有形成普遍的共识。不过，流出地产生的"推力"和流入地的"拉力"，及所形成的"合力"，即"推拉理论"是被广泛用来解释农村劳动力国内外流动的动力源。但是，国家的开放程度、城乡一体化等外在隐性因素往往会被忽视，甚至一国各区域间的流动也是分开的。事实上，现今世界大多数国家经济市场是开放的，而且城乡一体化程度也在不断加深，这些因素导致农村国内外流动不可分割，也是一体化流动的深层次隐性推动力。同时对于劳动力个体来说除了本身的特征，其后天形成的自身流动选择能力的增强也会支撑其流动选择，另外如今服务贸易蓬勃发展，已经超越工业成为容纳劳动力最多的重要行业，而服务贸易一体化的发展也推动了农村劳动力国内外一体化流动。

1. 对外开放进程

对外开放对劳动力流动产生推动作用。对外开放条件下，生产要素配置不仅要遵循市场经济规律，也要按照国家有关部门的政策文件来行事。应该说，农村劳动力在对外开放后不仅在一国的不同地区流动，还可以实现在国家之间的流动。"对外开放引入外商直接投资（FDI），外资企业支付的高工资扩大了收入差距"（赵莹，2003）[1]。也就是说，对外开放进程加速了外资流入，外资流入一方面增加对流入地劳动力的需求，另一方面收入差距对流入地劳动力产生吸引力。不过，"FDI 集中流入某地区会提高对当地熟练劳动力的需求"（Feenstra & Hanson，1997）[2]。因此，对外开放进程加快直接作用就是外商投资，主要是指直接投资增加，对流入地劳动力流动影响主要有两个方面："一是外商投资流入产生直接的劳动力需求；二是外商投资相对较高的效率要求高质量、高技术的劳动力流入"（Driffield & Taylor，2006）[3]。因此，对外开放进程使得外商直接投资、外资企业流入，其中相对较高的收入和较好环境，吸引农村劳动力流向外资企业，或从内资企业流向外资企业，形成农村劳动力跨国而不出国的流动，也即广义上的劳动力国外流动。譬如，中国大量的农村劳动力流向三资企业，就是一种典型的农村劳动力国内外流动一体化。

对外开放进程加快为劳动力跨国流动提供机会。对外开放不只是有利于外资流入，也会使母国对外投资更加活跃。随着母国对外投资活动增加，企业国际化经营日渐增多，必然引致对母国劳动力需求。换句话说，母国企业对外投资为劳动力跨国流动提供了机会。譬如，"随着中国企业

① 赵莹：《中国的对外开放和收入差距》，《世界经济文汇》2003 年第 4 期。
② Feenstra R C，Hanson G H："Foreign direct investment and relative wages：Evidence from Mexico's maquiladoras"，*Nber Working Papers*，2000，Vol.42，pp.371-393.
③ Driffield N，Taylor K，Wage Spillovers："Inter-regional Effects and the Impact of Inward Investment"，*Spatial Economic Analysis*，2006，Vol.1，No.2，pp.187-205.

对外直接投资的增多，海外子公司增加了中国劳动力参与国际劳动力市场的机会"（黄晓芯、高佩娟，2006）①。

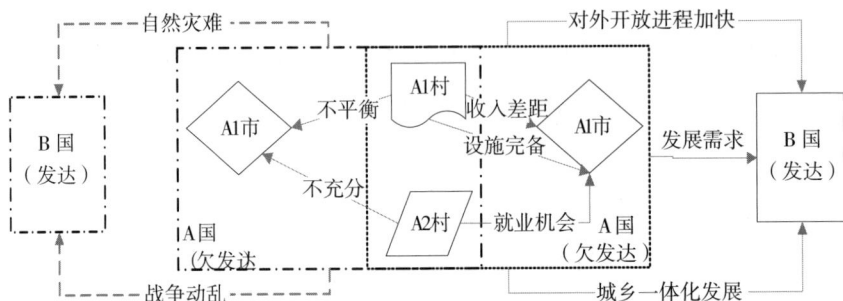

图 3-7　A 国农村劳动力国内外流动一体化发展简图

一般来说，国家或地区对外开放程度越高，经济社会发展就越活跃，经济形势也比较好，从而对农村劳动力流动形成吸引力。因为经济开放度不仅表现在政策制度的透明性、经济社会发展的包容性，还会对资本、劳动力等生产要素的流出入产生吸引力。加之，"全国各地区对外经济开放步伐往往不一致，开放程度高的地区资本流入更多，使得劳动力、技术等生产要素向该地区集中，导致区域间就业不平衡，诱导劳动力流入"（杨云彦，2008）②。总体说来，对外开放程度不同引起的国家或地区间经济发展不平衡，是农村劳动力国内外流动的重要推动力。应该说，国家或地区对外开放进程度提升，通过外商直接投资的流入和母国企业对外直接投资的流出，使劳动力国内和国外流动紧密结合在一起，真正体现出劳动力国内外流动一体化。

2. 城乡一体化发展

城乡一体化是劳动力国内外流动的基石。城乡一体化发展是国家经济社会发展到一定阶段的必然产物，简单地说就是将城市和乡村发展统筹考虑，尤其是要将城市发展优质资源和先进经验拓展到乡村，实现"以城

---

① 黄晓芯、高佩娟：《中国对外 FDI 现状及其效应分析》，《市场论坛》2006 年第 8 期。
② 杨云彦：《全球化、劳动力流动与经济空间重构》，中国财政经济出版社 2008 年版。

带乡"的发展目标。城乡一体化发展从字面上似乎与劳动力流动无关，其实城乡一体化发展必然带来农村劳动力流动，甚至是农村劳动力国外流动也是在城乡一体化发展中实现的。因为城乡一体化中必然包括城乡劳动力市场的一体化。城乡一体化发展就是要打破城乡分立发展的思维模式，让包括劳动力在内的所有生产要素在城乡一体化发展的总体部署，都能在市场机制下充分流动起来，达到合理有效配置，避免生产要素一边闲置浪费，而另一边却供不应求的发展局限。这其中最为代表性的就是劳动力城乡一体化问题。我们认为，在城乡劳动力一体化下，农村劳动力可以通过一体化的劳动力市场获得供求信息、技能素质要求，有助于农村劳动力国内流动，也为农村劳动力流动的适应性提供了平台。

城乡一体化对劳动力国外流动也是重要的。城乡一体化发展破解了城乡之间要素不流动的状况，改变了城乡分离的传统，实现了城乡融合发展新局面。在这个过程中，农村劳动力不再对城市陌生，而是在流动中增强了认识，提升了自身素质，为更深入、彻底地流动打下了基础。其实，更为重要的是农村劳动力在城乡一体化发展中，拉近了城乡之间的距离，可以共享城市中就业信息、就业渠道等有助于自身发展的多种资源。譬如，城乡劳动力市场一体化建设，有关劳动力供求信息、劳务中介组织等内容，甚至国外公司雇佣情况，这些更多更好更全面的信息对农村劳动力流动，无论是国内还是国外决策时都非常重要。还有，城乡一体化发展，还会增加农村劳动力流动信心，通过"流动"开阔眼界、提升能力和流动经验，以及社会资本的积累。现实中不少农村劳动力流动中建立起良好的社会关系网络，从而拥有更多进行国内外流动的资本。

3.劳动力自主选择

劳动力自主选择能力增强加速其对外流动。生产要素自由流动是市场经济的基本特征，劳动力作为生产要素中最活跃的部分，其自由流动应该是经济社会发展的重要动力。一般来说，劳动力总是由经济社会发展程度低的国家或地区流向更好的地方，是劳动力自己决策的结果。这其实是由于政府对劳动力流动不加干预，至少是不直接干预。所以，劳动力流动是根据国家或地区间经济发展差距，以及自身所具备的条件，作出的"个人理性决策"。劳动力"自主决策"能力越强，自信心越强，就越对流动产生重要影响。反之，劳动力流动受到影响，遭受损失。譬如，中国改革开放 40 多年的发展，经济社会获得了较快发展，物质文化生活水平提升较快，城乡之间交流日益密切；但是"人口红利"在逐渐消失，农村劳动力流动从被动转向主动，自主意识和选择能力大大增强，"劳动力在流动过程中满足生存性需求的同时，越来越多的适应性需求和发展性需求不断产生"（郑杭生，2011）[①]，而是选择更加适合自己全面发展的地域，国内外都在考虑范围之内，国内外流动一体化是其突出表现。

自主选择能力在劳动力流动中发展。农村劳动力在流动过程中，既获得了较高较好的薪资待遇，又实现了"干中学"的流动效应。其中，构建了自己"社会网络"，甚至部分已经融入到城市社会网络。这就会大大增强农村劳动力在流动中获得越来越多的社会信任和社会认同，而社会信任和认同使农村劳动力流动更为持久的收入。当然社会信任和认同的获得与农村劳动力教育程度和素质提升有关。"教育促进了农民从农业部门向农村非农业部门的流动，每增加一年教育，进入非农部门就业的机会相对于仍然从事农业的机会就增加18.8%"（赵立涛，2006）[②]。这与卢卡斯的研究"受到更高教育的人更倾向于迁移到城市"有着相似之处[③]。因此，自主选择能力是与劳动力自身素质有关，只有自身素质、劳动技能等方面得到提升，才会在复杂多变的世界中获得主动，同社会交往中的其他个体增强信任和认同。同时，这种信任和认同是农村劳动力国内外流动的锐利武器，从而激励农村劳动力在激烈国内外劳务竞争中获得胜利。

---

① 郑杭生：《漂泊与寻根》，中国人民大学出版社 2011 年版。

② 赵立涛：《中国农村的教育收益率研究》，《中国社会科学》2006 年第 3 期。

③ Lucas R E B："Is There a Human Capital Approach to Income Inequality?"，*The Journal of Human Resources*，1977，Vol.12，No.3，pp.387-395.

（三）运行机制

劳动力流动按照市场机制有序运行。农村劳动力国内外流动虽然按照各自规则由劳动力自主决策，但是在不违背流出地、流入地法律制度的前提下，遵循劳动力市场的基本规则进行配置。在国际化进程加速推进的背景下，越来越多的农村劳动力参与劳动力市场竞争，包括国际劳动力市场，其基本制度和运行机制相关国家法律规定外，都是按照市场机制来进行。

1. 供求关系导引作用

供求关系导引着农村劳动力国内外流动。农村劳动力国内流动一般是由农村流向城市，其中原因之一就是城乡间劳动力资源供求关系不同。具体来说，城市及其产业发展产生了劳动力供给缺口，而农村及其农业产生了大量农村劳动力剩余，因此在没有条件约束的条件，城乡间劳动力供求关系状况要求农村劳动力由供给"过剩"的农村流向需求不足的城市。这是在主权国家范围内农村劳动力流动受供求关系导引，该运行机制是否适合主权不同的国家之间？我们认为，农村劳动力国外流动也是受供求规律支配，只是在跨国流动决策时面对形势复杂些，考虑的因素更加多元。我们认为，在经济全球化下，世界多数国家加快国际化进程，其结果是国家虽然主权是独立的，但包括劳动力市场在内不再完全独立世界，而是不管主动上还是被动上都得与国际接轨。也就是说，单就国家劳动力市场而言，必须以开放姿态参与到国际劳动力市场竞争中，构建起国内外劳动力市场的联动机制。因此，农村劳动力国内外流动不再只是受国内劳动力的供求导引，而是要由国内外劳动力市场共同作用。因此，国内外劳动力市场一体化建设提上日程，国内外劳动力供求信息、岗位技能要求、语言文化，甚至年龄性别等要素都要同步发布，同台竞争。国内外劳动力市场供求与劳动力流动就业匹配的过程，既是劳动力参与国内外竞争就业的过程，也是国际劳动力市场的工作机制。

2. 市场化合理调节

劳动力流动是市场化调节的结果。无论是国内流动，还是国外流动，劳动力作为最活跃的生产要素在市场经济下，遵循价格机制调节作用，已达到劳动力资源合理有效的配置。从理论上讲，市场经济条件下，在劳动力市场中，价格机制调节着劳动力的供求关系，引导着劳动力在不同地区、行业及产业之间合理配置，从而决定着劳动力资源的流向。当某个国家或地区劳动力市场上以工资待遇为代表的劳动价格上涨，就会吸引国内外劳动力往该区域集中。反之，则会引起本地劳动力往外移出。在经济全球化大背景下，开放性经济是世界多数国家经济发展方式，国与国之间劳动力市场是相互影响的，一国劳动力市场与他国劳动力市场共同构成国际劳动力市场的一部分。同时，一国劳动力市场的工资水平会对他国产生影响，也会作用于国际劳动力市场价格变化。还有，劳动力市场形成的价格调节着劳动力国内外流动，劳动力国内外流动又影响着劳动力市场的价格形成。所以，很多学者在研究劳动力流动动力机制时，基本都是沿着劳动力"收入"差距入手来研究劳动力国内、国外流动的重要因素。这其中就包含政府对劳动力国内外流动限制较少，市场机制，如价格变化来调节劳动力在流出国、流入国之间进行流动，实现劳动力资源在世界范围内的优化配置，从而实现国际经济持续发展。同时，国内外劳动力市场一体化，还使得国内外劳动力市场之间的信息流动充分，为劳动力国内外流动提供了更多的可能性。

（四）流动效应

劳动力流动是一把"双刃剑"。劳动力流动，如同中国农村劳动力流动一样，无论是对流出地，还是流入地来说，其作用都是双重的，兼具"积极"和"消极"作用。"积极作用"，对流出地来说缓解就业压力，还可能通过"移民汇款"增加资金流入；对流入地而言弥补劳动力资源不足。消极作用，对流出地而言，流出的可能是优质劳动力或稀缺的人才，延缓当地经济发展，同时过多的"移民汇款"流入，抬高物价，甚至形成攀比风、浪费风等坏习惯形成。对流入地而言，本地所需的劳动力没有吸引进来，过多的劳动力流入会增加就业问题，甚至不能公平公正对待新进的"迁入者"。所以，劳动力国内外流动需要辩证地分析，任何以偏概全，只看到积极影响无视消极影响等观点都是错误的，也是有害的。其实，国家政策对劳动力国内外流动有很好的传导作用。譬如，央行推动商业银行对贷款生产保价利率的运用，不仅表明了央行打破贷款利率隐性下限、降低企业融资成本的决心①，也会对劳动力国内外流动所需支出交通费用、学习支出以及生活成本进行的投资活动提供支持，促进劳动力国内外流动更加顺畅有序地进行。

积极效应推动劳动力国内外流动。前面我们简单分析了劳动力流动的效应，了解了劳动力国内外流动的"双重作用"，如果我们对其中的积极效应进行有效管控，为流出地或流入地经济社会发展多做贡献。譬如，我们根据流入地对劳动力需求缺口和劳动力技能要求，在流出地选择最合适的"剩余"劳动力，以促使其流动，这样既能解决流入地劳动力供不应求的状况，也缓解了流出地劳动力剩余的局面。也即是通过对劳动力流动效应的研究，并加以合理有效的利用，从而通过劳动力国内外流动为流出地、流入地搭建合作平台，实现双赢发展的目标。同理，劳动力流出的消极效应，也要进行充分研究，结合劳动力国内外流动状况，通过劳动力教育、培训等方面，对不合理成分进行疏导、控制，以达到不降低流出地、流入地经济社会发展的基本目标。

本章小结

农村劳动力流动是国家或区域间不平衡不充分发展的一种反映。只要劳动力流动不受限制，除自然环境、灾害事件、姻亲关系、家人团聚等

---

① 崔秀丽：《中国利率传导机制研究》，经济管理出版社 2020 年版，第 64 页。

客观原因外，劳动力流动主要还是就业机会、劳动报酬、生活便利以及公共福利等因素所决定的。应该说，改革开放 40 多年来，中国经济社会全面发展不只是解放了思想，也让包括农村劳动力在内的广大群众在实践中得到锻炼，劳动能力得以提升、适应性得以增强。在经济全球化快速发展的今天，文化多元日益被大家认同、移民政策越来越国际化，因而移民环境更多地与接收国的居民生活质量、经济发展水平、产业结构等要素密切相关。这其中一个显著的变化就是，中国农村劳动力跨国流动正在兴起，成为中国对外经济贸易合作中的重要力量。显然，中国农村劳动力跨国流动有着自己的原因，有别于其他国家。我们认为，与中国农村劳动力跨国流动显著不同的是，世界上很多国家每年有大量居民因自然灾害、政治事件以及经济困难等原因而不得不"迁移"，当然也有因为追求高质量生活、较好就业机会等，后者与中国劳动力跨国流动相似的原因。虽然劳动力国内流动与国外流动地域范围不同，国外流动比国内流动复杂得多，但是在流动动机、实施途径等方面有很强的相似性。在某种程度上讲，劳动力国内外流动是一个过程的两个环节，国外流动是国内流动的深化。一般来说，劳动力国内流动的基础上，得到锻炼，增长了见识和适应性后，才会在国外流动中能应对可能的困难和问题。具体来说，劳动力国内外流动首先考虑的是经济因素，理性经济人假设比较适合，只要流出的收益大于成本，流动可能性就会增强，而且二者差距越大，可能性也就越大。至于是国内流动还是国外流动，这就要参考国外与国内成本大小，哪一种方案更有价值，如果综合考虑的国外流动成本小于国内，那么就会选择"国外流动"。这当然不包括外国政府移民政策限制。

第四章　农村劳动力国内外
流动的基本状况

　　劳动力流动虽受探亲访友、旅游观光等社会性因素影响，但最为主要的还是受以寻找工作机会为目的的经济性流动因素影响。尽管人口流动与劳动力流动的概念严格来说是有区别的，前者包括后者，但是不管是从劳动力指全部人口的广义定义还是指劳动年龄人口的狭义定义，以及所分析的影响人口流动的动因层面，都可以说人口流动基本上能反映出劳动力流动的规模和方向。再者，就农村劳动力国内外流动而言，对于这个农村劳动力概念也不好划定，尽管城镇与乡村都存在劳动力流出现象，但是农村劳动力流动仍然是中国劳动力流动大军的主要组成部分，在总人口中所占比例也从 1978 年的 2% 增加至 20% 左右。而且在我国劳动力流动大军中，由于城镇劳动力就业不仅机会很多，国家各级政府也非常重视，所以长久以来农村劳动力流动一直是社会各界关注的重点。加之，近年来户籍制度的放松，农村劳动力流动更是日趋活跃。尤其值得注意的是，其中部分农村劳动力已走出国门"打洋工"。随着对外开放的深入和国际化进程的加快，越来越多的农村劳动力会加入到该行列中，我们必须未雨绸缪，加大对农村劳动力国内外流动问题的研究力度。与此同时，农村劳动力国内外流动一体化特征明显，虽然国外流动比国内流动复杂得多，不过决定农村劳动力流动的机理却基本一致。本章我们基于对农村劳动力国内外流动数据资料的整理，初步了解中国农村劳动力国内外流动的阶段性特征。

一、流动形势复杂

随着经济飞速发展，我国取得了令人瞩目的成绩，伴随而来的劳动力过剩问题也日益凸显出来，我国剩余劳动力的走向不仅与老百姓的日常生计密切相关，还会影响到社会的和谐稳定。毋庸置疑，我国目前的问题是人口过多导致劳动力市场竞争激烈，失业率高，尤其是低端型的劳动力市场长期处于饱和的状态，而一些高端领域的稀缺人才却还处于正在培养状态中。人口过多不仅会降低生活质量，也会给城市带来巨大的就业压力。伴随着经济结构的优化，下岗工人再就业的形势更加严峻，大量农业人口也到城市来谋求工作，另外，每年的应届毕业生也在迫切地寻找工作。可见，不管是农村还是城市，劳动力就业市场都面临相当艰巨的压力，国家需要不断发展经济，使经济发展速度处于高速状态，来为这些劳动力提供就业岗位，但是近两年我国进入"经济新常态"，经济发展增速有所放缓，处于中高速发展状态，稳步前进，哪怕我国保持历史最高的经济增长速度，我国每年还是会有上千万的剩余劳动力。所以，我国剩余劳动力走出国门，参与国际劳务合作，是我国消化剩余劳动力的重要途径之一，这在一定程度上不仅能缓解国内就业压力，还有助于增加个人收入。但是，随着我国人口红利的消失，如何合理引导我国剩余劳动力的流动就显得尤为重要。

（一）国内"用工荒"加剧

从对国内的影响来看，会导致我国国内供给不足、资金流出、地区产业结构的调整受挫、加剧区域间经济发展不平衡。首先，从劳动力跨国流动会导致我国国内劳动力供给缩减来看，尽管我国人口规模位居世界首位，但20世纪计划生育政策的实行导致我国现在人口自然增长率缓慢下降，老龄人口占总人口的比重逐渐增加，我国人口老龄化的现象越来越明显，因老年抚养比的增加，使得年轻人对个人、家庭的抚养负担愈发沉重，再加上我国城市化水平的不断增加，这进一步导致未来抚养老年人口的成本必然会增加。还有尽管我国失业率较低，但仍是人口净迁出国。结合上述分析，可以发现我国人口的年龄结构并不合理，并由此引发了一系列问题，例如"民工荒""招工难"等问题。随着我国经济发展逐渐转型，劳动力供给的减少会增加我国用工成本，进而导致我国在国际市场上竞争优势消退，所以，为促进我国经济发展成功转型，增强我国在国际市场的竞争力，应在充分了解我国人口现状的基础上，想办法构建吸引我国劳动力的机制，增强我国对劳动力的拉力因素，弱化对我国劳动力的推力因素，来减缓人口迁出的进程，并适当地引进国外高技术人才，扭转人口净迁出的局面。其次，从资金流出这一角度来看，一般收入较高阶级的人口例如大型企业家、高层管理人员等，才会有条件长期流动到国外，当这一部分经济实力较好的群体流向国外时，会带走我国的部分资金，减少其国内所在地的投资额及私有形式的经济体，抑制了地区经济增长，同时，因企业数量减少和高收入人口的流失，会导致流出地区的税收收入减少，降低地区的社会福利水平。对于短期跨国流动的人口，由于他们的永久居住地还是在国内，所以，他们在结束短期跨国迁移时，会将在国外获得的工资性收入带回国内消费，但在国外期间，他们的日常消费却是在国外，这部分因日常消费而花费的收入会流向国外。再者，以产业结构调整为切入点，发现一般情况下，不管是长期还是短期进行跨国流动的群体，他们大部分的工作都是不稳定的，我国这种现象尤其明显。对我国来看，一般大型企业都是国企，在国企工作的群体会有两个特征：1. 工作相对稳定。由于国家政策的影响其居住地也相对稳定，那些已经拥有稳定工作的人群具有较少的灵活性，很难借助他们推动产业结构的优化，而进行流动的那些人群往往没有稳定的工作，如果将这部分人能留在流出地，那么这部分人很可能为了追求更好的生活而进行创业，或者发展一些私有制经济，能很容易地被吸纳到新产业中，进而刺激地区经济发展活力，促进产业结构的高级化发展。而且由于我国是净迁出国，老龄化越来越严重，也会在一定程度上导致我国国内劳动力的缺失，我国产业结构调整会因此受到影响。最后，不管是短期还是长期的劳动力跨国流动，都会导致我国原本就发展不平衡的地区更加具有不平衡性，对于选择进行短期流动的劳动力而言，通常选择外流的原因是本地区劳动市场提供的工资远低于迁入国所提供的工资，这会对迁出地产生两个效用：一是迁出地的工资水平会因劳动力供给量减少而提高；另一方面，由于迁出地工资水平的提高并不是由经济发展带来的，而是因劳动力供给减少引起的，这会使企业需要支付比原先更高的劳动报酬，成本的增加会促使部分企业迁出，进而导致地区经济发展水平降低。而对于选择长期迁移的那部分人群来说，除人力资本外，这部分人群也会带走物质资本，降低地区的投资积极性，致使经济发展动力不足。以上两方面均会拉大我国与迁入国经济发展之间的差距。

（二）农村劳动力整体文化素质偏低

由于农村居民生活水平的提高，政府在农村教育、医疗以及社会保障等方面的投资增加，这就导致了农村居民对于教育的支出不断增加，因此农村劳动力的文化水平逐步提高，受教育程度不断加深。如表4-1所示，2016年农村劳动力在未上过学、小学、初中的占比相比2015年都有所减少，这三项合起来所占比例缩减为73.6%。而高中、大专及以上2016年所占比例相比2015年来说都有所增加，高中、大专及以上教育的农村劳动力合起来占比增加至26.4%。可以发现，我国实行九年义务教育政策的效果明显，农村居民生活水平的提高也在一定程度上促进了教育支出的增加。不过，从统计数据能看出我国转移出来的农村劳动力的受教育程度还是较低，虽然2016年未上过学和小学的农村劳动力人数加起来只有14.2%，但是农村劳动力主要受教育程度还是初中水平，其比例高达59.4%，高中占比只有17%，具有大专及以上受教育水平的农村劳动力占比更是只有9.4%。所以，近年来，哪怕我国九年义务教育普遍推广，转移出来的未上过学的农村劳动力逐年减少，已经下降至1%，但是，大多数农村孩子都只是上完初中或者中途辍学就外出务工，导致主体受教育程度只有初高中水平，特别是以初中为主。所以，农村劳动力进城之后因其本身劳动素质的限制，只能从事一些技术水平较低，依靠体力的工作，譬如较低层次的服务业和需要大量重复劳动的劳动密集型制造业。

表 4–1　中国农村劳动力受教育水平情况

	农村劳动力合计（%）		外出劳动力（%）		本地劳动力（%）	
	2015	2016	2015	2016	2015	2016
未上过学	1.1	1	0.8	0.7	1.4	1.3
小学	14	13.2	10.9	10	17.1	16.2
初中	59.7	59.4	60.5	60.2	58.9	58.6
高中	16.9	17	17.2	17.2	16.6	16.8
大专及以上	8.3	9.4	10.7	11.9	6	7.1

数据来源：2016 年农村劳动力监测报告。

如表 4–2 所示，不管是城镇居民还是农村居民，他们的受教育程度都呈现出明显的上升趋势，但平均受教育年限①几乎没有波动，不过由表可看出来，城市居民受教育的程度明显比农村居民受教育程度高，这是因为城镇居民的教育资源以及教育投入都远高于农村地区。从人力资本投资水平看，虽然城镇居民和农村居民的工资水平都在不断上涨，但是在人力资本投资水平上的支出，城镇居民要远远高于农村居民，譬如，城镇居民在 1996—2015 年间关于文娱教育支出从 375 元上升至 2383.8 元，农村居民在 1996—2015 年间关于文娱教育支出则从 132.5 元增加至 969.3 元，显然，城镇居民与农村居民关于人力资本投资支出的差距在不断拉大，这也从侧面印证为什么城镇居民和农村居民受教育程度差距明显。从地区来看，不管是东部还是中西部，城镇居民和农村居民的人力资本投资支出都在不断增加，其中，东、中、西部的城镇居民在人力资本上的投资支出分别从

---

① 平均受教育年限＝文盲半文盲比例×1＋小学比例×6＋初中比例×9＋高中比例×12＋中专比例×12＋大专以上比例×15.5。

1995 年的 712.13、510.8、590.82 元增加到 2012 年的 6629.36、4259.24、4555.65 元；东、中、西部农村居民对于人力资本的投资则分别从 250.27、154.23、123.74 元增加至 2397.26、1462.15、1249.26 元。显然，东部地区人力资本投资的增长幅度高于中西部地区，然后从城镇居民和农村居民之间的绝对人力资本投资差距来看，东部地区在 1995—2012 年间从 461.86 元增长至 4232.1 元；中部地区在 1995—2012 年间从 356.57 元增长至 2797.09 元；西部地区在 1995—2012 年间从 467.08 元增加至 3306.39 元。根据以上数据总结，不难发现东、中、西部地区人力资本差距整体都在扩大，其中东部地区明显高于西部地区，西部高于中部地区。

表 4-2　全国城镇居民和农村居民平均受教育年限变动趋势表

年份	全国城镇居民平均受教育年限	全国农村居民平均受教育年限	平均受教育年限比
2005	9.16	6.92	1.32
2006	9.38	7.14	1.31
2007	9.45	7.29	1.30
2008	9.46	7.38	1.28
2009	9.53	7.47	1.28
2010	10.00	7.65	1.31
2011	10.02	7.67	1.31
2012	10.10	7.71	1.31
2013	10.18	7.78	1.31
2014	10.13	7.77	1.30
2015	10.27	7.80	1.32

数据来源：中国统计局网站、2006—2016 年《中国人口和就业统计年鉴》。

（三）国内社会问题突出

随着人口流动，劳动力资源不断优化配置，为我国经济快速发展提供了人力和人才保障，促进了我国产业结构的不断完善，带动了经济的发展，提高了我国工业化、城镇化和现代化水平，但是由此带来的社会问题却是不容小觑的。2000年以来，我国老年人口的流动规模增长较快，从503万人增加至2015年的1304万人，年平均增长率为6.6%。而且在全国流动人口中，2000—2015年间老年流动人口所占比例也出现小幅增加的现象，比例从2000年的4.9%增加至5.3%。不仅老年流动人口在增加，流动儿童的比例增长也迅速，在1990—2000年间，流动儿童人数从459万人增加至1982万人，增加了3倍多；2000—2010年间流动儿童人数继续增长迅猛，到2010年已增加至3581万人，增幅一度高达40%以上。而且在全国儿童所占比例中，流动儿童的占比也上升到了12.8%。

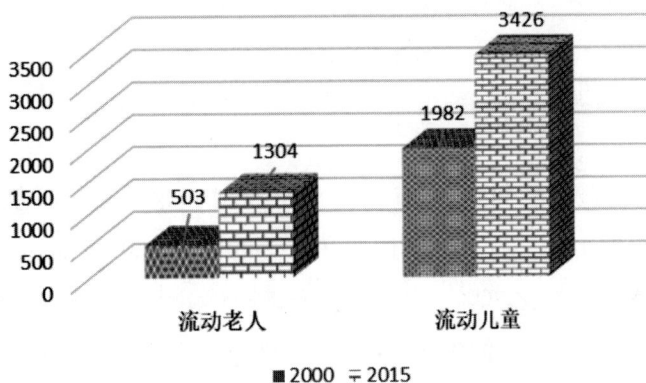

图4-1　2000、2015年流动老人、儿童人口规模（万人）

数据来源：《中国流动人口发展报告2018》。

尽管2015年的人口抽样调查的结果显示，流动儿童的规模相比2010年来说已经下降了155万人，减少了45%，但是流动儿童在全国儿童的占比却是基本保持不变。可见，特殊人群的流动规模在增加，但是他们还有其他流动劳动力人群会因户籍制度、与之相关的社会福利保障制度和土地制度以及自身人力资本、社会资本等因素的制约，使其无法享受到与户籍人口同等的公共服务和社会福利，目前也并未有完善的政策体系来为这些流动人口提供配套的婴幼儿照护、青少年发展和老年人赡养等服务，这在一定程度上会阻碍我国今后的经济社会发展。

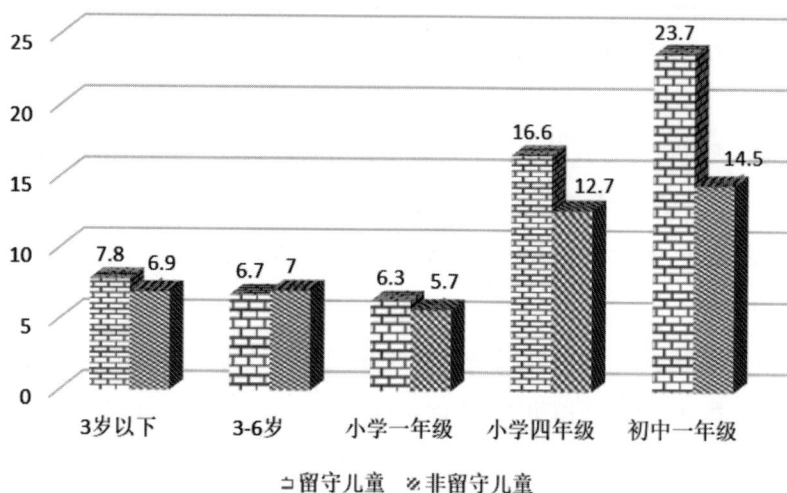

图 4-2   不同年龄组儿童伤害发生率（%）

数据来源：《中国流动人口发展报告 2018》。

此外，伴随着农村劳动力的流动，留守儿童也是我国不容忽视的社会现象。根据卫计委统计，我国留守儿童的看护人 90% 都是祖父母辈，小学及以下学历占比 70%。由于看护人普遍年龄大，文化程度低，所以他们更多的是关注孩子的生理、物质上的需求，很容易忽视孩子的精神需求。相较于非留守儿童的心理健康状态，留守儿童的心理行为健康问题较为突出，并且随着年龄的增加，该问题更加凸显。特别是在小学四年级和初中一年级，相对于非留守儿童来说，留守儿童在情绪控制、注意力、社会适应能力和自伤行为风险等方面都表现出了更严重的问题。而且从意外伤害来看，留守儿童由于安全防护知识和技能的缺乏，很容易受到伤害。据统计数据显示，留守儿童伤害发生率比例高于非留守儿童，其中留守儿童男童伤害发生率高于女童，但均高于非留守儿童，且在学龄阶段，随着年龄越大，伤害发生率越高。可以发现，我国目前还存在较为严重的社会问题亟待解决，这些都是我们在今后社会发展过程中不容忽视且需迫切解决的问题。

（四）国外安全及就业问题频发

我国人口规模位居世界首位，并且国内教育水平在发展中国家中也是位居前列，具有丰富且质量较好的劳动力资源。目前来说，我国劳动力的成本价格在国际市场上还存在一定的竞争力，但我国当前在海外务工劳动力的发展前景却遇到了新的瓶颈，这与当前中国对外劳务输出中存在的主要问题分不开。据统计，我国2017年对外承包工程业务的营业总额，完成的约为11383亿元人民币，较上一年增长7.5%，我国对外劳务输出的总人数达到约52万人，相比上一年增长2.8万人，其中对外劳务合作输出的人数约30万人，占劳务输出总人数的57.5%，对外承包工程劳务输出的人数约为22万，占劳务输出总人数的42.5%。年末，我国留在境外的劳务人员约为98万人，相比上年增加约1万人。① 由以上统计可以发现，中国海外劳工的增长已经进入了新的发展时期，从整体看，中国海外劳务的发展前景较好，自20世纪90年代起，劳务输出由单一形式逐渐向多样化的形式转变，渠道逐步扩大，同时劳动力个体寻求更大的海外就业机会。

不过，中国海外劳务输出存在持续增长的后劲存疑、就业层次上升困难以及安全威胁复杂多样等问题。从持续增长的后劲存疑来看，我国海外劳务输出规模自改革开放以来增长迅猛，为国内的经济发展创造了丰富的外汇收入，为其奠定了发展基础。据相关部门的统计，我国在海外务工的人员获得的外汇收入是国内同等收入的6倍，比例为6∶1，这是国家对外进行劳务输出、个人参与劳务服务贸易的经济动因。部分在境外就业的劳工找到了致富的途径，增加了个人劳动收入，带领家庭走向富裕的道路。尽管金融危机以来，我国人民币升值的压力很大，但通过海外劳工获得的外汇收入并没有缩水。2012年，据世界银行发布的《全球金融危机

---

① 商务部对外投资和经济合作司统计数据，2018年3月6日，见 http://www.mofcom.gov.cn/article/tongjiziliao/dgzz/201801/20180102699456.shtml。

期间及之后的移民与汇款》统计，截至 2011 年底，全球移民劳务人员向本国的转账共计 3720 亿美元，其中中国凭借 620 亿美元位居第二，可见中国海外劳工的发展潜力还是很大的。但是中国海外劳工发展的前景并不是很被看好，目前，中国海外劳工与印度、菲律宾等国家相比，总体数量与我国庞大的人口规模并不成比例。当前国内外劳动力市场结构是影响我国海外劳工发展前景的客观因素。全球劳动力的流动规模、跨国资本的投资、服务贸易尽管还在持续增长，且劲头十足，哪怕自 2008 年以来，国际劳工市场的总体规模和需求都出现了较为旺盛的现象，但我国工资水平与劳动力需求国的差异正在减小，经济收入对劳动力的吸引力显现出了明显的弱化趋势。在世界各国经济都在调整运行的过程中，劳动要素在新兴市场经济体和欠发达地区与发达地区的自由流动将会呈现相对稳定的状态。再加上我国国内经济发展阶段变成"新常态"以后，国内劳动力市场对劳动力的需求在不断增加，相比对外承包工程来说，对外劳务合作的增长潜力较低。2016 年和 2017 年这两年的海外劳务输出的增长主要是因为"一带一路"倡议的实施，但是海外劳务人员的数量增长速度却会因为中国对外承包工程总量的限制而不一定长期持续。就就业层次上升困难而言，目前我国海外劳务人员主要仍是从事体力劳动，高技能人才占比较少，但是呈现出缓慢增加的趋势，在改革开放起步阶段，这一现象尚存在合理性，当时海外劳务人员出境工作，不仅解决了城镇失业下岗职工的工作问题，还为农村剩余劳动力的就业寻求了新出路，并且我国海外劳工在赚取外汇的同时，还学习到了国外的先进技术理念和管理理念，并将其带回国内充分发挥，激发周边群众共同创业的积极性，提高他们的经济收入水平，这不仅有利于我国整体经济水平的提高，还会充分发挥海外劳工在整合劳动力资源、创造就业机会等方面的优势。[1] 不过，随着我国经济社会的迅速发展，他们的创业优势逐渐消失，并与国际劳务市场的需求出现

---

[1]　吕国泉、李嘉娜、淡卫军等：《中国海外劳务移民的发展变迁与管理保护——以移民工人维权和争议处理为中心的分析》，《华侨华人历史研究》2014 年第 1 期。

了结构性的矛盾。由上文分析可以发现，我国海外劳务人员以受教育程度较低的农村剩余劳动力为主，主要从事的是建筑、制造业和交通运输业等技术含量低的行业，这与国际劳务市场的需求存在较大差异，国际劳动力市场对传统体力劳动者和低收入职位劳务的需求稳定，对高智力和高技术人才的需求高。但是由于我国目前劳动力培训市场不够规范，海外劳务人员在出境就业前，接受的培训不多，大多是以体力劳动者的身份派出，在海外生活的能力特别是适应、融入国外经济社会的能力不足，应变性较差，导致难以应对突发的安全问题。而且与国内相比，由于海外劳工在国外从事劳务行业的收入并没有足够的吸引力，导致其积极性受挫，无法达到工作要求，由此发生的劳务纠纷事件更是屡见不鲜，这不仅会给我国对外劳务合作在国际上造成负面影响，还会给我国在海外务工的劳动力带来额外的经济损失。21世纪以来，国际劳动力市场的竞争愈加激烈、透明，并逐渐产生了劳务需求的买方市场，不过，近年来世界上民粹主义和"反全球化"的声音层出不穷，导致对外劳工的需求假性降低，市场上的优胜劣汰机制愈加严格。许多劳务输入国都拔高了进入本国从事劳务工作人员的要求，设置了较为繁杂且严格的程序来审查海外劳工业务能力、文凭以及技术。与我国同为劳务输出的国家，更是利用多年积攒下来的经验，建立了特点鲜明，具有声誉的海外劳工"品牌"，譬如，菲律宾的"菲佣"、印度的软件工程师都在世界上声誉很好，这种系统性的劳务输出会在市场占得先机。反观我国，由于并未有与世界接轨的职工培训和教育体系，这导致我国技术行业人员无法畅通无阻地加入到海外劳务人员的群体中去，阻碍了他们提升自身的就业层次。最后，从安全威胁来看，我国海外劳务人员在国外不仅是生命安全受到威胁，其经济安全也受到了挑战，其中，在海外从事劳务工作人员的生命安全威胁主要是由其从事劳务所在国的治安和政治环境导致的。我国海外劳务人员主要集中在中东和亚洲，这些地区不仅经济社会发展水平滞后，政局也时常动荡，暴力犯罪率更是居高不下，恐怖主义活动也在肆虐蔓延，这种复杂的经济社会环境，导致我国海外劳务人员在境外出现被绑架、抢劫甚至遇害等极端案件已经屡见不鲜，此外，海外劳务人员因远离家乡，在受到自然灾害、突发事故及疾病传播重创时很难及时得到庇护，再加上这类群体整体的素质水平不高，从事行业的层次也偏低，其基本的生产生活安全得不到保障，自我保护意识更是不强，这一系列因素的综合作用导致我国海外劳务人员在境外遇到风险的概率进一步增加。

据《中国境外领事保护与协助案件总体情况》显示，我国公民在2015 年前往非洲的人数超过 200 万，务工人数超过 45 万，并且我国在非洲进行投资的企业就有 4200 多家，但是，非洲地区的经济发展水平低下，社会治安效率较差，甚至有的国家政局不稳，这无疑会给我国在非洲地区的劳工人员和企业带来一定的风险，特别是治安方面，因为我国在非洲进行投资的区域大多都是渺无人迹的偏远地区，并且相关安全防护的意识及能力并不强，这很容易成为犯罪分子的攻击对象。在种种因素的综合作用下，非洲相比其他各洲来说，它的案发率一直位居榜首，是其他各洲案发率的 4 倍多，不过，除非洲之外的其他各洲的案发率倒是旗鼓相当。①

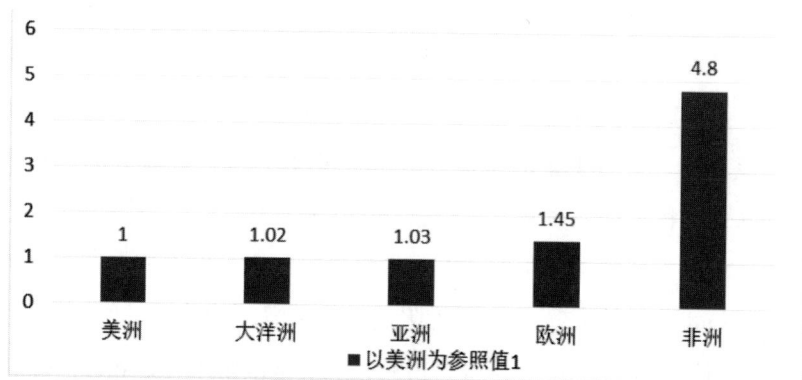

图 4-3　中国领事保护协助五大洲海外中国公民 2015 年案发率对比（单位：件）
数据来源：中国境外领事保护与协助案件总体情况年度报告。

而劳务纠纷所带来的经济损失则是中国海外劳务人员所面临的主要

---

① 外交部领事司统计发布数据，见领事服务网，http://cs.mfa.gov.cn/gyls/lsgz/ztzl/ajztqk 2014/。

经济安全威胁。据以上报告数据显示，我国驻外使领馆处理事件繁多，其中社会治安类型如偷盗、抢劫、绑架等的案件就达6487件，经济与劳务纠纷如薪资纠纷、商业合同纠纷等案件数量有4844件①。与2013年和2014年的领事服务协助案件相比，2014年、2015年的劳务纠纷案件的比例增长迅猛，使得外交部领事服务中心为提高应对指数型增长领事保护需求的能力，他们不得不增加人员，投入更多的精力来处理这些劳务纠纷案件。除境外雇主对我国海外劳工的剥削外，劳务中介公司（或工程公司雇佣方）会故意做出违反合同约定，钻合同漏洞的恶劣行径。当然，我国海外劳工自身对境外风险的认知还不够，预想收入与现实之间差距较大会导致他们产生失望心理，甚至最终铤而走险，这也会增加对外劳务合作及对外承包工程的市场风险。

表4-3　2013—2015年经济和劳务纠纷案件变化表

年份	经济和劳务纠纷领事协助案件	领事保护案件总数	变化
2013	983		
2014	1826（3.1%）	59526	上升85%
2015	4844（5.6%）	86678	上升165%

数据来源：中国境外领事保护与协助案件总体情况年度报告。

二、流动规模增加

据《中国流动人口发展报告（2018）》显示，从1978年改革开放以来，我国流动人口政策调整经历了三个阶段：第一阶段：1984—2002年为逐步放开阶段。在该阶段，政府在一定程度上放宽了对人口流动的管

---

① 外交部领事司统计发布数据，见领事服务网，http：//cs.mfa.gov.cn/gyls/lsgz/ztzl/ajztqk2014/t1277568.shtml。

制，但是程度并不深，并且主要是中央政府从上往下推动，地方政府对于人口流动政策的支持力度并不高。第二阶段：2003—2012 年是提出贯彻公平理念的阶段。进入 21 世纪以来，由于该理念的提出并加以贯彻，使得一系列的相关政策也发生了重要变化，例如，2006 年国务院出台了《关于解决农民工问题的若干意见》，提出"公平对待、一视同仁"的处理农民工问题的基本原则，此文件是第一个有关农民工问题的系统性文件。2012 年 5 月，流动人口在享受均等化的基本公共服务方面，得到了国务院《国家基本公共服务体系"十二五"规划》文件的制度保障。第三阶段：自党的十八大以来，我国全面推进市民化，加快户籍改革制度，有序推进农业人口转移，努力覆盖城镇常住人口的基本公共服务。同时，《关于进一步推进户籍制度改革的意见》和《关于进一步做好为农民工服务工作的意见》两份文件的推出，关于流动人口问题的政策框架越来越清晰，这在一定程度上增强了流动人口的获得感和幸福感。在之后党的十九大报告中，进一步强调了要冲破阻碍人口流动的壁垒，发现并解决劳动力、人才社会性流动阻碍的机制弊端，做到人民自身的发展机会都可以凭借辛勤劳动来得到，进一步促进市民化发展。

（一）国内流动趋势放缓

从人口流动规模变动的过程来看，我国劳动力流动从 20 世纪 80 年代以来，大致经历了从严格控制流动到逐步开放流动的过程，与人口政策调整大致相对应，我国人口流动规模的变动也可大致分为三个时期：第一个时期：80 年代初至 90 年代初。十一届三中全会于 1978 年召开，会议决定率先改革农村，推行新的生产关系，即家庭联产承包责任制，解放出大量农村劳动力。农业部门的调查结果中，1985 年为止农村劳动力总数中农村剩余劳动力占到 3—5 成（王桂新，2004）。改革开放初期，城市经济体制还未改革，农村剩余劳动力转入城市非农产业的意愿不强烈，政府对于农村劳动力流入城市的渠道严格把控。并且改革正处于最初阶段，经济刚开始萌芽发展，私营企业的数量并不是很多，绝大多数的农民并未意识到城乡收入差距，因此体力劳动者的供给和需求都不多，在此阶段，移民返迁、知青回城等"三线"迁移是人口迁移的主要方式。在 1982—1990 年间，我国流动人口规模从 657 万人增加至 2135 万人，年均增长率约为 7%。第二个时期是 1990—2010 年。1994 年国家通过发布《关于农民进入集镇落户问题的通知》放宽了对农村人口进入中小城镇就业生活的限制，这在一定程度上推动了农村人口的乡城转移。该阶段劳动规模变化较大，人口流动的规模增长速度更快，从 1990 年的 2135 万人增加至 2010 年的 22143 万人，年均增长率约为 12%。第三个时期是从 2010 年到现在，农村劳动力的流动产生了很多的变化，新的问题——浮现，例如地区性的技工荒、民工荒等。在需求的角度来分析，经济良好的发展，促进劳动密集型的企业数量上升，因此非熟练工人的需求大幅上涨，同时企业自身发展改革，向技术密集、资本密集转变，就要求工人对于技术的掌握较为熟练，也就增大了技术熟练工人的需求量。从供给来看，随着城市化水平的不断提高，农村劳动力自身的教育水平也在不断提升，再加上国家对农村的大力扶持，农民收入得到保障的前提下，也在日益增加。再将心理、货币成本考虑到其中，农村劳动力转移的动力明显降低，而拖欠工资和子女教育等问题的出现在一定程度上也阻碍了劳动力转移，所以该时期相比以上两时期，流动人口的增长速度相对缓和，年均增长率约为 2%。据国家统计局公布的数据显示，2015 年全国流动人口为 2.47 亿。与 2014 年的流动人口数量相比，减少了约 600 万人，2016 年的全国人口流动规模又较 2015 年下降 171 万人，2017 年又比 2016 年减少 82 万人，不过由于我国农村劳动力数量庞大，所以仍然存在大量农村劳动力迁移到城市的情况。综上，随着改革开放的发展，我国劳动力流动的规模总体上不断增大。特别是 2005 年以来，劳动力流动规模增加的速度越来越快，在 2000—2005 年间，五年增加了 0.26 亿劳动力流动人口，数值从 1.21 亿增加至 1.47 亿，在总人口中的占比也从 9.55% 增加至 11.24%，虽然在这期间，占比有一定幅度的增长，但是基本在 10% 上下波动。从 2005 年至 2014 年。流动人口从 1.47 亿急剧增加至 2.55 亿，占比从 11.24% 增加至

18.49%，可见增幅明显，增加了约 5 个百分点，不过近年来，我国由于农村经济的发展和农村剩余劳动力的减少等因素影响，导致人口流动规模增幅有所下降，从持续上升的趋势变成了缓慢下降的态势。

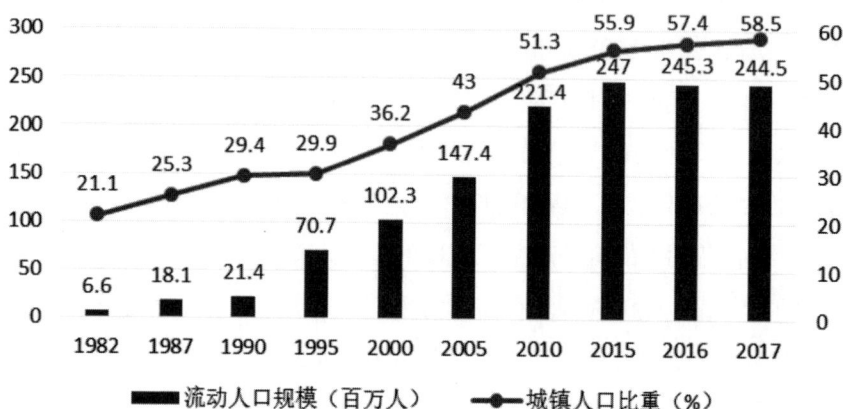

图 4-4 1982—2017 年全国流动人口规模（单位：百万人，%）

数据来源：《2018 中国流动人口发展报告》。

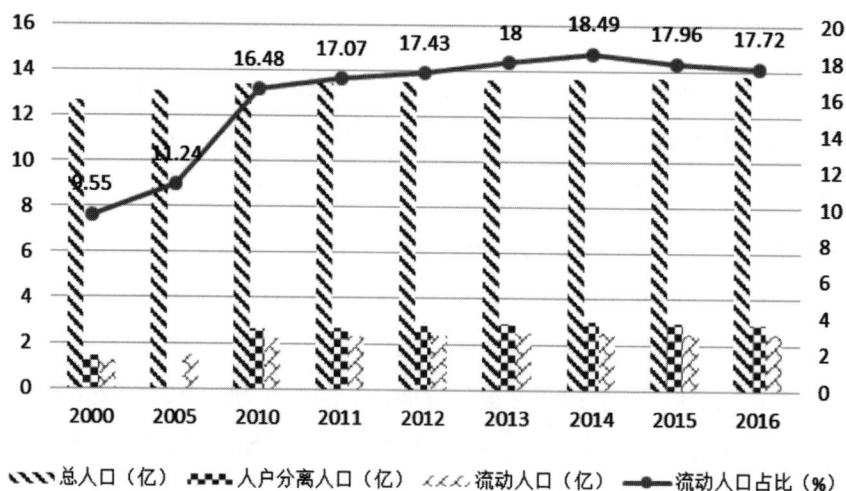

图 4-5 流动人口数及其比例

数据来源：《2017 中国统计年鉴》（不包括港澳台地区）。

由于农民工是农村劳动力向城市流动的主力军，其流动状况在很大程度上都能反映出农村劳动力流动情况。如表 4–4 所示，随着城镇化的发展，本地农民工流动的数量在不断增加，2008—2016 年间，流动人数从 8501 万人增加至 11137 万人，全国农民工和外出农民工规模也在不断增加。不过，本地农民工数量在全国农村劳动力流动数量中所占比例不断提高，在 2009—2016 年间所占比例从 0.368 上升至 0.399，这在一定程度上显示了我国农民工更倾向于就近就业原则。从东、中、西部三大区域看劳动力流动的情况来看[①]，如图 4–6 所示，从趋势上来看，东中西部地区的劳动力流动都呈现出上升趋势，但是增速减缓，到 2012 年，增速分别为 0.01、0.03、0.02。

表 4–4　中国农民工流动数量

	农民工总量 （万人）	外出农民工 （万人）	本地农民工 （万人）
2008	22542	14041	8501
2009	22978	14533	8445
2010	24223	15335	8888
2011	25278	15863	9415
2012	26261	16336	9925
2013	26894	16610	10284
2014	27395	16821	10574
2015	27747	16884	10863
2016	28171	16934	11137

数据来源：数据来源于 2009—2016 年农民工监测报告。

从区域来看，东部地区高于中西部地区，中部地区又高于西部地区。主要表现为东部地区的劳动力流动数量在 2000—2012 年间从 6927.45 万人增加到 11480.74 万人，增量为 4553.29 万人，中部地区则从 4544.45 万人增加至 8656.67 万人，增量为 4112.22 万人，西部地区从 3692.74 万人

———————

① 该图劳动力流动计算公式：劳动力流动数量＝乡村就业人数－第一产业就业人数。

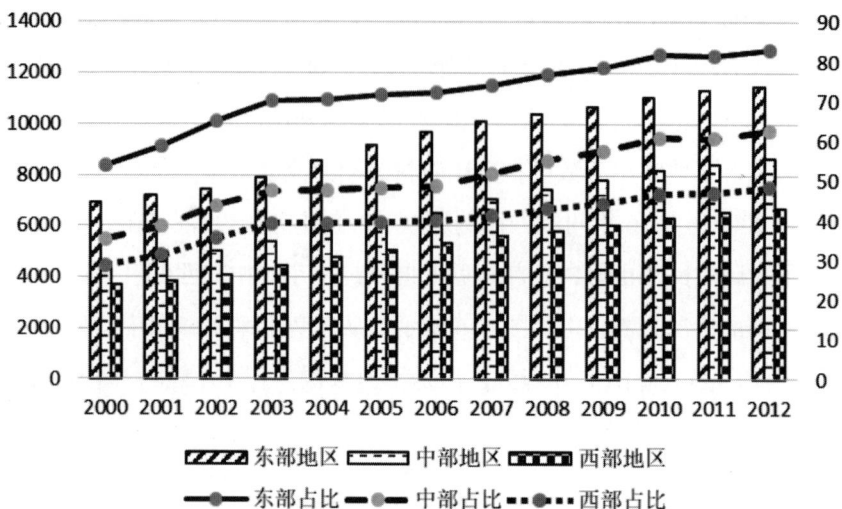

图 4-6　三大区域劳动力流动趋势图

数据来源：各省级统计年鉴、中国统计局网站。

增加至 6688.24 万人，增量为 2995.5 万人。这主要是因为农业生产率的提高解放了更多的劳动力，同时城市化的发展导致非农产业在城市的集聚，不管是基于追求更高报酬还是就近就业的原则，都会促使农村解放出来的那部分劳动力向城镇流动。

（二）国外流动增速下降

如表 4-5 所示，就总体规模而言，我国劳务输出规模整体呈增加趋势，年末在外人数从 1995 年的 201479 人增加到 2017 年的 841539 人，增速较快，年均增长率为 6.7%。其中，对外承包工程年末在外劳务人数从 21765 人增加至 277200 人，年均增长率为 12.4%；对外劳务合作年末在外劳务人数从 179714 增加至 564339 人，年均增长率为 5.5%。从所占比重来看，我国对外劳务合作占劳务输出总人数的比重从 1995 的 89.2% 下降至 2017 年的 67.1%，但是仍占据绝对性的比重，而我国对外工程承包在劳务输出总量中占比从 10.8% 增加至 33.0%。可见尽管我国对外工程承包年末在外劳务人员的增速很快，所占比重也有很明显的上升，但是对外劳务合作仍是我国劳动力跨国流动的最主要的方式。

　　如图4-7所示，总体上1995—2003年是中国劳务输出迅速发展的时期，年均增速达到10.95%。这段时期中，劳动力对外输出增长主要是由对外劳务合作贡献的。2004年到2010年是中国经济增长最为迅猛的时间段，劳动力对外输出也同样保持高度增长的趋势。2010年中国对外劳务输出总量增长至70万人左右，与上一时期相比，这一时期劳动力对外输出增长的主要贡献者是对外工程承包带来的劳务输出。"十二五"期间中国对外劳务合作保持稳定发展趋势，劳动力跨国流动的规模逐渐扩大。中国"走出去"战略的提出与实施，促进对外投资规模进一步扩大，劳务输出也同样呈现持续增长的势头。劳动力跨国流动人口也从2011年的约70万人增加至2014年的约83万人。但中国进入"经济新常态"之后，全球的经济贸易进入了调整阶段，尤其是保护主义的日益显现，中国对外劳务合作面临国内外经济环境的大变化，迎来巨大挑战，这在一定程度上会影响中国对外劳务合作发展。由下图也可看出2015—2017年期间，增速下降明显。

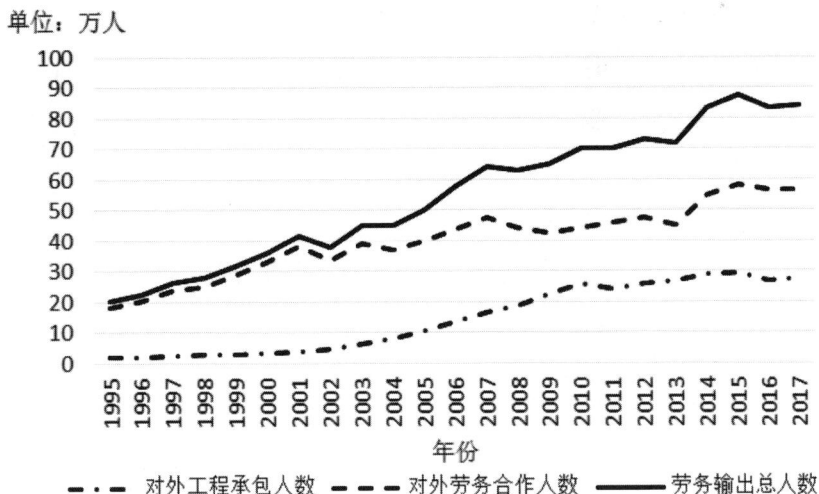

图4-7　1995—2017年中国劳务输出人数

数据来源：中国统计局网站。

表 4-5　中国 1995—2017 年劳务输出人数表

年份	对外承包工程（人）	对外劳务合作（人）	总计
1995	21765	179714	201479
1996	20620	204834	225454
1997	25640	236357	261997
1998	30279	249046	279325
1999	30507	287684	318191
2000	31842	328941	360783
2001	36994	379445	416439
2002	45002	332785	377787
2003	60502	390839	451341
2004	80567	367421	447988
2005	103482	397170	500652
2006	136313	438746	575059
2007	166106	474536	640642
2008	187430	440276	627706
2009	225475	422358	647833
2010	257446	441890	699336
2011	240902	459252	700154
2012	258461	473592	732053
2013	267763	450924	718687
2014	288629	545517	834146
2015	293005	583366	876371
2016	267285	565673	832958
2017	277200	564339	841539

数据来源：中国统计局网站。

三、流动模式多样化

（一）国内流动模式

按迁移的稳定性，可以将农村劳动力的流动分为两种模式：一种是暂留在城市打工，流动较为频繁；另一种是永久定居在城市中劳动、生活，几年之内都不会再进行流动。1978 年至 80 年代末，农村劳动力大多在本地域内就近进行迁移，尽管一定程度地促进劳动力从第一产业向第二、三产业的流入，但是这种转变并没有实现其生存空间的转变，往往是暂时的，这种模式的劳动力流动大约可以占到流动总量的三分之二。但在 1993 年之后，迁移模式发生了新的变化，出现"离土又离乡"的现象，农村劳动力不仅在职业上进行转变，同时也在空间上出现了变化。新世纪后，国家鼓励城乡统筹就业，为保障农村劳动力流动的公平性，取消了农村劳动力转移的相关限制。2003 年到 2014 年的 12 年间，全家整体搬迁的农村劳动力数量增加了 1148 万人，由 2003 年的 2430 万人增加到了 2014 年的 3578 万人。通过研究发现，在大部分城市，流动人口中男性的数量多于女性，但是男女性别比的差距不大。从婚姻状况来看，初婚和未婚的流动人口占比较大，在 2010—2015 年间总流动人口中，初婚人数占比为 70%—80%，未婚人口仅为 20%，这反映了流动人口整体年龄偏青壮年化，而在流入地，流动人口配偶的概率约占 90%，这充分表明流动人口在流入地成家或者夫妻同时流动的现象较为明显。此外，随着流动人口迁移而迁移的子女的比例约为 60%，说明流动人口迁移决策逐渐表现为家庭化迁移，流动长期化的趋势明显，生计活动以及策略的中心逐渐向流入地转移。综上，我国劳动力流动的形式逐渐从个体流动转变为家庭流动，子女随家迁移的比例较高，夫妻共同流动的趋势明显，农民工只有全家都从农村迁移到城市生活，才能算是真正实现了长期稳定的迁居，成为真正的城镇居民。

（二）国外流动模式

出国劳务并不是中国特有的现象。以劳动力国际流动的组织形态，可以将出国劳务分为主动和被动两种，即劳动者本人主动走出国门，在国外工作并寻求居留机会的"主动求职"形式和通过资本投资、技术转让、工程承包等途径将劳动力带出国外进行工作就业的"被动带出"形式。"主动求职"包括两种形式，一种是公司统一组织到国外就业，另一种是个体单线联系雇主出国进行就业。"被动带出"在经济社会高度融合的国家中，如欧盟和北美贸易自由区等，明显低于主动求职的劳动力数量，发达国家技术转让带出的劳动力远远高于工程承包带动的劳动力数量。

当前，我国剩余劳动力走向国外，即我国劳动力跨国流动的主要方式包括对外工程承包和对外劳务合作这两种途径。中国政府为了发展对外承包工程与对外劳务合作，相关劳务输出的监管与行政管理部门陆续批准建立了一批经营对外承包工程和劳务输出的企业，激励企业进行相关业务的深入和拓展，对外经济合作的企业成立数量逐渐上升，国际劳动力市场竞争日益激烈。对外工程承包进行劳动力跨国流动的形式中主要包括四种方式：1. 直接以对外工程承包方式带出。我国有许多具备承包外国工程资格的公司，得到相应准许后，一般会将项目管理、涉及、安装调试等技术、培训的工作人员作为工程劳务人员带到境外参与工程的实施，从而更好地完成工程任务。2. 通过技术、设备出口等因素带出。近年我国企业的技术和设备逐渐受到了国际市场的高度认可，对外出口的订单量逐年上升，例如柳州重工、三一重工等企业得到非洲市场的热烈欢迎，当企业的技术设备出口时，相关技术人员都会被配套带出。3. 以资本向海外投放的形式从而带出的相关管理、技术人员等。但这类高级管理人员通常是不会纳入海外劳务范畴内，一般是被列入国际商旅人员的行列当中。4. 工程承包公司与中国劳务派遣公司进行合作，劳动者本人响应招工并参加境外就业，这种情形相似于海外劳务人员"主动求职"的形式。

　　中国对外的劳务合作另一重要形式是劳务人员走向境外进行合作。中国商务部于 2004 年颁布了《对外劳务合作经营资格管理办法》，主要对于出境劳务合作的形式进行了明确的规定，合法的境外劳务就业形式只有两种：1. 中国企业承担境外国家开展建设项目，项目配套的劳务人员；2. 经由中国劳务公司承接，同时满足海外雇主需求，培训后再出境劳务的人员。我国 2012 年颁布了新的《劳动法》和《劳动合同法》，中国出境劳务的形式多是劳务公司派遣，许多工程承包公司也转向由劳务公司代理相关招募和管理工作。劳务派遣公司的主要工作是处理海外劳务人员的招募和派遣，这不仅仅是将国内的劳务关系延伸出境，也是将境外劳务合作转为国内处理的一种方式。劳务派遣公司同劳动者和实际用工者之间建立起三方互相约束的关系，承担起劳动者与用工者的中介作用，在协商的基础上共同签署具有法律效应和约束力的合同，同时协调工程企业和海外劳务人员、工程企业与境外雇主、海外劳务人员与境外雇主之间的相互关系。不仅督促劳动者要按照合同规定，保证劳务的数量与质量，还要保障劳动者应获得的相应工资和保险等劳动权益。综上所述，劳务派遣公司派遣劳务最主要的特点就是雇佣和使用的分离，企业与境外雇主同海外劳务人员之间不存在直接的劳动合同关系，这一点主要是因为海外劳务的工资并不是从企业直接获取，也不是由海外雇主进行直接支付，但劳务人员的工作内容和考核都要在海外雇主与企业的监督下完成。在改革开放的初期，中国海外劳务人员境外就业的主要途径是通过对外工程承包输出劳务，这也是最早一批海外劳务人员出境就业的方式，这种方式具有劳务需求规模大、劳工招募工作组织性强、方便管理境外就业等优势。国家颁予许多大型企业对外承包工程的资格，开辟了中国劳务走出国境的新路程。但是近些年，中国外出劳务人员的出境方式多元化，劳务公司和工程企业在此过程中要承担非常重要的作用，扮演最主要的角色，同时个体组织外出务工的行为比例也逐年攀升。

四、流动流向范围广

（一）国内流动流向

从省内与省外的流动变化来看，据国家统计局数据显示，1997—2001 年，农村劳动力省内转移的比例分别为 68.7%、65.8%，省外转移的比例分别为 31.3%、34.2%；2008 年到 2016 年，9 年间全国省内劳动力转移的比例上升了 8 个百分点，由 46.7% 增加到 54.7%，转移到省外的比例从 53.3% 下降为 45.3%。其中中部省内流动人数从 1508 万人增加至 2393 万人，西部省内流动人数从 1679 万人增加至 2556 万人，中西部省内流动人数存在明显上升，究其原因，极有可能是东部沿海地区的部分产业向内陆进行转移，从而带来中西部地区劳动收入的提升，逐步缩小与沿海地区之间的差距。另外，在东中西部地区省内与省外流动的比例中，农村劳动力跨省流动人数最多的地区是中部地区，到 2016 年底，人数已经达到 3897 万人。而东部地区外出劳动力省内流动的数量明显减少，从 4307 万人下降至 3854 万人。

（二）国外流动流向

1. 亚非地区为主要输入地

如表 4–6、4–7 所示，我国近几年劳务输出的主导地区是亚洲和非洲。2017 年末，我国对外劳务合作人员年末在亚洲地区的总数达到 47 万，占总体 78.7%，对外工程承包年末境外人员达到约 19 万，占总体 51.3%；非洲地区的年末对外劳务合作人员约为 5 万人，占总体 9.2%，对外工程承包年末境外人数约为 14 万，占总体 39.3%。亚洲和非洲地区的我国对外劳务合作人员已经约占对外劳务合作总人数的 87%，对外工程承包年末在外人员约占对外工程承包总人数的 90%，可见，亚、非地区在我国对外劳务合作中占绝对主导地位。而欧洲地区的劳务输出规模相对来说较稳定，基本维持在 1.5—2.5 万人，北美洲和大洋洲地区的劳务输出规模相对来说较小，拉丁美洲地区的劳务输出规模有所扩展，在 2017 年对外劳务合作年末劳务人员数达到近 4 万人，对外工程承包年末在外人员数达到近 2 万人。由以下数据可以发现，中国对外劳务合作的主要市场集中在亚洲和非洲欠发达地区和国家，短时间内，这一高度集中的格局难以改变。

表 4-6　2011—2017 年中国对外劳务合作人员的地区分布

年份	亚洲	欧洲	非洲	北美洲	大洋洲	拉丁美洲
2011 年	420443	27421	29041	3172	3742	4341
2012 年	417465	24990	37910	2271	5237	16106
2013 年	396417	15569	45948	1540	5348	17181
2014 年	469013	20295	61532	2117	7830	34974
2015 年	487077	20970	68848	2161	8008	29867
2016 年	469996	19962	67438	2743	8461	26473
2017 年	474146	20142	55596	3494	9898	39066
比重（%）						
2011 年	86.12811	5.617216	5.949074	0.649787	0.766552	0.889258
2012 年	82.83381	4.95854	7.522139	0.450614	1.039131	3.195768
2013 年	82.24368	3.230063	9.532721	0.3195	1.109537	3.564501
2014 年	78.72503	3.406567	10.3283	0.355344	1.314285	5.870475
2015 年	78.95162	3.399084	11.15976	0.350282	1.298038	4.841222
2016 年	78.98123	3.354546	11.33273	0.460952	1.421842	4.448698
2017 年	78.71707	3.343947	9.229972	0.580069	1.643253	6.485684

数据来源：中国统计局网站。

表 4-7　2011—2017 年中国对外工程承包劳务人员的地区分布

年份	亚洲	欧洲	非洲	北美洲	大洋洲	拉丁美洲
2011 年	150496	7606	152038	461	4491	8908

续表

年份	亚洲	欧洲	非洲	北美洲	大洋洲	拉丁美洲
2012 年	156276	10202	154542	511	4715	18177
2013 年	166523	10280	168586	1072	3933	19735
2014 年	165571	13713	197853	1261	3885	26564
2015 年	168038	13943	194848	1579	3931	26226
2016 年	173780	9244	165080	1698	3963	19115
2017 年	193438	9842	147093	4828	3018	18608
比重（%）						
2011 年	46.44938	2.347531	46.92531	0.142284	1.386111	2.749383
2012 年	45.37328	2.962055	44.86983	0.148364	1.368956	5.277522
2013 年	44.99053	2.77741	45.5479	0.289629	1.062602	5.331925
2014 年	40.49706	3.354066	48.39292	0.308428	0.950233	6.497296
2015 年	41.12883	3.412676	47.69082	0.386475	0.962148	6.419052
2016 年	46.60481	2.479082	44.27162	0.455374	1.062808	5.126314
2017 年	51.33337	2.611809	39.03462	1.281225	0.800898	4.938075

数据来源：中国统计局网站。

　　如表 4-8 所示，中国对外承包工程排名前十的国家和地区主要包括印度尼西亚、伊拉克、老挝、马来西亚、巴基斯坦、沙特阿拉伯、阿尔及利亚、安哥拉、埃塞俄比亚、越南等，这些地区在中国对外工程承包年末在外劳务人员总数中占比 45.6%。而中国对外劳务合作前十的国家和地区占到中国对外劳务合作年末在外人员总数的 84.5%，其中包括日本、中国澳门、中国香港、新加坡、特阿拉伯、韩国、俄罗斯、阿尔及利亚、安哥拉、巴拿马等。可见不管是中国对外承包工程还是对外劳务合作，排名前十地区的占比均占主导地位，中国对外劳务合作甚至占据绝对性的主导地位，处于高度集中的状态，这在一定程度上有利于形成规模效应，同时奠定进一步国际劳务合作或工程承包的深入合作基础，但同时也存在着一定的风险性，例如合作国国内的政治经济不稳定时，会对我国对外劳务合作与对外工程承包造成一定的影响，不利于分散风险，使得风险最小化。

表 4-8　2011—2017 年年均劳务输出前十位的国家和地区分布

对外承包工程			对外劳务合作		
国家及地区	人数（人）	比重（%）	国家及地区	人数（人）	比重（%）
印度尼西亚	83563	3.21	中国香港	296427	7.63
伊拉克	68145	2.62	日本	1106898	28.50
老挝	76856	2.95	中国澳门	696164	17.92
马来西亚	72476	2.78	沙特阿拉伯	59063	1.52
巴基斯坦	67343	2.58	新加坡	578200	14.89
沙特阿拉伯	184508	7.08	韩国	130199	3.35
阿尔及利亚	306505	11.76	俄罗斯	88320	2.27
安哥拉	208638	8.01	阿尔及利亚	135024	3.48
埃塞俄比亚	59477	2.28	安哥拉	76517	1.97
越南	60465	2.32	巴拿马	115865	2.98
合计	1187976	45.59	合计	3282677	84.51

数据来源：中国统计局网站。

2. 山东、河南和江苏是主要输出省份

表 4-9 主要分别列举了 2002 年和 2014 年的中国对外劳务合作和对外承包工程人数排名前十的省份。从对外劳务合作的人数排名可以发现，2002 年对外劳务合作输出人数排名前十的省份大多是东部发达省份，这些省份都具有地处沿海地区、经济开放度高和与海外市场接触频繁的特征。而 2014 年对外劳务合作输出人数最多的两个省份主要是山东和河南，这两个省份都具有人口基数大、劳动力充足的特征。山东虽然也属于东部沿海地区，但是它与内地的经济联系更加紧密，经济开放度相比江苏、广州等省市来说较差，所以这一排名体现了中国对外劳务合作逐渐向中部地区迁移的特点，东部经济发达省份参与对外劳务合作的人数逐渐减少。就对外承包工程人数而言，2002 年对外承包工程劳务输出的大省主要是江苏、浙江、北京、天津等经济发展较好的东部沿海省市，也包含河南、山

东、湖北、安徽等劳动力充裕的省份；2014 年的情况也如此，江苏、山东输出人数排名仍在前二，总体上排名变化并不明显，说明我国通过对外承包工程参与境外就业活动的劳务人员不仅需要从事体力劳动的普通劳动力，还需要依托于地方经济、技术和对外贸易开放的技术型人才，所以形成了参与对外工程承包各类省份的混杂情况。而从中国海外劳工人员总体构成来看，河南、江苏和山东的出境劳务人员占据较大比重。据 2014 年统计数据显示，外出劳务总人数为 81.2 万人，河南、江苏、山东对外劳务输出总人数分别为 89563 人、96402 人、115328 人，占比分别达到 11.03%、11.87%、14.2%。三省合计占总劳务人员的 37.01%。另外，从劳务人员的年龄结构来看，80 后劳务人员占据主导地位，并逐渐出现了一些 90 后劳务人员，其中农村转移出的劳动力占据总体的比例稳定在 80% 上下波动。2008 年的全球金融危机爆发之后，我国对外劳务输出的规模增长趋势有所减缓，但对外劳务输出的结构和层次上迎来了调整的机遇，出境务工的构成主体中从中低层建筑劳工逐渐变为高低中兼有的局面，海外劳务输出的技术含量提高，附加值增加。

表 4-9　中国对外劳务输出省域分布

类别	对外劳务合作				对外承包工程			
年份	2014		2002		2014		2002	
排名	省份	人数	省份	人数	省份	人数	省份	人数
1	山东	83496	江苏	62670	江苏	36552	江苏	10992
2	河南	75305	福建	42920	山东	31832	山东	3244
3	广东	72788	吉林	31247	浙江	24733	浙江	3049
4	江苏	59850	山东	30435	北京	21683	河北	3024
5	福建	52125	上海	28623	湖北	21386	云南	2498
6	辽宁	38328	辽宁	19764	河南	14258	上海	2390
7	吉林	31941	广东	18368	安徽	13527	安徽	2378
8	湖南	23705	浙江	14224	上海	12483	辽宁	2152

续表

类别	对外劳务合作				对外承包工程			
年份	2014		2002		2014		2002	
排名	省份	人数	省份	人数	省份	人数	省份	人数
9	上海	23245	河北	12759	四川	11604	吉林	2094
10	安徽	11182	四川	11571	天津	11374	黑龙江	1924

数据来源：《中国贸易外经统计年鉴（2003—2015）》。

五、流动行业分布集中

（一）国内：二、三产业为主

流动劳动力除总量增长迅速外，在就业分布上还表现出集聚在第二、三产业的特征。从产业配置来说，大量的农村劳动力涌入城市，不断地由低效率产业转移到高效率产业，从农业向制造业和服务业转移，这不仅在微观上有利于增进劳动力的家庭抚养能力，在宏观上还会优化产业结构，促进产业结构升级和积累社会财富。1979—1993 年，我国流动劳动力主要从农业转移到第二产业，其中，1982—1999 年，我国流动劳动力在工业就业比例由 64% 降至 28.3%。如图 4-8 所示，内部是 1978 年，外部是 2016 年。与 1978 年相比，2016 年，我国第一、第二和第三产业的从业人员比例从 5：1：1 变为 1：1：1.6，人均创造产值比则从约 1：7：5 变成约 1：5：4。显然，相比 1978 年来说，从业人员结构比出现了明显的改善，这对整个社会的劳动生产率有极大的促进作用。2000 年之后，批发零售、住宿餐饮、社会服务等服务业成为越来越多流动劳动力的就业新去向，制造、建筑和一些低技能服务业也成为了我国流动劳动力的主要就业行业，所占比例高达 55% 左右。如表 4-10 所示，我国流动劳动力的主要就业行业在制造业和第三产业，居民服务、批发零售、制造业住宿餐饮行业占据较大比重，这主要是因为流动人口整体的受教育水平较低，劳动技能较差，仍集中在低层次的劳动力市场上，生计脆弱性显著。而且由于受劳动者技能和户籍歧视等因素的限制，使得流动劳动力难以自由选择职业，在个体工商和私营企业工作的比重远远高于在机关事业单位工作的比重。

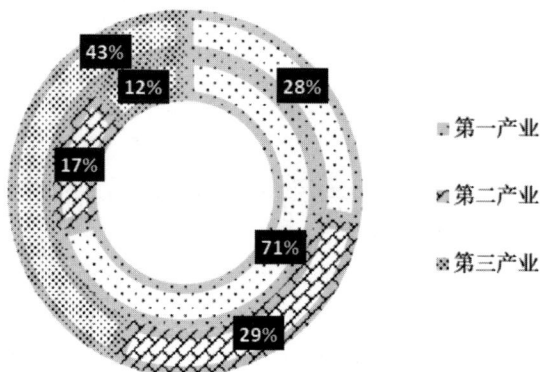

图 4-8　1978 年和 2016 年就业结构（%）

数据来源：《中国流动人口发展报告 2018》。

从资源配置的角度来看，人口逐渐从依赖劳动密集型产业发展的地区转移到依赖资本和技术密集型产业发展的地区，人口的这种区域性流动在一定程度上有利于区域产业的协同发展，拉动经济增长。而且人口从内陆向沿海地区的迁移，相对于劳动密集型产业来说，资本或者技术密集型产业也能充分发挥出它的比较优势，进而促进经济发展。不过近几年，我国出现了劳动力回流的现象，即原本流入东部沿海地区的劳动力转而返回了中西部地区，原因大概为沿海地区劳动密集型产业与资源密集型产业逐步向中西部地区转移的变动，伴随着产业的流动，劳动力也随之迁移，这一流动可能会再次优化人力资源在区域间的配置，提高我国的劳动生产力。

表 4-10　流动劳动力主要工作行业

单位：%

年份	居民服务	批发零售	制造业	住宿餐饮
2013	11.33	20.67	20.82	15.25
2014	16.28	18.35	18.22	15.23
2015	14.62	22.50	18.82	13.08

数据来源：由 2010—2015 年国家卫计委流动人口动态监测数据计算而得。

（二）国外：劳动密集型行业

从中国海外劳务人员在境外就业的行业分布来看，对外工程承包和对外劳务合作这两种对外劳务输出的主要形式，就决定了我国海外劳务人员在行业选择上受限。中国对外劳务合作行业高度集中，其中，传统劳动密集型行业占据主导地位。在外派劳务人员总数中，从事建筑、交通等行业的中国海外劳务人员就占了绝大多数，商业管理、文体艺术等技术含量高的从业者很少进行海外劳务工作。从海外劳务人员就业范围来看，主要集中在建筑业、制造业和农林牧渔等基础的体力劳动行业。下表所示中，2015 年外出建筑业劳务人员占到总数的 48.8%，几近于外出劳务人员总数的一半。这在一定程度上表示中国建筑行业外出劳务人员较于其他行业更加具有优势。交通运输业和制造业的占比相差不大，分别为 11.4% 和 15.8%。可见，建筑业、制造业、交通运输业这三个劳动密集型占全部劳务输出人员的 3/4，劳务合作行业的集中度非常高。并且劳务合作行业的集中度还有着进一步提升的趋势，三大行业劳务输出人员比重由 2012 年的 72% 提升至现在的 75%。相比较而言，我国劳务输出的优势主要存在于传统的劳动密集型行业，高技术含量的劳务合作并没有明显的发展。例如，软件行业和计算机服务业在外劳务的人员仅仅只有数千人，这也一定程度上决定了中国劳务合作的主要市场，欧美发达国家和地区的高技术行业竞争激烈，我国劳务合作难以进入，局限于发展中国家和地区。

表 4-11 中国在外劳务人员的行业分布

	2015		2014	2013	2012
	人数（万）	比重（%）	比重（%）	比重（%）	比重（%）
农林牧渔业	5.9	5.7	6.2	7.3	9.3
制造业	16.2	15.8	16.3	18.9	21
建筑业	48.8	47.5	47.5	46.4	41.5
交通运输业	11.7	11.4	11.7	9.4	9.5
计算机服务和软件业	0.4	0.4	0.3	0.2	0.2
住宿餐饮业	4.8	4.7	4.3	4.6	4.7
科教卫文体业	0.7	0.7	0.5	0.5	0.5
其他行业	14.2	13.8	13.2	12.8	13.3

数据来源：中国统计局网站。

本章小结

　　本章对于国内外流动现状，主要从农村劳动力流动形势、流动规模、流动模式即永久定居还是暂时性流动、农村劳动力流向、行业分布等角度来进行分析，通过对现状的描述发现我国国内劳动力的流动规模总量增长迅速，且大都集聚在第二、三产业，就业结构得到了一定的优化，人口逐渐从依赖劳动密集型产业发展的地区转移到依赖资本和技术密集型产业发展的地区，这种区域性的流动在一定程度上有利于区域产业的协同发展，拉动经济增长。并且由于人口流动，提高了农村劳动力的收入水平，从而也提高了其收入水平，再加上政府在农村教育、医疗以及社会保障等方面的投资增加，促成了农村居民在教育方面的支出增加，从而使得农村劳动力的受教育水平不断提高，文化程度不断加深。纵观全局发现各方面的态势都往良好的方向转化，但是由于农村劳动力流动所引起的社会问题，例如老年人口的抚养，留守儿童的教育等问题也是不容忽视的。我国劳动力流向国外的规模整体呈增加趋势，其进行流动的主要途径是对外工程承包及对外劳务合作，由于对外工程承包和对外劳务合作是我国对外劳务输出的两种主要形式，这就决定了我国海外劳工在行业以及区域选择上受限，且短时间这种高度集中的局面难以改变，其中我国劳工主要分布在亚洲和非洲欠发达地区和国家以及传统劳动密集型行业。随着"一带一路"的不断推进，我国对外开放以及国际市场的一体化程度的不断加深，我国海外劳工的规模将不断增加，但我国劳动力的不断输出，一方面会导致我国劳动力国内供给不足、资金流出、地区产业结构的调整受挫，加剧区域间经济发展不平衡；另一方面，在国际劳动力市场中，我国劳动力也会面临就业层次上升困难以及安全威胁复杂多样等问题。所以结合我国国内经济发展的实际情况，一方面顺应劳动力进行跨国流动这一趋势，另一方面还要对我国劳动力进行合理的调控，在加快我国城乡一体化，缩小收入差距的同时，尽可能地留住我国农村劳动力，当然为已经流出且有强烈欲望进行跨国流动的劳动力也应提供相应的社会保障，完善相关劳务服务体系，这都会在本研究的政策建议有所体现。

第五章　劳动力国内外流动一体化实证研究

　　要实现农村劳动力国内外流动一体化亟须解决当下劳动力配置的发展问题。在国际化进程加快的背景下，受制于经济和非经济因素的影响，农村劳动力国内流动和跨国转移不再是独立的经济行为，二者之间的关联性越来越强。所以，有必要通过对现实的实证研究，正确认识和合理对待农村劳动力国内外转移的关联发展问题，这也是劳动经济学发展中不得不重视的问题。本章采用由国家卫计委组织实施的 2010—2016 年《流动人口动态监测调查数据（A 卷）》组成的混合截面数据集进行研究。实证研究分为三部分：第一部分为农村劳动力国内外流转一体化影响因素分析，从农村劳动力国内外转移的"自我选择"行为出发，关注预期收入差距和劳动者个体特性等，同时还包括宏观经济因素的考量。通过修正"自我选择效应"，从微观和宏观角度分析农村劳动力国内外流转的影响因素；第二部分为劳动力国内外流转进程分析，旨在厘清我国劳动力从省内跨市、跨省到跨境进程的影响因素，并在此基础上针对各地区异质性进行讨论；第三部分对上述进行总结和思考，从实证检验中提炼核心观点。

一、劳动力国内外流动一体化影响因素检验

本章节从微观和宏观的影响因素角度出发，将 Roy（1951）模型扩展为多重选择模型，将劳动力转移目的地选择分为东部、东北部、中部、西部地区和跨国转移。利用 Probit 回归模型预估选择修正的收入差距，并在计算分组、分层劳动力跨区域转移概率的基础上，通过 Tobit 回归模型，对我国劳动力在面对国内、外流动的预期经济因素影响下的决策行为进行研究。

（一）理论模型设定

在劳动力流动研究中，最初由 Todaro（1969）[①] 提出了关于劳动力乡村—城市流动模型，农村劳动力在地区间流动是一种理性行为，由于受高预期收入的驱使，农村劳动力会根据自身比较优势向收入较高的地区流动。可看出预期收入差距等经济因素是决定劳动力是否进行流动的首要因素，其它因素包括家庭、教育以及生活成本问题，亦是劳动力流动的原因（Harris and Todaro，1970；Todaro，1976）。Todaro 认为劳动力流动是连续的动态行为，给出了有关劳动力流动的行为方程：

$$V(0) = \int_{t=0}^{n} [P(t)W_u(t) - W_n(t)]e^{\alpha} dt - C(0) \tag{1}$$

$$P(t) = \pi(0) + \sum_{s=1}^{t} \pi(s) \prod_{k=1}^{s-1} (1 - \pi(k)) \tag{2}$$

---

① 20 世纪末，美国发展经济法学家托达罗在《人口流动、失业和发展、两部门的分析》中提出了乡村—城市转移模型，为分析劳动力流动动机奠定了基础。数学可以表达为：$M = \varphi(d)$ $\varphi' > 0$，$d = W_u\pi - W_r$，其中 M 为人口从农村迁移到城市的数量，d 表示为预期收入差距，W_u 为城市工资水平，W_r 为农村工资水平，π 为城市就业率，该式表达了 Todaro 模型的主要思想是基于比较利益和预期因素的基础上建立起来。

　　其中，t 表示计划迁移时间，即劳动力所在劳动力市场时期数，V (0) 为劳动者在该时期内城乡收入差距值；$W_u(t)$ 和 $W_n(t)$ 分别为 t 时期内，该劳动力在城市和农村的收入；C (0) 为流动成本（如：交通、搬迁费用）。π 表示为城市就业率，p 为流动就业者累加就业概率。当 V (0) 为正值时，理性的劳动者将选择进行跨区域流动，反之，则留在原地。

　　可以看出，劳动力在面对不同潜在目的地（工作地点）的预期收益下，通过自主选择行为和理性分析，择优从之，从而达到自己预期收益最大化。但在进行实证研究中，自主选择行为无法用明确的指标来衡量，因此，本节在参考 Maddala 和 Nelson（1975）、范晓菲等（2013）的研究基础上，采用 Roy（1951）的多重选择模型（基于二值选择模型的扩展），从微观和宏观两个角度进行考量，研究我国劳动力在面对国内外流动的预期经济因素影响下的决策行为。

　　本模型是结合 Sjaastad（1962）和 Todaro（1970）提出的劳动力转移决策模型的基础上建立的，认为劳动力进行区域流动行为是对人力资本的投资，通过跨区域流动（境内跨区或跨境）实现自身净收益最大化，劳动力跨区域流动会考虑到预期收益，即劳动力在面对所在地和目的地预期收入，理性选择具有比较优势的转移决策行为，但需要考虑到的不仅仅是预期收入因素，所在地与目的地间的移动成本等其它因素也是重要的考虑范围。因此，基于前人研究基础上的考虑，本章建立的劳动力流动模型如下：

$$V(t) = \int_0^T [Y_{mt} - Y_{nt}] e^{-pt} dt - C_{mn} \tag{3}$$

$Y_{mt} - Y_{nt}$ 表示为所在地 n 与流动目的地 m 之间的收入差距，C_{mn} 代表移动成本，p 表示为潜在的折扣成本率，T 表示为劳动力从事经济活动的时间，可以看出，只有当方程（3）中 V (t) 大于 0 时，劳动力才会选择进行跨区域流动。

　　Polacheck and Horvath's（1977）在 Sjaastad（1962）模型基础上进行深化，在收入差距和移动成本基础上，引入了劳动力转移决定、家庭成员外部效应以及地区基础设施环境等变量。然而在估计个人收入差距时，所在地和目的地的收入水平无法同时获取，因此，我们需要去利用不同收入群体的样本去估计，即在多重选择下的预期收入值。

本章旨在研究中国各区域劳动力在国内与国外转移范围内的选择问题，将国内流动目的地分为东部、东北部、中部和西部地区，比较劳动力在选择国内四区或国际流动时，个人特质与社会因素对流动选择的影响，劳动力在考虑是否流动决定时会考虑到多重目的地的选择，即劳动力在考虑进行国内跨区域流动时，也会考虑到跨国流动，反之亦然，二者之间相互影响，因此有必要在模型中引入多重目的地选择问题。就目前的研究而言，大量文献研究关于发达国家或者发展中国家的内部劳动力流动问题，然而对研究劳动者在决定流动之前的多重选择问题，却鲜有研究。

Roy's（1951）模型包括转移者和非转移者两个收入等式，劳动力是否进行跨区域流动选择取决于转移的经济效益和成本，在本模型设定中，移动成本包含个人或地区特质，即 $B_i = g(X_i, Z_i) + \varepsilon_i$，其中，X 为个人特质，Z 为地区特质，将转移成本 B_i 与选择跨区域流动带来的经济收益（$\ln Y_{mi} - \ln Y_{ni}$）作比较，其中 $\ln Y_{ni}$ 为劳动者在流动目的地的收入，$\ln Y_{mi}$ 为劳动者原所在地的收入，劳动个体 i 只有当（$\ln Y_{mi} - \ln Y_{ni}$）$>B_i$ 时，才会选择进行向目标地的流动。

劳动者个体的边际选择迁移偏好的设定，将考虑到劳动力个体和地区特征，以及跨区域流动的转移收益，可以设定为：

$I_i^* > 0$ 时，劳动个体 i 选择跨区域流动 (4)

$I_i^* \leq 0$ 时，劳动个体 i 不选择跨区域流动 (5)

将收入差异考虑在内的流动边际倾向公式设定为：

$$I_i^* = \alpha_0 + \alpha_1 [\ln Y_{mi} - \ln Y_{ni}] + \alpha_2 X_i + \alpha_3 Z_i + \varepsilon_t \tag{6}$$

针对流动者和非流动者的收入等式则可以设定为：

$$\ln Y_{mi} = \theta_{mo} + \theta_{m1} X_i + \theta_{m2} Z_i + \varepsilon_{mi} \tag{7}$$

$$\ln Y_{ni} = \theta_{no} + \theta_{n1} X_i + \theta_{n2} Z_i + \varepsilon_{ni} \tag{8}$$

其中，(7)、(8) 中的 X_i 为个体特征，Z_i 为地区特征，误差项 ε_i 被假定为分别正交分布于方差 σ_m^2 和 σ_n^2。然而，劳动力迁移的边际倾向 I_i^* 无法直接获取，所以本节引入了指示变量，其表达式为：当 $I_i^* > 0$，取 $I_i^* = 1$，表示劳动力选择向目标目的地进行跨区流动，当 $I_i^* \leq 0$ 时，取 $I_i^* = 0$，表示选择非跨区域流动，即在区域内转移或不转移。对于劳动者个体而言，我们只能观察到现期所在地的收入情况，即对于劳动跨区流动者 ($I_i^* = 1$) 而言，只能观测到其迁移目的地工作时的收入，即 $\ln Y_i = \ln Y_{mi}$，而对于跨区流动者 ($I_i^* = 0$) 而言，只能观测到其在居住所工作的收入，即 $\ln Y_i = \ln Y_{ni}$。因此，本节采取 Lee（1978）的方法，对迁移者初始收入和目的地收入进行预测，从而进一步得到其迁移边际偏好（6）式的一致估计。劳动者迁移边际倾向（6）可通过极大似然估计法（MLE）得出，然而，直接利用最小二乘法（OLS）对 $\ln Y_{mi}$ 和 $\ln Y_{ni}$ 进行估计可能会造成结果有偏，因为无法真实反映出劳动力在转移决策中的自我选择问题，即存在无法观察的现实因素影响其预期收入，从而导致 OLS 估计有偏和非一致性（Lee，1978）。[①]

为了解决劳动力转移决策的自选择问题，Lee（1978）提出将（7）和（8）式子带入到（6）中，建立一个劳动流动决定方程的简化形式：

[①] Lee（1978）提出，自我选择问提可以通过收入干扰项的条件均值不为零，并且对所有观测对象非常数的标记方法进行估计，通过下式表示：

$E(\varepsilon_{mi} \mid I_i = 1) = \sigma_{m\varepsilon} \cdot [-f(\psi_i) / F(\psi_i)]$

$E(\varepsilon_{ni} \mid I_i = 0) = \sigma_{n\varepsilon} \cdot [f(\psi_i) / 1 - F(\psi_i)]$

其中，$\sigma_{m\varepsilon^*}$、$\sigma_{n\varepsilon^*}$ 分别为扰动协方差矩阵的元素，

$$\operatorname{cov}(\varepsilon_m \varepsilon_m \varepsilon^*) = \begin{bmatrix} \sigma_m^2 & \sigma_{mn} & \sigma_{m\varepsilon^*} \\ & \sigma_n^2 & \sigma_{n\varepsilon^*} \\ & & 1 \end{bmatrix}$$

$f(\cdot)$ 和 $F(\cdot)$ 分别为标准正态密度和分布函数，ψ_t 被定义为流动概率。

$$I_i^* = \beta_0 + \beta_1 X_i + \beta_2 Z_i + \varepsilon_t \tag{9}$$

假定误差 ε_t 项正交分布于单位方差，通过对模型（9）进行极大似然估计，从而利用劳动力转移概率拟合值 ψ_i 计算选择修正变量（也称逆米尔斯比率）：$H0_i = [-f(\hat{\psi}_i)/1 - F(\hat{\psi}_i)]$ 和 $H1_i = [-f(\hat{\psi}_i)/F(\hat{\psi}_i)]$。最后将选择修正变量带入到方程（7）和（8），进而可得：

$$\ln Y_{mi} = \theta_{mo} + \theta_{m1} X_i + \theta_{m2} Z_i + \sigma_{m\varepsilon^*} H1_i + \eta_{mi} \tag{10}$$

$$\ln Y_{ni} = \theta_{no} + \theta_{n1} X_i + \theta_{n2} Z_i + \sigma_{n\varepsilon^*} H0_i + \eta_{ni} \tag{11}$$

其中，$E(\eta_{mi}|I_i=1)=0$，$E(\eta_{ni}|I_i=0)=0$。在此基础上，采用最小二乘法对（10）和（11）进行估计，预测劳动个体在原地和目的地的预期收入值。进而带入到劳动力迁移偏好（6）中的 $\ln Y_{mi}$、$\ln Y_{ni}$，从而得到了无偏参数估计。在参考 Lee（1978）的两阶段估计程序虽然可得到一致性的估计。但该估计方法的应用只在二值选择模型中才是有效的，即只存在一个目的地选择。

上述提到，劳动者在跨区流动选择时会选择在不同的流动目的地之间选择时，无论是选择留在原居住地、在国内地区流动或者跨国流动，其选择均会达到其净收益的最大化。文献中在解决劳动力面对多个流动目的地时，多位学者利用不同模型算法模拟得出"净收益最大化"目的地，Nakosteen & Zimmer（1980）通过采用指定流动目的地中最大的收入差距，Robinson & Tomes（1982）则指定劳动力群体潜在流动目的地中最受欢迎的目的地，这两种方法将多重选择问题分析变为单一目的地的二值选择分析，但该方法会造成重要信息数据的损失。从计量经济学的角度来看，高维罗伊模型的参数估计更为复杂，对估计参数的获取难度较高。不仅如此，采用一维 Roy 模型，将残差的联合分布定义为二元正态分布，对于多维模型（多重目的地选择），随着选择数量的增加，使得该方法变得复杂且难以处理，需要对参数分布进行复杂的假设。因此，本节选择采用 Dahl's（2002）的方法，对 Roy's（1951）的模型进行扩展，将劳动力按照个人特质进行归类分组处理。一般而言，组内劳动力的迁移决定选择会因经济因素等外界条件趋于一致，从而使得在研究劳动力流动时，其流动目的地地区不再单一，而且还存在多重目的地选择。本文通过劳动力自身特质，例如年龄、性别、受教育程度、户籍地等信息，计算出各分类组内劳动力流动到潜在目的地的流动转移概率，因此上述分组框线下，劳动者迁移偏好（6）可以被改写成下式：

$$p_{c,u} = \alpha_0 + \alpha_1[\ln(\hat{Y}_{m_uc}) - \ln(\hat{Y}_{nc})] + \alpha_2 X_c + \alpha_3 Z_c \tag{12}$$

其中，$p_{c,u}$ 为劳动者从原所在地区 c 流动到转移目的地 u 的流动概率，$\hat{Y}_{nc}$ 和 $\hat{Y}_{m_uc}$ 分别为通过选择修正变量估计后预测的在所在地 n 和选择去目的地 u 的工资水平，二者差值表示为预期收入差距。X_c 和 Z_c 分别为个人和地区特征。从而通过估计 Tobit 模型，在进行自我选择修正的基础上，研究地区预期收入差距等劳动力特质以及地区特征因素对劳动力流动选择决策的影响。

（二）数据说明

本节采用的数据是由国家卫计委组织实施的 2010—2016 年《流动人口动态监测调查数据（A 卷）》，该调查基于分层、多阶段、与规模成比例的 PPS 抽样方法，覆盖了全国 31 个省、自治区、直辖市的省级行政单位。调查对象为在流入地居住一个月以上，非本县（区、市）户口的 15—59 周岁流动人口。该数据从现场调查和质量控制都有相关专业人员把控，及时掌握了流动人口的重要信息，调查结果在各省甚至全国都具有普遍代表性。经过数据筛选和处理，删除异常和漏缺值[①]，最终获得数据样本数为972500，涉及到的调查者家庭可达 250 万户。

该部分着重研究劳动力在地区间转移问题，为考虑到地区间差异，

---

① 采用 winsor2 命令，对工资、年龄指标按照小于 1% 和大于 99% 的异常值进行替代，并删除空缺值；删掉户口性质等于 6（包含无户口可能性）的个体。

本节进一步将劳动者户籍所在地按地区分为东、东北、中部和西部四个地区①，将迁移目的地分为五类地区，分别为：东、东北、中部和西部地区以及跨国转移。将流动范围为跨地区流动者视为跨区转移者，即户籍地所在区与流动目的地不在同一地区内，否则视为非跨区转移者②。由于样本数据内跨境劳动力的数据不足，因此本节将服务于境内"三资企业"（港澳台、日韩、欧美独资企业）的劳动者视为对外劳务服务，该类劳动力与跨境劳动力的个人特征类似，因此将类型劳动力视为"非跨境"的跨国劳务流动者。变量详情如表 5–1 所示。

表 5–1 劳动力跨区域流动统计性描述

变量名	变量解释	数据处理方法
I	是否参与跨区转移	流动地区与户籍地为同一地区的为 0 流动地区与户籍地为不同地区的为 1 0 = 不转移　1 = 转移
wage	工资收入	调查时个体上一个月总收入衡量实际收入
age	年龄	调查时个体的年龄
sex	性别	1 = 男性　2 = 女性
edu	受教育程度	1 = 未上过学　2 = 小学　3 = 初中　4 = 高中　5 = 中专　6 = 大学专科　7 = 大学本科及以上
id	户口性质	1 = 农业　2 = 非农业　3 = 农业转居民　4 = 非农业转居民　5 = 居民
marry	婚姻状况	1 = 未婚　2 = 有过婚姻经历 / 同居
family	同住的家庭成员人数	包括孩子或者配偶

---

① 东部地区：北京、天津、河北、上海、江苏、浙江、山东、福建、广东、海南；东北部地区：辽宁、吉林、黑龙江；中部地区：安徽、河南、江西、山西、湖北、湖南；西部地区：内蒙古、广西、重庆、四川、贵州、云南、西藏、陕西、甘肃、青海、宁夏、新疆。

② 《流动人口动态监测调查数据（A 卷）》数据中，将劳动力流动分为市内跨县、省内跨市、跨省和跨境四个分类，本部分着重研究劳动力国内、外一体化流动，本部分研究劳动力跨区域选择流动，因此将国内分为东部、中部、西部和东北部四个地区，将市内跨县、省内跨市和区域内跨省均视为区域内流动，取值为 0，将跨区域流动（跨省并跨区）和跨境视为跨区域流动，取值为 1。

变量名	变量解释	数据处理方法
lnspend	家庭每月总支出	包括住房和食品等生活成本
dist	移动距离	调查地与户籍地之间省会的直线距离
gdp	户籍地或调查地市场规模	采用省份生产总值衡量
pgdp	户籍地或调查地经济发展程度	采用省份人均 GDP 衡量
fdi	户籍地或调查地利用外资水平	采用省份实际利用外资额衡量
edu	户籍地或调查地受教育发展程度	采用省份普通高等学校招生人数衡量
east	东部地区虚拟变量	1＝东部地区　 0＝其他地区
north	东北部地区虚拟变量	1＝东北部地区　 0＝其他地区
mid	中部地区虚拟变量	1＝中部地区　 0＝其他地区
west	西部地区虚拟变量	1＝西部地区　 0＝其他地区
foreign	国外虚拟变量	1＝国外部地区　 0＝其他地区
H0	选择修正变量	由方程（9）估计的逆米尔斯比率与地区虚拟变量的交互项
H_region	选择修正变量	由方程（9）估计的逆米尔斯比率与地区虚拟变量的交互项

（三）变量统计性描述

表 5-2 是劳动力跨区域流动者和非流动者的统计性描述。总体来看，在各项统计指标对比中，劳动力呈现均衡化发展特点，跨区流动与非跨区流动劳动力平均指标相差并不大，但也存在一些区别。从收入水平来看，大部分劳动力平均收入水平大多保持在 1501—3500 的区间内。但就高收入水平（工资高于 3501）而言，跨区流动者比率达到 33.67%，而非跨区域流动组的高收入占比相对较小为 30.52%；同时低收入人群（工资低于 1500 元）中，跨区流动者比率小于非流动者。因此，反映到平均收入水

平，选择跨区流动的劳动力平均收入水平相对较高，可以看出，劳动力选择跨区域流动组整体收入水平高于非跨区流动组。

从年龄的统计描述来看，劳动力跨区域流动组的平均年龄在 33.97 岁，要低于非流组的 34.59 岁。从各年龄阶段人员占比来看，流动组的 16—27 岁占比 28.7%，大于非流动组 26.4%，反映了劳动力年龄在 16—27 岁时，其选择跨区流动的可能性越高。而在年龄大于 27 岁的各组人员占比，非流动组所占份额均高于流动组，可见，随着年龄段的增加，劳动力更偏向于在区域内流动而非进行远距离跨区转移；从性别来看，流动组和非流动组的性别组成类似，流动组的平均性别稍高于非流动组，表明相对而言，在流动组中女性中所占的比例较高；从受教育程度来看，流动组平均的受教育程度相对较低，各个受教育年限结构组成中，流动组中教育程度在初中及以下和大学本科的劳动力占比高于非流动组的，在一定程度上表明了较低与较高的劳动力偏向于选择通过跨区域流动实现自身价值提升，其流动可能性相对较高，而高中、中专和专科等劳动力可能更倾向于进行跨区转移；从户口性质来看，流动组统计结果的平均值低于非流动组，主要表现在流动组中农业户口所占的比例相对更高，表明农业户口的劳动者在选择跨区流动时倾向更高；从婚姻状况来看，流动组的平均值略低于非流动组；从同住家庭成员数来看，流动组的平均同住家庭成员数较高，尤其是家庭成员为三人所占的份额显著高于非流动组，这表明劳动力的流动性会有助于带动家庭成员流动，即家庭归属感有助于劳动力跨区转移；从每月总支出来看，流动组平均支出低于非流动组，主要表现在流动组中月支出小于 1500 元的比例较高。

表 5–2　变量描述性统计

变量	I＝0	I＝1	变量	I＝0	I＝1
劳动力人数	564443	408057	户口性质		
工资收入			农业	470121	349284
1500 元以下	78078	41169	非农业	88088	55891

续表

变量	I=0	I=1	变量	I=0	I=1
1501—3500	314102	229512	农业转居民	4015	1794
3501 以上	172263	137376	非农业转居民	659	332
平均工资	3336.249	3524.049	居民	1560	756
年龄			平均值	1.185	1.156
16—27 岁	149209	117123	婚姻状况		
28—37 岁	203431	145053	未婚	115809	84047
38—47 岁	158431	113665	已婚/同居	448634	324010
48 岁及以上	53372	32216	平均值	1.795	1.794
平均年龄	34.594	33.968	同住家庭成员人数		
性别			0 人	101580	81660
男	333166	232540	1 人	188328	114368
女	231277	175517	2 人	123807	107279
平均值	1.410	1.430	3 人	92666	59988
受教育程度			4 人	45079	33132
未上学	8485	6425	5 人	12983	11630
小学	69012	55931	平均值	1.699	1.714
初中	286959	222086	家庭每月总支出		
高中	110356	69297	800 以下	39635	36273
中专	47062	25913	801~1500	126957	105719
大学专科	32910	20653	1501~2500	167024	119549
大学本科及以上	9659	7752	2500 以上	230827	146516
平均值	3.453	3.356	平均值	2643.73	2510.968

资料来源：作者对流动人口动态监测数据进行处理和分析所得。

本节进一步对样本中各地区劳动力跨区流动目的地进行统计分析，即我国东部、东北、中部和西部地区的劳动力向五个潜在目的地的迁移人数和比例。从调查人员的构成比例来看，在调查样本中，中部地区选择进行跨区流动调查人数最多为 338065，西部次之，而东北部地区最少。从各地区流动比例来看，户籍地为东部、东北和西部地区的劳动力更倾向于在地区内部流转，即表现为样本中劳动力留在本地区可能性较高，尤其对于东部和东北部地区而言，经济发展程度相对较高，内部流动比例分别达到74.87%和63.59%，而西部地区选择内部流动的比例达到65.42%。劳动力选择跨区转移时，东部地区为主要目的地，东北部地区的流动劳动力20.01%倾向于流向东部地区，而西部地区比例达到26.58%；与其他地区不同的是，中部地区的流动劳动力更倾向于选择跨区流动，即向临近的经济发展程度较高的东部地区流转，转移比例为43.94%，而在中部地区内部流动的比例为38.50%；整体而言，东部地区经济发展水平和市场规模建设更为完善，提供的工作岗位更为丰富，劳动力增收的机会也相对较高，因此劳动力选择流动该地区比例较高，尤其为中部和西部地区。

表5-3　中国各地区迁移描述性统计

地区	东部地区	东北部地区	中部地区	西部地区	国外	总值
东部地区	164183 (74.87%)	9219 (4.20%)	18267 (8.33%)	18155 (8.28%)	9458 (4.31%)	219282 (22.55%)
东北地区	16526 (20.01%)	52515 (63.59%)	4795 (5.81%)	6597 (7.99%)	2156 (2.61%)	82589 (8.49%)
中部地区	148549 (43.94%)	7868 (2.33%)	130171 (38.50%)	38232 (11.31%)	13245 (3.92%)	338065 (34.76%)
西部地区	88389 (26.58%)	4572 (1.37%)	13310 (4.00%)	217574 (65.42%)	8719 (2.62%)	274609 (28.34%)
总值	417647 (42.95%)	74174 (7.63%)	166543 (17.13%)	280558 (28.85%)	33578 (3.45%)	972500

注：（）内为该地区向潜在目的地的占比。

（四）选择修正变量的计算

计算选择修正的预期收入水平，即非跨区流动者与流动者对所有潜在目的地（留在原所在地区或跨区流动）的预期收入水平，采用简化模式的方程（9）对选择修正变量（逆米尔斯比率）进行估计，解释变量包括劳动者微观个体特征变量，包括年龄、性别、受教育程度、户口性质、婚姻状况、同住家庭成员数、同住家庭生活支出、流动距离等微观因素，还包括跨区流入地区的宏观特征，包括经济发展程度、市场规模、外资利用水平和地区受教育水平，以及包括劳动者户籍地所在东部、东北、中部和西部的虚拟变量，估计结果如表5-4所示。采用方程（9）利用probit估计，并进一步劳动力的逆米尔斯比率进行计算（$H1_i = [-f(\hat{\psi}_i)/F(\hat{\psi}_i)]$ 和 $H0_i = [-f(\hat{\psi}_i)/1 - F(\hat{\psi}_i)]$）。

在计算出逆米尔斯比率的基础上，利用模型方程组（10）和（11）的劳动力收入方程进行OLS回归估计，采用的解释变量为与收入水平相关的个人（微观）和地区（宏观）特征，包括年龄、性别和受教育程度以及流动地区的经济发展程度、市场规模、外资利用水平和受教育程度，还包括了地区（原所在地或跨区目的地）虚拟变量，以及地区虚拟变量与选择修正变量的交互项，对于跨区域流动者，存在五个潜在目的地，包括国内四个地区（东、中、西部和东北地区）以及跨境流动地区，采用由模型（9）计算的逆米尔斯比率（$H1_i = [-f(\hat{\psi}_i)/F(\hat{\psi}_i)]$）与四个潜在目的地地区交互项进行地区选择的控制变量，而非跨区流动组则采用（$H0_i = [-f(\hat{\psi}_i)/1 - F(\hat{\psi}_i)]$）与所在地区的交互项作为控制变量。估计结果如下表所示。在收入方程估计的基础上，采用流动者和非流动者的模型估计系数计算出每一位劳动者留在原地以及五个潜在流动目的地的预期收入水平。具体计算方法为：利用模型（10）和模型（11）计算的系数，将个人特征以及地区虚拟变量代入，从而求得每一位劳动者留在本地区或跨区流动的预期收入。

模型（10）和（11）的劳动力流动者与非流动者的收入方程中，可以看出：从微观角度来看，年龄增长会对收入水平产生正向影响，在劳动经济学中认为年龄与收入呈现倒"U"型关系，本节进一步将年龄的平方代入模型中，其系数显著为负，表明收入随着年龄增长呈现上升趋势，但年龄增加到一定程度收入会下降，表现为生命周期现象，在此年龄和年龄的平方多重共线性较强，为防止导致估计误差，本节并没有列出年龄的平方变量；从性别来看，流动和非流动组均为负值（男性＝1，女性＝2），表明在中国性别差异中，女性的工资水平普遍低于男性，这与国内外研究结论一致（Gustafsson & Li，2010；李实，2002），即性别差异对工资收入的影响显著存在；从受教育程度来看，在流动组和非流动均显著为正，表明随着受教育水平的提高，对收入水平的提高呈积极影响，即教育回报为正，充分说明增加对教育投入对收入回报率的积极作用。

表5–4的宏观因素变量中，从市场规模来看，在流动组和非流动组中，市场规模增加对收入增长的影响系数为负值，表现为随着市场规模增加，会挤压劳动力收入上涨的渠道，表明劳动力收入增速相比较于地区GDP增速水平的提高相对较慢，随着劳动力市场扩张和竞争程度也越高，收入增速与市场规模增加速度存在差距，并没有有效促进劳动力明显上涨；反而从经济发展程度来看，在流动组和非流动组中，经济发展程度的影响系数均为正值，表明随着经济发展程度的提高，即人均GDP水平的提高，流动和非流动组劳动力的收入水平均会得到相应的提升，这也符合经济发展常识；从外资利用水平来看，对流动组的收入呈显著为负值，而对于非流动者表现为显著为正，对于外资流入越高的地区，雇佣本地区内的稳定的劳动力资源可能性较高，因此提高了非流动者的收入水平，而对于跨区流动者而言，流入该地区其相对来说劳动力资源较丰富，导致竞争压力相对较高，对其收入水平提高并不显著，以至于会产生负向影响；受教育程度的估计系数为正值，表明了地区受教育水平的提高对于流动者和非流动者的收入水平为正向影响，也充分说明提高教育的重要性。

从地区虚拟变量来看，从模型（10）中可看出选择流入东部、中部和国外地区的系数均显著为正，其中目的地选择为国外地区的劳动力收入增加幅度最高，东部次之，最后为中部地区。可见劳动力流入地区相对越发达，其收入增收水平相对较高，而跨区到西部地区，其工资收益表现为负显著。从模型（11）中可看出，对于非流动组来看，户籍地为中部地区的劳动力在内部地区流动对收入呈现正向积极影响，而东部地区表现并不显著，西部地区则显著为负。东部各地区间经济发展差距相对较小，内部劳动力流动并没有显著促进其收入水平提升，而中部地区间经济发展程度差异性较大，内部流动有助于收入水平提升，而西部地区经济发展相对比东部和中部地区，选择在西部地区内部流动则对收入产生抑制影响。

从地区选择逆米尔斯比率与地区交互项的系数看，流动者目的地选择为东部和跨境流动交互项系数显著为负数，而选择东北部、中部和西部显著为正，对于非跨区流动者，选择修正交互项显著为负。借鉴 Roy（1951）、范晓菲等（2013）对于收入方程中结构变量系数符号的考虑①，一方面，H0 - H_regon 除在东部地区为正，其它均为负值，并不满足 ROY（1950）对收入方程的限制，在一定程度上表明了，除在东部地区外，自选择在一定程度上降低了期望收入值，会受到外部转移成本的影响，与 Aguayo-Tellez（2013）中的结果类似。通过跨区流动者和非流动者的逆米尔斯比率和地区虚拟变量的交互项系数来看，Heast 和 Hferign 均显著为负数，而 Hcenter、Hwest 和 Hnorth 显著为正，H0 显著为负值，说明劳动力在面对跨区域流动的流动抉择，可能会偏向选择在区域内流动（即非跨区流动）而实现更高的预期收入价值。对于跨区域流动者而言，其在本区域内流动的收入水平相比较非跨区流动者较低，因此选择进行跨区流动实现较高收入。也可以看出劳动力资源配置趋势，将劳动力能力分为转移能力和非转移能力。跨区转移到东部和国外地区的劳动力（大多来自中西部地区）转移能力相对于总平均水平较高，而转移到中部、东北地区和西部地区的劳动力的转移能力则相对较低。在劳动力跨区转移者中，转移能力水平相对较高则选择转移到东部和国外转移，而转移能力相对较低，则选择转移到东北、中部和西部地区进而获得较高收入。整体而言，非跨区转移者转移能力相对较低，但在区域内流动的收入能力（非转移能力）相对于跨区流动者相对较高，因此选择不进行跨区流动。而跨区转移者，在本地收入能力相对于非转移者收入能力相对较低，而选择跨区域转

---

① 在劳动力自选择二值选择模型中，Roy（1950）对非转移者系数值 σ_n 和转移者结构变量系数 σ_m 进行限定，在不存在转移成本时，应 $\sigma_n - \sigma_m > 0$，$\sigma_n - \sigma_m$ 为横截效应。

移获得更高的预期收入价值。

表 5-4　劳动者跨区流动决定和收入方程

	移民决定方程		工资方程（跨区流动者）		工资方程（非流动者）	
	系数	T 值	系数	T 值	系数	T 值
age	−0.0051***	（−22.33）	0.0046***	（74.74）	0.0038***	（61.43）
sex	0.0027	（0.78）	−0.2142***	（−196.66）	−0.2130***	（−194.80）
edu	−0.0144***	（−8.17）	0.0838***	（168.76）	0.0771***	（153.2）
id	0.0149***	（3.64）				
marry	0.0783***	（14.10）				
family	−0.0736***	（−49.12）				
spend	−0.0780***	（−25.99）				
dist	0.4187***	（473.60）				
gdp	0.2204***	（51.80）	−0.0347***	（−26.72）	−0.0125***	（−8.23）
pgdp	0.0291***	（−5.62）	0.2634***	（134.31）	0.2184***	（96.41）
fdi	0.2601***	（123.62）	−0.0212***	（−33.49）	0.0150***	（18.52）
Edu	−0.2743***	（−33.30）	0.1724***	（65.87）	0.1421***	（49.10）
east	−0.3704***	（−54.66）	0.0102***	（4.07）	−0.0035	（−1.23）
mid	0.7950***	（116.70）	0.0071***	（2.66）	0.0420***	（14.54）
west	0.0305***	（4.44）	−0.0702***	（−27.75）	−0.0129***	（−4.45）
foreign			0.0293***	（6.38）		
H0					−0.0074***	（−5.00）
Heast			−0.0437***	（−24.34）		
Hcenter			0.0357***	（19.65）		
Hnorth			0.1052***	（28.73）		
Hwest			0.0602***	（32.12）		
Hforeign			−0.0065**	（−2.11）		
_cons	−2.1830***	（−24.48）	4.8253***	（164.68）	6.0327***	（479.46）
变量数	972500		972500		972500	
R2	0.4713		0.1096		0.1012	
P 值	0.0000		0.0000		0.0000	

（五）劳动力跨区流动可能性回归估计

利用已估计出的劳动力跨区和非跨区流动的选择修正的预期工资，对模型（12）进行估计，从微观和宏观两个角度，研究个人和地区发展特征对劳动力跨区流动可能性的影响。我们将 972500 个劳动者按照所在省、性别、年龄、受教育程度和调查年份进行分组①，最终共得到 8154 个组，其中东部地区包含 2452 组，中部地区 1652 组，西部地区 3215 组，东北地区 835 组，并对组内各项数据求均值，估计出地区间跨区流动概率、平均预期收入以及组内劳动力和地区平均特征，然后进一步采用 Tobit 模型进行估计。回归包括估计出选择修正后的预期工资差距，还包括劳动者个人特质和流动地区发展特征。

1. 按户籍地分组回归

按照户籍所在地区分类进行回归分析结果如表 5-5 所示。在总体回归结果中，工资差距变量系数显著为正，贡献值为 2.4080，表明在整体地区中，更高的预期工资差距有效促进劳动力跨区流动可能性。但选择不同户籍地区间的系数存在差异，东部地区的 Diffwage 系数显著为负，说明地区预期收入差距会对东部地区劳动力的流动产生抑制的可能性。收入的经济因素并不一定是影响劳动力跨区转移的关键因素，相对于跨区域流动而言，东部地区劳动力会结合自身比较优势，以及微观和宏观综合因素，更偏向于在东部地区内部流动，进而实现自身的经济效益，故其在本地区内部流动的倾向更高。而在中、西、东北部地区，预期收入水平的提升会显著提升其跨区域流动的可能性，尤其是针对西部地区而言，影响系数高达 11.46。

---

① 分组类别：①地区分组：中国大陆 31 个省、市、自治区，分为 31 组；②性别：男或女，分两组；③年龄分组：16—27、28—37、38—47、48 岁以上，分为四组；④受教育程度：小学及以下、初中、高中、中专、大学专科及以上，分为五组（笔者认为中专毕业生相对于高中技能专业性更高，因此认为教育程度大于高中）；⑤调查组年份分组：2010—2016 年，共 7 年。

　　在对个人特质微观变量估计结果中，年龄变量 age 在整体估计结果中并不显著，而在各户籍地区分布中表现差异。在东部地区中，年龄越高的劳动者，其选择跨区流动的可能性越大，而在中、西部而言，年龄的增加会抑制劳动力跨区流动的可能性，劳动力年龄越小越偏向于选择在区域内流转；性别 sex 指标在整体回归中显著为负数，影响系数为 −0.011，表明男性在选择跨区域流动可能性更高，主要体现在中、西东北部地区，而在东部地区表现并不显著；对劳动力受教育程度 edu 而言，在总体、东部地区显著为正，影响系数为 0.014 和 0.020，表明随着劳动者受教育程度的提高，越有利于提高地区劳动力跨区流动概率，对于中部和东北部地区，该指标的系数并不显著，而对西部地区而言，受教育程度越高会降低跨区流动可能性，表明户籍地为西部地区的劳动力，受教育程度越高更有利于促进西部地区劳动力在内部流转；从户口性质 id 可以看出，整体而言其系数显著为负，影响系数为 −0.113，表明为农村户口的劳动力选择跨区域流动可能性更高，尤其对于东部地区和中部地区而言，农村户口跨区域流动可能性更大，而对于户籍地区为西部地区的农村户口劳动力更偏向于在内部流转，居民户口更偏向于进行跨区域流动，尤其表现为西部地区劳动力是向东部地区的流动；婚姻状况 marry 而言，影响系数显著为 0.054，表明了已婚会显著提高劳动力选择跨区流动的可能性，但是在不同地区间也表现出差异，对于东部地区而言，结婚会显著降低劳动力跨区流动可能性，而对于中、西部地区，婚姻显著提高劳动力跨区流动可能性；同住家庭成员数 family 表现出负相关系，系数值显著为 −0.019，尤其是在中、西部地区，同住家庭成员数越多，会降低跨区流动倾向，同住家庭成员的增加，在一定程度上意味着更高的流动成本，进而降低流动倾向；同住家庭成员支出 spend 而言，整体而言并不显著，表明地区同住家庭支出值并不是影响其流动决策的决定原因，对于东部地区而言，同住家庭成员支出增加会促进其流动可能，而对于中、西部地区，会显著抑制流动可能性，在一定程度上说明，对中、西部地区而言，消费成本的提升并不利于其跨区域流动；流动距离 dist 各地区均显著为负，表明各地区劳动力在流动选择上，更倾向于在区域内流动或临近地区的跨区转移。

在对宏观特质的研究中，从估计结果可以看出，整体而言，流动目的地的市场规模 gdp 显著系数为 0.028，表明了市场规模的增加会有利于劳动力跨区流动可能性，除在中部地区外，在各地区均显著为正。随着市场规模增加，提供的工作机会和岗位种类也越多，有利于提高劳动力跨区流入可能性；对于经济发展程度 pgdp 而言，整体影响系数显著为正，贡献值为 0.047，表明了经济发展程度的提高会有利于促进劳动力跨区流动可能性。但在东部和东北部地区显著为负数，而在其他地区均显著为正，表明对于东部和东北区而言，自身经济发展程度相对较高，劳动力更偏向于在东部区域内部流动，而非选择跨区流动。对于中、西部地区而言，劳动力更倾向于跨区向经济发展程度较高的地区流动，尤其是中部地区，劳动力偏向于流向经济发展程度较高的东部地区；利用外资水平指标 fdi 的系数均显著为正，贡献值为 0.076，表明外资流入的地区有助于整体劳动力跨区流动，在一定程度上表明，外资流入地有助于带来外资流入带来大量的工资机会，吸引劳动力的能力较强，有助于地区间劳动力跨区流动；地区受教育程度指标 Edu 的系数均显著为负数，表明目标地区受教育程度越高的地区并不利于农村劳动力跨区流入，该指标采用地区普通高等教育招生人数衡量，当目标地区受教育程度较高时，其劳动力市场中资源相对丰富，会对农村劳动力跨区流入产生挤出效应。

表 5–5　按户籍地区分组 Tobit 回归结果

	全国	东部地区	中部地区	西部地区	东北部地区
age	-0.0007 (-1.57)	0.0013^{**} (2.09)	-0.0011^{**} (-2.54)	-0.0015^{***} (-18.65)	-0.0004 (-0.41)
sex	-0.0112^{**} (-2.03)	-0.0138 (-1.62)	-0.0142^{***} (-2.78)	-0.0060^{***} (6.23)	-0.0189^{*} (-1.80)
edu	0.0141^{***} (4.67)	0.0204^{***} (4.63)	0.0019 (0.55)	-0.0194^{***} (-34.68)	0.0113 (1.33)

续表

	全国	东部地区	中部地区	西部地区	东北部地区
id	-0.1129^{***} (-9.45)	-0.0311^{**} (-1.98)	-0.0290^{*} (-1.95)	-0.0086^{***} (4.14)	0.0162 (0.42)
marry	0.0544^{***} (3.25)	-0.1204^{***} (-5.16)	0.0783^{***} (4.19)	0.0140^{***} (4.48)	-0.0204 (-0.54)
family	-0.0189^{***} (-4.63)	0.0052 (0.85)	-0.0124^{***} (-2.88)	-0.0020^{***} (-2.74)	-0.0106 (-1.20)
spend	-0.0001 (-0.01)	0.1039^{***} (7.45)	-0.0883^{***} (-7.02)	-0.0067^{***} (-3.16)	0.0035 (0.11)
dist	-0.0736^{***} (55.39)	-0.0434^{***} (15.80)	-0.0945^{***} (52.29)	-0.0155^{***} (65.42)	-0.1569^{***} (33.96)
gdp	0.0289^{***} (3.19)	0.0677^{***} (5.29)	-0.0836^{***} (-5.55)	0.0392^{***} (26.07)	0.2809^{***} (6.13)
pgdp	0.0473^{***} (-3.29)	-0.6316^{***} (-29.32)	0.4353^{***} (22.51)	0.0432^{***} (16.86)	-0.1438^{**} (-2.42)
fdi	0.0769^{***} (17.57)	0.0194^{**} (2.34)	0.0912^{***} (14.85)	0.0282^{***} (38.90)	0.0707^{***} (3.81)
Edu	-0.1124^{***} (-6.73)	-0.0863^{***} (-2.87)	-0.0966^{***} (-3.77)	-0.2374^{***} (-66.44)	-0.6605^{***} (-11.33)
Diffwage	2.4080^{***} (26.65)	-13.2713^{***} (-28.94)	0.8792^{**} (-2.08)	11.4618^{***} (350.16)	5.6837^{***} (7.90)
_cons	0.7692^{***} (4.20)	3.1504^{***} (9.42)	-1.2159^{***} (-4.68)	1.8433^{***} (50.58)	4.9783^{***} (9.10)
变量数	8159	2450	1655	3218	836
LR chi2 值	4742.83	2063.41	2365.67	13570.75	1038.30
P 值	0.0000	0.0000	0.0000	0.0000	0.0000

注：t statistics in parentheses * $p<0.1$，** $p<0.05$，*** $p<0.01$。

2. 按流入地区分组回归

本节进一步按照流动目的地进行分类，为比较微观和宏观层面，劳动力跨区流动到五个潜在目的地（东部、中部、西部、东北和国外地区）

的影响因素，表5-6按照流动目的地进行分组并进行回归分析。可以看出，预期工资差距的系数在东部、东北和跨国转移中均在1%的水平下显著为正，影响系数分别为0.5260、0.3916和0.1046，表明了预期收入的增加会增大劳动力选择跨区流入到东部、东北部和国外地区的可能性。而预期收入差距的系数在中部地区并不显著，并在西部地区表现为负值，表明在中部和西部地区，较高的预期收入可能并不是吸引劳动力流入的决定原因，相对比于经济因素而言，劳动力的跨区流动可能会受到多方面因素综合作用，尤其是社会网络的效应不可忽视。

　　进一步对劳动力在国内、外跨区流动的系数进行比较。从年龄age系数可以看出，年龄的系数在各流动目的地之间均显著为负值，尤其对于流动到国外的地区劳动力而言，其负数值相对而言更大，表明了随着年龄段越低的劳动力，其选择向国外地区流动可能性较大；性别因素对跨国转移的劳动力的影响并不显著，表明跨国转移者受性别的影响并不明显，与国内相比，中、西和东北部地区均显著为负数，系数值分别为 −0.032、−0.028和 −0.019，表明了男性更偏向于进行劳动力跨区流动；从受教育程度的系数来看，目的地为跨国转移的劳动力系数显著为正，系数值为0.016，表明了劳动力受教育程度的提高会加大跨国转移的流动趋势，相对比于国内，受教育程度的提高同样对流动到东部和中部地区的劳动力产生正向影响，但不同的是，西部地区的系数值显著为负，表明了西部地区在吸纳跨区转移劳动力时，会促进出现教育程度较低劳动力流入的现象；对于户口性质可以看出，在东部、中部和东北部地区其估计系数为负且系数值较大，而西部和国外流动转移的系数相对较小，可见农村户口劳动力更倾向于跨区域流动，对流入到东、中和东北部地区的影响效果更高，相比较而言，对跨国转移的影响力度相对较低；对于婚姻状况marry来看，已婚劳动力更偏向于选择向东部地区和国外地区进行流动，而在中、西和东北部地区并不显著；同住的家庭成员family来看，同住家庭成员较多，并不利于流动到东部、西部和国外地区，同住家庭成员较多流动成本相对较高，选择在区域内流动可能性较高。而对于中部和西部地区，流动到该地区大多为家庭成员同行，不排除劳动力在流入地区后组成家庭的可能性；同住家庭开支变量 spend 中，对于劳动力选择跨国流动的系数显著为正，在一定程度上结合预期收入水平来看，跨国流动劳动力更偏于追求较高的收入和消费水平，进而选择跨国转移，而反观在国内各目的地地区，家庭支出会对流向东部地区产生显著负向作用，东部地区生活成本较高，在一定程度上可能会抑制劳动力流入，而在中、西部和东北部并不显著；距离因素均显著为负，表明随着流动距离越长，会降低迁移概率，在一定程度上表明，劳动力更偏向于选择向就近区域内流动。

从宏观因素中可以看出，目标地区市场规模 gdp 和经济发展程度 pgdp 的提高，均有利于促进我国劳动力的跨区域流动，影响贡献分别为 0.036 和 0.028。对于国内地区而言，劳动力选择跨区流动目的地为中、西部和东北地区时，更看中与流入目的地的市场规模，较大的市场规模提供更多的工作机会，而对东部流动而言，更多是与东部地区的经济发展程度相关，东部地区省份经济发展程度越高，劳动力流入该地区的可能性更大；在目的地利用外资水平 fdi，可以看出，对于东部和中部地区，外资利用度高会显著促进劳动力流入，而对中部和东北部地区而言会产生负向影响，这可能与外资流入类型与地区资源配置相关；从地区受教育程度可以看出，唯有东部地区随着受教育程度加强，有利于劳动力流入，而在中、西和东北部地区显著为负数，表明该类地区受教育程度加强，会提高本地区劳动力资源，挤占跨区流动者流入。

表 5-6　按照流入地取分组 Tobit 回归结果

	东部地区	中部地区	西部地区	东北部地区	国外地区
age	-0.0026^{***} (-6.32)	-0.0017^{***} (-3.95)	0.0013^{***} (3.51)	-0.0009^{***} (-3.08)	-0.0029^{***} (-17.68)
sex	-0.0021 (-0.41)	-0.0319^{***} (-5.89)	-0.0277^{***} (-5.56)	-0.0188^{***} (-4.83)	-0.0007 (-0.37)
edu	0.0332^{***} (11.23)	0.0064^{**} (2.04)	-0.0096^{***} (-3.61)	-0.0008 (-0.32)	0.0158^{***} (15.60)

续表

	东部地区	中部地区	西部地区	东北部地区	国外地区
id	−0.1100*** (−8.97)	−0.1469*** (−10.75)	−0.0543*** (−4.94)	−0.1220*** (−11.26)	−0.0649*** (−14.73)
marry	0.1996*** (12.12)	−0.0132 (−0.82)	0.0124 (0.84)	−0.0152 (−1.26)	0.0137** (2.56)
family	−0.0068* (−1.76)	0.0161*** (4.15)	−0.0451*** (−12.04)	0.0159*** (5.62)	−0.0086*** (−5.45)
spend	−0.1049*** (−9.64)	0.1053 (0.95)	0.0142 (1.53)	0.0490 (1.24)	0.0334*** (12.98)
dist	−0.0520*** (42.70)	−0.0223*** (17.16)	−0.0146*** (9.44)	−0.0178*** (17.40)	−0.0059*** (10.83)
gdp	−0.0446*** (−4.71)	0.1069*** (11.59)	0.0144* (1.65)	0.0723*** (9.46)	0.0362*** (10.09)
pgdp	0.3087*** (21.48)	−0.3006*** (−21.63)	−0.0239* (−1.68)	0.0576*** (5.71)	0.0276*** (6.37)
fdi	0.0888*** (20.81)	0.0206*** (4.74)	−0.0350*** (−7.19)	−0.0186*** (−5.33)	
Edu	0.1699*** (10.50)	−0.1428*** (−9.05)	−0.0460*** (−3.08)	−0.3645*** (−25.61)	
Diffwage	0.5260*** (3.97)	0.0541 (0.75)	−0.8604*** (−9.52)	0.3916*** (6.51)	0.1046*** (3.72)
_cons	−3.4497*** (−19.22)	1.9389*** (11.19)	0.8741*** (5.10)	2.8772*** (19.78)	−0.9767*** (−15.40)
变量数	5709	6504	4941	7323	8159
LR chi2 值	4196.89	1759.82	562.98	1936.96	2171.22
P 值	0.0000	0.0000	0.0000	0.0000	0.0000

注：t statistics in parentheses * p<0.1，** p<0.05，*** p<0.01。

二、劳动力国内外流动一体化进程研究

在上一节研究我国跨区域劳动力流动一体化影响因素的基础上，本节则从劳动力国内外转移进程的角度出发，将劳动力流转进程分为市内跨县、省内跨市、跨省和跨境，采用多项 Logit 模型进行回归分析，研究影响我国各地区劳动力流动进程加快的因素，并对各地区劳动力流动区域概率进行预测，旨在对劳动力流转进程进行现实分析。

（一）劳动力国内外流动进程数据分析

由于地区间经济集聚现象，对劳动力国内外转移也产生了不同的影响。本节主要展示样本内劳动力向各主要城市群流动的统计，可以看出三大主要城市群吸纳了统计样本中近四成转移劳动力，选择流向长三角地区的占总计统计样本的 16.58%，其次为京津冀地区 16.36%，流入劳动力包括区域内流动（即来自东部地区），也包括跨区域流动劳动力（即来自中、西部和东北地区）；对于跨国流动转移，东部和中部地区占比较高，分别达到了 4.3% 和 3.9%，可见东、中部地区，劳动力市场信息相对更为完善，更有利于促进劳动力跨国转移。

表 5–7　主要转移城市群和地区统计

	珠三角	长三角	京津冀	其他	国外	总计
东部地区	18871	46761	76158	68034	9458	219282
中部地区	18479	80906	35666	189769	13245	338065
西部地区	25168	31578	16866	250233	8719	332564
东北部地区	476	1996	30463	47498	2156	82589
总计	62994	161241	159153	555534	33578	972500

注：珠三角包括广东、澳门、香港；长三角包括江苏、上海、浙江；京津冀包括北京、天津、河北。

进一步对各地区流动转移程度进行统计分析，将劳动力分为市内跨县、省内跨市、跨省和跨境四部分。可以看出，对东、中和西部地区的劳动力而言，大多选择跨省流动，样本内跨省流动占比分别为44.8%、58.5%和45.5%，尤其对中部地区而言，跨省流动比例最高（大多选择流向东部等经济较为发达地区），而东北部地区更偏向于选择省内跨市流动方式，占比达到了42.3%；就跨国流动而言，东部和中部地区跨境选择比例较高；选择市内跨县流动小范围流动方式，西部地区占比最高，达到了21.8%，可见经济发展程度和地区跨区流动存在一定关联。经济发展较低，更偏向于短距离转移，而随着经济发展程度增加，资本得到积累，更偏向于远距离转移获取净收益最大化。此处，本节旨在研究地区经济发展程度与劳动力流动进程研究。

表5-8   各地区流动进程统计

	市内跨县	省内跨市	跨省	跨境	总计
东部地区	28058	83523	98211	9458	219250
中部地区	56138	71022	197630	13245	338035
西部地区	72495	100106	151189	8719	332509
东北部地区	13000	34938	32487	2156	82581
总计	169691	289589	479517	33578	972375

（二）模型的设定

离散选择模型最早于19世纪中期出现，为微观计量经济学专业范畴，可以对微观个体的经济行为进行准确统计分析，在经济学和社会学中都有广泛应用。传统的回归分析方法是针对两种变量线性关系的定量统计分析，尤其是以线性回归的定量分析，但如果因变量非连续或分类变量时，线性回归的计量方式则不太适用，因此针对因变量时离散的情况时，则采用离散选择模型，Logit模型为离散选择模型的代表，Luce（1959）首次推出了Logit模型，McFadden（1974）进一步对Logit模型特征进行完善。

离散选择模型以随机效用最大化基本原理进行，在本节中表现为劳动力在不同流动化进程的选择，从而达到自身效用最大化，核心思想是将效用函数中不可测的部分视为随机变量，并对包含随机因素的效用最大化的选择概率进行了理论上的推导，可称为效用最大化模型。

当劳动力在进行跨区流动选择时，面对多种选择，包括市内跨县、省内跨市、跨省和跨境流动，面对劳动力流动进程的选择，本节选择离散选择模型中应用最广泛的多项 Logit 模型进行估计，根据 Ben-Akiva 和 Lerman、Train 的理论，劳动力在面对选择时候只能选择其中一种，即在多个被解释变量中，只选择其中一种，进而实现自身效用最大化。

假设每一个劳动力个体在面对流动选择时候方案合集为 J，其中，j＝1,2,3,4，影响劳动力流动选择的依据是劳动者个人属性 x_i 和地区属性 z_i（i 为样本内所有个体），则劳动力在进行跨区选择时的效用为：

$$U_j = V_j + \varepsilon_j = a_j + \sum_{i=1}^{I} \beta_{ji} x_i + \sum_{i=1}^{I} \lambda_{ji} z_i + \varepsilon_j$$

其中，j＝1,2,3,4；k＝1,2……K，V_j 为可观测的部分，为劳动力的个人特征（年龄、性别、受教育程度、户口性质、婚姻状况、同住家庭成员、家庭开支、移动距离、收入状况、移动距离、）和原居住地区特征（市场规模、经济发展程度、外资利用水平、地区受教育发展），该部分可被精确量化，看作确定项，α 为常数，β 和 λ 为对应因素的参数值，ε 为不可观测的部分，是劳动力在转移者无法预知的部分，看作为随机项，服从 Gumbel 分布。

完全理性的劳动力个体在选择第 j 个流动选择概率形式可被表达为：

$$P(y = j) = P(U_j > U_i, \forall j \neq i)$$
$$= P(V_j + \varepsilon_j > V_i + \varepsilon_i, \forall j \neq i)$$
$$= P(\varepsilon_i - \varepsilon_j < V_j - V_i, \forall j \neq i)$$

在建立多项 Logit 模型时，需要选择其中一项作为参考，一般进行 stata 操作时，默认为将选择项目最多的设定为参考项，而在本节中，设定的参考标准为最短距离 $\dfrac{p\,(y=j)}{p\,(y=J)}$ 的 "市内跨县"，用 p（y=j）表示劳动

力选择第 j 种选择的概率，而进一步将取自然对数视作为线性函数，成为 Logit 形式，依靠 x_i 和 z_i 的取值，Logit 对于参数而言为线性模型。最终 Logit 模型为：

$$Logit(y) = \left[\frac{p(y=j)}{p(y=J)}\right] = a_j + \sum_{i=1}^{I} \beta_{ji} x_i$$

选择第类的流动形式的概率可以被表达为：

$$P(y=j) = \frac{e^{a_j + \sum_{i=1}^{I}(\beta_{jt}x_k + \lambda_{jt}z_k)}}{1 + \sum_{j=1}^{J-1} e^{a_j + \sum_{i=1}^{I}(\beta_{jt}x_k + \lambda_{jt}z_k)}}$$

（三）模型实证估计

采用原始样本统计中所得的 972500 个劳动者，对其流动程度进行分类和赋值，对于市内跨县赋值为 1，省内跨市赋值为 2，跨省赋值为 3，跨境流动赋值为 4，从 1—4 表示劳动力流动进程加深，关于个人特征和社会发展特征的选择变量同上。进一步进行多项 logit 选择模型统计分析。结果如下表 5-9 所示：

表 5-9　多线选择 logit 选择模型

以市内跨县作为参考标准	省内跨市	跨省	跨境
age	-0.0064*** (-15.12)	-0.0024*** (-4.83)	-0.0486*** (-49.49)
sex	0.0361*** (5.53)	-0.1544*** (-20.41)	0.2712*** (20.91)
edu	-0.0311*** (-9.89)	-0.1924*** (-51.79)	0.0951*** (16.16)

续表

以市内跨县作为参考标准	省内跨市	跨省	跨境
id	−0.0488*** (−6.28)	−0.1094*** (−12.34)	−0.0669*** (−4.51)
marry	−0.1335*** (−13.26)	0.1160*** (9.84)	−0.0441** (−2.37)
family	0.0129*** (4.52)	−0.4559*** (−144.16)	−0.3655*** (−63.14)
spend	0.0079 (1.28)	0.1005*** (14.28)	−0.3391*** (−27.90)
dist	−0.0293*** (27.83)	−0.6714*** (450.10)	−0.3840*** (172.53)
gdp	0.3640*** (46.60)	0.4416*** (44.43)	0.7345*** (38.63)
pgdp	0.5363*** (47.14)	−0.4936*** (−36.79)	−0.1652*** (−6.63)
fdi	−0.2417*** (−58.55)	0.1216*** (24.07)	0.0527*** (5.30)
Edu	−0.7392*** (−59.79)	0.3885*** (26.77)	0.6846*** (24.65)
Diffwage	0.1851*** (28.03)	0.4225*** (55.05)	0.7058*** (50.21)
_cons	−1.0900*** (−14.18)	−6.5407*** (−76.23)	−10.2950*** (−66.13)
变量数	971817		
LR chi2 值	634148.20		
P 值	0.0000		

从多项选择 logit 选择估计结果可以看出，在个人指标中，年龄 age 的增长对劳动力进程产生显著负向作用，对省内跨市、跨省和跨境的影响系数分别为 −0.006、−0.002 和 −0.049，表明了随着年龄的增加，选择远距离流动的可能越低，表明年轻人更偏向于远距离流动，而年龄越大，越

偏向于"市内跨县"或不流动等近距离流动方式；对性别系数 sex 而言，在劳动力选择跨省流动中，性别为女性的则对劳动化流动产生显著负向影响，影响系数值为 -0.154，表明了男性劳动力对于地区跨省流动进程发展的重要性，而女性更偏向于省内跨市的近距离流动，但在跨境流动选择时，性别系数显著为正，系数值较高为 0.271，表明女性选择跨境流动的可能性更高；在劳动力受教育程度上，省内跨市和跨省流动的系数均为负值，贡献值分别为 -0.031 和 -0.192，可以看出受教育程度对跨省转移的流动呈现抑制性作用更大，表明就目前受教育程度相对较低的劳动力选择省内跨市和跨省流动的可能性相对更高，因为在原地区没有更好就业选择，更偏向于通过远距离流动实现自身价值，而在跨国转移中，该系数值为 0.095 且显著，表明随着劳动力受教育程度的提高，会显著促进跨境流动的可能性，相对比于劳动力国内流动而言，对选择跨境流动的劳动力，受教育程度表现更为重要的作用。

对于户口性质 id，在各流动方式上的系数均显著为负值，表明户口性质指数越小，越有利于流动选择，体现了农村劳动力的跨区域流动可能性更高，尤其是对跨省流动的影响作用更大，其贡献值为 -0.109，高于跨境流动的 -0.067；对于婚姻状况 marry，其对省内跨市会产生显著负向影响，而对于跨省流动而言，婚姻状况与跨省流动呈正相关性关系，表明家属纽带会促进其跨省转移，而婚姻状况对跨境流动者的影响为负值，表明婚姻并不利于选择劳动力选择跨境流动；同住家庭成员 family 在省内跨市流动中显著为正，表明同住家庭的增加，有利于劳动力选择省内跨市流动，以流动到更适合的环境进行经济活动，而对于跨省和跨境流动而言，同住家庭成员的增加，在一定程度上造成流动成本的大幅度提升，显著抑制其选择远距离流动可能性；同住家庭成员开支的增加会对劳动力选择流动产生正向影响，表明随着消费水平的提高会促进劳动力流动进程的开展；流动距离显著为负，这也符合经济学常识，表明流动距离越远，劳动力流动成本相对较高，对其远距离流动产生负向影响。

在宏观影响中，市场规模 gdp 的系数显著为正，表明了随着地区

GDP 的提高，会有利于促进劳动力流动化进程，对省内跨市、跨省以及跨境流动都产生显著正向影响，影响系数分别为 0.364、0.441 和 0.734，尤其是对跨境流动的正向促进作用更大。就经济发展程度 pgdp 而言，经济发展程度较高的地区，对省内跨市流动的影响为正，在跨省和跨境流动均表现为负向关系，其主要表现为相对特征的影响，表明了经济发展程度较高的地区，劳动力流动更倾向于选择在省内近距离流动特征，相反对经济发展程度较低的地区，反而会促进劳动力选择通过远距离流转实现自身价值。就外资利用程度 fdi 而言，跨省和跨境地区的估计系数均显著为正，外资利用程度越高，越会提高地区劳动力远距离流动选择，这在一定程度上降低了劳动力选择近距离流动可能性；地区受教育程度 Edu 的提高，会抑制近距离流动，显著提高远距离流动可能性，即显著增加了跨省和跨境流动可能性，尤其是对跨境流动的正向影响最为明显。

就收入水平而言，在三种流动方式选择中均在 1% 的显著水平下表现为正值，在省内跨市、跨省和跨境流动的系数值分别为 0.185、0.423 和 0.706，表明了随着目标地区收入水平的提高，越有助于加快劳动力流动化进程的加快，对劳动力选择跨境流动的影响系数较高。收入水平指标是劳动力进行远距离流动的重要考量值因素，这也在一定程度上表明市场信息对称的重要作用，即劳务服务机构的重要性。在市场供需条件下，劳务中介提供的各劳动市场供需和价格信息，有助于降低劳动力流动的信息搜寻成本以及流动风险，有助于实现地区间劳动力互补互利，进而加快地区间劳动力的流动性。

（四）地区劳动力流动进程分布概率预测

根据多项选择 Logit 模型，从而得到各地区劳动力选择流动进程的预测概率，均以市内跨县作为参考标准，并与实际流动可能性进行比较。如表 5-10 所示。可以看出预测结果与实际结果存在一定相似性。对于市内跨县而言，预测结果相对于实际结果较大，表明了劳动力在选择市内跨县的近距离流动的可能性更高，其中，西部地区选择市内跨县最高，转移可能性为 0.231,其次东部。中部和东北地区分别为 0.166、0.171 和 0.174;省内跨市流动中,东、中和西部地区的预测概率小于实际值,西部地区在省内跨市的概率依然最大,在一定程度上表明了西部地区偏向于近距离流动,相对于其他地区而言,劳动力流动进程程度相对较低,偏向于市内跨县和省内跨市的近距离流动;对于跨省而言,除东北地区外,预测概率值小于实际值,东部和中部地区在选择跨省流动中概率最为突出,转移概率分别为 0.459 和 0.58,西部地区最低,仅为 0.321;对于跨境流动概率而言,相比国内跨区流动的概率较低,其中东部地区跨境流动可能性最高为 0.036,表明了东部地区劳动力流动进程更快,跨省和跨境流动的概率相对较高,而中、西部地区的劳动力流动发展进程相对较慢。

表 5–10 各地区劳动力流动选择概率估计

	省份	市内跨县	省内跨市	跨省	跨境
东部地区	北京	0.092	0.352	0.507	0.049
	天津	0.131	0.393	0.437	0.039
	河北	0.183	0.322	0.450	0.045
	上海	0.094	0.274	0.582	0.049
	江苏	0.147	0.341	0.457	0.055
	浙江	0.128	0.256	0.570	0.047
	山东	0.132	0.322	0.494	0.052
	福建	0.172	0.295	0.494	0.039
	广东	0.196	0.379	0.369	0.056
	海南	0.384	0.369	0.234	0.012
	预测概率	0.166	0.330	0.459	0.044
	实际概率	0.128	0.381	0.448	0.043
中部地区	安徽	0.151	0.207	0.608	0.034
	河南	0.133	0.175	0.641	0.050
	江西	0.192	0.204	0.569	0.035
	山西	0.230	0.366	0.379	0.025

续表

	省份	市内跨县	省内跨市	跨省	跨境
	湖北	0.149	0.283	0.532	0.036
	湖南	0.168	0.295	0.501	0.036
	预测概率	0.171	0.255	0.538	0.036
	实际概率	0.166	0.210	0.585	0.039
西部地区	内蒙古	0.176	0.489	0.314	0.020
	广西	0.217	0.338	0.413	0.033
	重庆	0.215	0.266	0.492	0.027
	四川	0.127	0.184	0.654	0.034
	贵州	0.200	0.236	0.540	0.024
	云南	0.225	0.321	0.043	0.022
	西藏	0.379	0.484	0.133	0.004
	陕西	0.202	0.322	0.444	0.033
	甘肃	0.202	0.390	0.391	0.016
	青海	0.285	0.571	0.138	0.006
	宁夏	0.257	0.556	0.168	0.007
	新疆	0.282	0.585	0.121	0.012
	预测概率	0.231	0.395	0.321	0.020
	实际概率	0.218	0.301	0.455	0.026
东北地区	辽宁	0.167	0.372	0.428	0.033
	吉林	0.186	0.411	0.385	0.019
	黑龙江	0.168	0.409	0.407	0.016
	预测概率	0.174	0.397	0.407	0.023
	实际概率	0.157	0.423	0.393	0.026

（五）分地区稳健性检验

为进一步验证个人和社会特征对我国劳动力流动化进程的影响关系，将劳动者原户籍地分区进行 Tobit 估计，估计结果如表 5-11 所示。研究劳动力个人和户籍地地区特征,对劳动力流动化进程的影响,结果与上述研究结果有共通性,在一定程度上表明了上述结果的稳健性,本部分将重点对地区特征进行分析。

整体而言,市场规模的增加,有利于加快地区劳动力的流动进程,尤其对中、西和东北部地区而言,分别为 0.085、0.185 和 0.710,系数值均显著为正,表明了经济规模的增大会显著促进该地区劳动力的远距离流动进程。东部地区依托京津冀、长三角和珠三角地区,本身就是劳动力吸纳大区,其经济规模的扩大,反而会在一定程度上降低劳动力流动进程,使得劳动力更偏于选择在本地区间流动。这一定程度体现了在经济发展程度 pgdp 较高的地区,会吸附劳动力偏向于短距离流动或留在本地,尤其对经济发展程度相对较低的地区而言,加强经济发展程度建设,在一定程度上会稳固人力资本内流,吸纳其他地区劳动力流入,实现地区经济建设和发展,而对于东部地区和东北地区经济发展程度相对较高的地区,在跨越吸纳劳动力的市场饱和门槛后,随着劳动力市场竞争日益激烈,会显著促进劳动力流动化进程,因此,对于东部地区而言,如何有效实现劳动力资源互补和防止人力资本流失是亟待解决的问题;利用外资水平 fdi,对劳动力流动进程影响显著,随着跨国公司的增加,利用外资水平的提升会带动地区劳动力资源流动,显著加快了东部和中部地区的劳动力流动进程,而对我国西部和北部地区而言,影响效果显著为负,外资流入使得该地区劳动力更偏向于短距离流动,替代了远距离跨省、跨境流动从而实现较高收益;地区受教育程度 Edu 的提高,对劳动力流动进程产生显著正向积极影响,对在中、西部地区影响最大。与东部和东北部相比,受教育程度的提高会进一步促进劳动力资源选择在地区内流转程度。

表 5–11　分地区劳动力流动一体化进程

	全国	东部地区	中部地区	西部地区	东北部地区
age	-0.0027^{***} (-24.66)	-0.0023^{***} (-9.89)	-0.0030^{***} (-16.35)	-0.0013^{***} (-6.72)	-0.0017^{***} (-4.96)

续表

	全国	东部地区	中部地区	西部地区	东北部地区
sex	−0.0031* (−1.81)	−0.0031 (−0.91)	0.0012 (0.42)	−0.0127*** (−4.31)	0.0029 (0.53)
edu	−0.0237*** (−28.52)	−0.0062*** (−3.78)	−0.0201*** (−13.84)	−0.0419*** (−29.07)	0.0229*** (8.23)
id	−0.0278*** (−13.80)	0.0256*** (6.59)	−0.0084** (−2.20)	−0.0969*** (−28.77)	0.0192*** (3.16)
marry	0.0171*** (6.60)	0.0775*** (14.25)	0.0072* (1.65)	0.0079* (1.78)	−0.0077 (−0.94)
family	−0.0977*** (−138.30)	−0.1137*** (−77.64)	−0.1006*** (−86.45)	−0.0999*** (−81.47)	−0.0841*** (−34.00)
spend	−0.0047*** (−3.00)	0.0269*** (8.27)	−0.0217*** (−8.31)	−0.0188*** (−6.73)	0.0014 (0.25)
dist	−0.1654*** (666.85)	−0.1295*** (255.17)	−0.1958*** (436.05)	−0.1759*** (417.99)	−0.1284*** (163.20)
gdp	0.1110*** (49.81)	−0.1310*** (−25.40)	0.0848*** (15.27)	0.1853*** (47.56)	0.7100*** (42.19)
pgdp	−0.0465*** (−15.64)	0.2021*** (20.36)	−0.2547*** (−28.16)	−0.1304*** (−28.04)	0.6605*** (24.54)
fdi	0.0078*** (6.77)	0.1828*** (30.88)	0.0115*** (4.14)	−0.0601*** (−33.16)	−0.1205*** (−19.78)
Edu	0.0721*** (22.39)	−0.0517*** (−4.04)	0.2632*** (32.18)	0.1079*** (15.06)	−1.7475*** (−46.77)
Diffwage	0.1065*** (62.27)	0.0664*** (18.77)	0.1134*** (40.31)	0.1171*** (39.65)	0.0520*** (8.81)
_cons	0.4786*** (24.76)	−0.8539*** (−17.07)	1.0925*** (25.48)	1.0632*** (31.26)	−0.3427*** (−4.01)
变量数	971817	219118	337864	332298	82537
LR chi2 值	421294.22	64615.50	171344.50	172091.81	27112.05
P 值	0.0000	0.0000	0.0000	0.0000	0.0000

（六）分年份稳健性检验

在分地区研究基础上，再进行分年份统计回归检验。据结果可得，预期收入的重要性不言而喻，"经济因素"依然是引起劳动力流动进程开展的重要影响因素，且重要性呈现交替递增。微观和宏观因素中，值得关注的是，近年来，性别对劳动力流动一体化进程由负转正，表明女性劳动力在流动中开始占据主动地位，加快劳动力流动化进程。与之类似的，劳动力受教育程度转负为正，表明高受教育水平劳动力流动水平在不断增加，二者的系数均有增加趋势，表明女性和受教育程度较高的劳动力对我国劳动力流动化进程的促进作用不断增强。距离因素由负变正，表明距离的成本因素逐渐不再是阻碍劳动力流动化进程的障碍，这得益于便捷的交通系统，使距离带来的移动成本不断降低。市场规模和经济发展程度的提高，在各年份中均大多表现为正，表明了二者的提高，有助于我国劳动力流动一体化进程的加快，实现地区间的劳动力资源优势互补。地区教育资源系数均显著为负，表明抑制了劳动力流动一体化进程的发展，是地区留住人才的重要因素。本章认为，地区教育资源投入的提高，为本地区提供丰富劳动力资源。首先，挤占区域内工作机会，其对跨县、跨市的劳动力流动呈现抑制（如上表5-9所示）。其次，增加了对劳动力素质的提升需求，但受教育加深会提高劳动力转移能力，更有利于跨省、跨境的流动，表明地区受教育程度提高的同时，应合理分配劳动力资源配置的重要性。

表5-12　分地区劳动力流动一体化进程

	2010	2011	2012	2013	2014	2015	2016
age	−0.0033*** (−8.51)	−0.0063*** (−15.28)	−0.0037*** (−17.42)	−0.0039*** (−20.58)	−0.0027*** (−15.30)	−0.0037*** (−18.61)	−0.0026*** (−7.78)
sex	−0.0218*** (−3.91)	−0.0926*** (16.20)	−0.0357*** (11.91)	−0.0329*** (11.77)	0.0242*** (8.81)	0.0205*** (6.51)	0.0366*** (6.75)

续表

	2010	2011	2012	2013	2014	2015	2016
edu	-0.0597*** (-20.29)	-0.0106*** (4.15)	-0.0101*** (7.23)	0.0078*** (6.14)	0.0038** (2.52)	0.0067*** (3.84)	0.0391*** (-13.91)
id	-0.0213** (-2.42)	-0.0619*** (-7.73)	-0.0144*** (-3.30)	-0.0188*** (-4.67)	-0.0188*** (-5.61)	0.0318*** (8.35)	0.0151*** (3.50)
marry	-0.1211*** (-13.22)	-0.0239*** (-2.73)	-0.0677*** (-13.58)	-0.0432*** (-9.33)	-0.0161*** (-3.78)	-0.0483*** (-9.07)	-0.0433*** (-4.58)
family	0.0858*** (44.43)	0.0092* (1.86)	0.0184*** (7.45)	0.0229*** (10.10)	-0.0081*** (-5.63)	0.0096*** (3.91)	0.0127*** (4.15)
spend	-0.1112*** (-16.78)	-0.0360*** (-6.90)	-0.0034 (-1.23)	-0.0112*** (-4.25)	-0.0099*** (-3.63)	-0.0349*** (-11.53)	-0.0543*** (-10.16)
dist	-0.0224*** (-9.38)	-0.2157*** (265.54)	-0.2061*** (471.18)	-0.2178*** (542.51)	0.2126*** (539.92)	0.2196*** (484.28)	0.0136*** (4.32)
gdp	0.1139*** (14.90)	0.1786*** (24.52)	0.1273*** (31.05)	0.1176*** (30.63)	0.0632*** (18.98)	0.1453*** (30.81)	0.1505*** (21.73)
pgdp	-0.2661*** (-24.51)	0.1158*** (10.65)	0.1144*** (19.90)	0.1537*** (27.84)	0.1139*** (20.98)	0.1192*** (18.73)	-0.2866*** (-26.67)
fdi	0.0476*** (10.14)	-0.0707*** (-16.01)	-0.0584*** (-25.60)	-0.0612*** (-29.53)	0.0219*** (-13.74)	0.0670*** (-25.79)	0.0643*** (19.36)
Edu	-0.2054*** (-16.58)	-0.1376*** (-10.54)	-0.0559*** (-8.14)	-0.0944*** (-15.44)	-0.1267*** (-23.72)	-0.0678*** (-10.32)	-0.0236** (-2.15)
Diff-wage	0.3221*** (47.63)	0.1275*** (18.72)	0.0382*** (12.93)	0.0541*** (18.33)	0.0495*** (17.37)	0.0528*** (16.36)	0.2510*** (50.23)
_cons	2.2548*** (33.38)	0.5176*** (6.41)	0.8769*** (21.07)	0.6538*** (15.61)	0.9638*** (24.31)	0.8412*** (17.48)	1.2802*** (15.15)
变量数	119717	57769	132103	173113	177068	172866	139181
LR chi2	6822.10	50507.28	135638.55	179099.29	179817.97	154714.63	7119.13
P 值	0.0000	0.0000	0.0000	0.0000	0.0000	0.0000	0.0000

三、结　论

（一）劳动力国内外流动影响因素分析

从微观和宏观因素两个角度入手，研究影响劳动力跨区域流动决策的因素。面对是否进行跨区域流动，各地区劳动力均在区域内和潜在目的区域间流动进行选择，包括在国内跨区流动或进行跨国转移，如果仅考虑一方，将无法有效了解劳动力流动动态。因此将五个潜在流入地区（东、中、西、东北和国外地区）纳入统一分析框架，通过多重选择修正模型，对劳动力各区域流动选择预期收入进行修正，从而通过计量模型进行分析得出以下结论。

劳动力预期收入差距提升，会显著促进整体劳动力跨区流动可能性，尤其是对中部和西部地区，受到流动目的地的预期收入的影响，会促进地区劳动力跨区域外流的可能性。然而，对中西部地区而言，其自身收入水平相对较低，对吸引其他地区劳动力流入的显著性影响并不强。因此，中、西部地区为有效吸引劳动力流入，应该重点考虑相关人才引进政策。而对于向东、东北以及跨国流动转移而言，预期收入水平会显著促进"吸引"劳动力跨区流入，东部和东北部地区收入水平相对较高，地区内劳动力在区域内部流动的可能性也相对较高；对于年龄因素，年龄越低的劳动力其跨区流动可能性相对较高，但近年来，东部地区流动人口年龄平均数在不断增加，而对于其他地区，年龄较低劳动力选择跨区和跨国流动可能性较大；性别因素而言，各地区间男性劳动力选择跨区流入或流出的可能性更高，女性流动概率相对而言较小，但就近年来，女性流动数以及跨区流动性也在呈现上升趋势，女性作为"附属"流动的状态已经得到了明显变化，主要体现在流入东部地区和跨国流动时，性别因素并不是决定因素；受教育程度的提升会促进东部地区劳动力跨区流出可能性，但对于中部、西部和东北部地区劳动力跨区流出并不显著，对于流入地区受教育程度越高，流入到东部、中部和跨国流动的可能性越大。

对于户口性质而言，农村户口等农村劳动力依然是跨区流动的主力军，户口程度相对较低，其显著促进了各地区劳动力国内跨区和跨国流动可能性；劳动力婚姻状况会显著促进各地区劳动力跨区域流动可能性，主要体现在中部和西部地区的劳动力流出，以及向东部地区和国外流动的劳动力流入；同住家庭和家庭总支出劳动力跨区流动作用效果类似，总体回归中呈现负向关系，同住的家庭纽带关系和生活成本提高，并不利于整体劳动力跨区流动，尤其在流入到东部、西部以及跨国流动劳动力，各地区也存在差异；距离因素会对劳动力跨区域流动产生一定负向影响，表明劳动力在跨区域选择时，在一定程度上更偏向于选择区域内流动而非跨区流动。

在宏观因素中，整体而言，随着地区市场规模增加，劳动力国内跨区和跨国转移流动的可能性会得到显著提高，但在不同流动目的地以及流转方式中存在差异。对于流出地而言，地区内市场规模发展不平衡也会产生较高程度的劳动力区域内流动，从而抑制劳动力跨区域流出，如中部地区。而东部地区市场规模水平较高，在一定程度上更倾向于促进劳动力在区域内流转；对经济发展程度而言，区域内经济发展程度的提高，更偏向于促进劳动力在区域内流动，而在一定程度上抑制劳动力跨区域流出，尤其体现在东部和东北部地区，但在中部和西部地区，随着经济发展程度的提高，会促进劳动力跨区域流出。随着经济发展程度的提高，也会越有利于劳动力跨国转移；地区利用外资水平的提高会显著促进各地区劳动力跨区流出，地区利用外资水平是地区开放性的一个体现，随着更多的外资引入，会显著加深劳动力区域间的转移，但与上述经济发展程度和市场规模结果类似，地区内宏观因素上经济指标的发展，更偏向于促进劳动力在区域内流转；地区整体受教育程度较高，在一定程度上抑制劳动力的远距离跨区流动，人力资本水平的提升，更易产生较高的劳动力在各地区间的内部流动，因而合理反映出对地区间教育资源配置的重要性。

（二）劳动力流动进程研究

在研究劳动力跨区流动基础上，采用多项选择 Logit 模型研究对劳动力流动一体化进行分析，以市内跨县的近距离转移作为参考，一方面可以与上述劳动力流动影响因素研究作为对比，另一方面从微观和宏观角度分析劳动力流动一体化进程的影响因素。在流动人口调查中，跨省流动是各地区劳动力流动的主流选择，尤其是中部地区而言，跨省流动意愿尤为强烈，主要目的地为东部地区各省。收入水平的提升，对提高劳动力流动化进程的影响效果均显著为正，体现了劳动力考量经济因素为首要因素；年龄是抑制流动化进程的显著原因，年龄的增加，劳动力流动进程速度会呈现下降；性别因素中，女性的跨省意愿显著降低流动化进程，而在省内跨市和跨境的选择中会优于男性，且近年来，女性劳动力对劳动力国内外流动的贡献度逐渐提高；劳动力受教育程度的提高抑制了国内外流动化进程中省内跨市和跨省流动，可以看出，目前劳动力流动人群中，低教育水平劳动力仍占有很大一部分，因此，也体现了加强流动劳动力的培训以及鼓励高受教育水平劳动力流动的必要性。

户口性质显著为负，表明了当下户口性质较低的劳动力流动在流动人口中的贡献度较高，是促进我国劳动力流动进程的中坚力量；婚姻状况在一定程度上促进了跨省流动的流动进程，体现了家庭纽带关系对流动化进程的重要性，但婚姻并不利于省内跨县和跨境流动；同住家庭成员的增加，并不利于流动化进程的开展，这也体现了家属纽带在一定程度上提高了劳动力选择流动成本，使得劳动力更偏向于短途流动，如省内跨市，家庭同住成员的支出是促进其跨省流动的积极影响因素，家庭成员大多包括孩子，因此在侧面体现对子女教育和生活状况考虑的重要程度；距离因素在一定程度上制约劳动力流动，劳动力更偏向于向临近地区进行跨区和跨省流动。

宏观因素中，户籍地区市场规模的增加，有利于劳动力流动进程的开展，除东部地区外，对各地区劳动力流动进程加快作用显著，且影响效果逐年增强；而地区经济发展程度的提高会显著抑制区域内劳动力跨省和跨境流动（劳动力外流），但会促进省内跨区流动的可能性，经济发展程度提高，满足区域内劳动力经济需求，但会不断吸引其他地区劳动力跨省流入，即留住区域内劳动力，吸引外区劳动力流入，因此经济发展程度的提高是地区留住劳动力资源的重要因素；地区外资利用水平会显著提高跨省和跨境流动可能性，对于东部和中部地区表现明显，这在一定程度上与外资流入类型与地区资源的适配性有关。地区受教育程度提高，会促进劳动力流动化进程中跨省和跨境流动，抑制劳动力省内跨市的短期流动，表明了地区受教育程度是地区留住劳动力资源的重要因素，且在一定程度上会有效提高吸引劳动力流入的可能性。

（三）实证研究结论的思考

鉴于劳动力国内外流动一体化和流动进程的不断加深，本章采用流动人口调查数据的研究，并不足以表露出中国劳动力流动的全态，但可为我国劳动力流动提供参考价值。随着中国对流动人口的保障措施不断完善，流动人口规模保持在高速发展的势头。由于中国大规模剩余农村劳动力的潜力有待于进一步挖掘，对国内外一体化流动有助于了解我国劳动力流动动态信息，有助于实现劳动力资源的有效配置以及国家在政策方面辅助策略的实行。从以下方面思考：第一，对流动者收入的保障机制，"经济因素"的考量，是促进劳动力国内外流动的首要因素。因此，保障流动者劳动权益显得十分重要，保证收入透明度，避免信息不完全市场下的负外部性，从而降低流动者选择意愿，建议设立相关劳务服务中介机构和监管机制，使得工会组织等劳动者权益部门不再是摆设。第二，流动劳动力中，依然很大一部分是年龄偏低、受教育程度相对较低的劳动力，国家应重点培育对该部分劳动力的再教育以及工作培训机制，使得该部分劳动力在流动进程中可以提高自身素质而获得持久市场竞争能力，适应劳动力流动市场。近年来，流动者平均受教育水平也有所提高。第三，流动劳动力家庭问题的解决。流动劳动力中，已婚家庭不在少数，如何解决子女教育、健康医疗的问题，是关注民生的头等问题，解决好转移劳动力的家庭成员问题，会有利于劳动力流动进程的加快。第四，地区经济和社会的发展与劳动力资源的保持方面。地区经济发展环境是促进本地区劳动力转移和吸引劳动力流入的基础条件，对市场规模较大、利用外资水平相对较高的地区，劳动力流动进程起到促进作用明显，体现在省内跨市、跨省和跨境的不同形式，而地区经济发展程度和受教育程度的提高，有助于稳定劳动力资源，抑制人力资本外流趋势。我国目前存在部分地区劳动力过剩问题，但同时较多地区也存在"用工荒"的现象，如何增强引导过剩劳动力外流，以及劳动力稀缺地区的劳动力资源的吸引能力，实现劳动力资源互补和协调发展是重中之重。同时，由于各地区间存在发展差异性，需要有针对性提高劳动力流动进程，保障劳动力国内外流动一体化进程的不断加深，使得我国丰富的劳动力资源发挥出最大的效益，下文将在政策建议中针对以上问题进行阐述。

本章小结

本章采用由国家卫计委组织实施的 2010—2016 年《流动人口动态监测调查数据（A 卷）》组成的混合截面数据展开研究。实证研究主要从三部分进行：第一部分为基于修正自选择效应后，研究影响农村劳动力国内外流转一体化影响因素分析，并从微观和宏观角度分析了农村劳动力国内外流转的关联因素；第二部分为劳动力国内外流动进程分析，旨在针对第一部分中存在的不同转移模式进行地区异质性检验，进一步检验不同转移方式下的劳动力国内外转移的影响特点；第三部分对上述进行结论，从实证检验中提炼核心观点。本章研究从微观数据入手，梳理了影响劳动力跨区域转移的个人和地区的影响特征，劳动力跨区域流动行为的产生，是基于最大化收益下做出的综合决定，在面对国内外跨区域转移的选择下，综合预期收入的经济因素，以及年龄、婚姻等个人特征，以及户籍地和流入地的推拉作用综合考虑下，进而做出自己的最优流动选择。本章研究不仅弥补了现实中的劳动力国内外流动一体化的研究空白，其研究结论有利于了解我国目前劳动力流转现状以及为政府的统筹调控提供事实依据。

第六章 劳动力国内外流动一体化中介效应和门槛效应检验

随着国际劳动力市场一体化进程加快，对劳动力个体而言，已不仅仅局限在国内流转，越来越多劳动力为实现其收入、效用最大化，会选择进行跨国流动。对此，在我国人口红利消失，乡村振兴战略的实施亟须大量劳动力予以支撑的背景下，如何有效转移农村剩余劳动力，实现劳动力资源合理配置，就成为延长我国"人口红利"，实现乡村振兴的重要措施。农村劳动力国内流动的加剧，会促进城市产业结构升级，进而实现经济增长，同时也会促进人力资本结构升级。那么，农村劳动力国内流动程度的加深是否会促进我国农村劳动力跨国流动？针对此问题，本章进一步建立模型，实证检验农村劳动力国内流动对跨国流动的影响。

一、基准模型估计

本章旨在以宏观数据为基础，研究劳动力国内流动程度加深是否会影响劳动力跨国流动。利用我国 30 省 1996—2017 年的平衡面板数据，在控制相关经济因素的基础上，采用固定效应模型分析劳动力国内外流动的相关性，并进行稳健性检验，以排除内生性等因素的干扰，为后续中介效应检验和门槛回归奠定基础。

（一）模型设定与样本说明

本章根据 1996—2017 年 30 省市的面板数据建立如下模型：

$$Mig_{i,t} = \alpha_0 + LM_{i,t} + control_{i,t} + \mu_i + \varepsilon_{i,t} \qquad (1)$$

被解释变量 $Mig_{i,t}$ 用 i 省份在 t 年劳务输出的数量来衡量，参考余官胜和林俐（2012）等学者对劳务输出人数衡量的做法，选取各地区历年年末对外承包工程和对外劳务合作人数总和作为劳务输出数量。

$LM_{i,t}$ 为劳动力国内流动程度指标，是本章核心解释变量，旨在研究对劳动力跨国流动的影响。本章用各地区年末（常住人口－户籍人口）/户籍人口来表示国内各地区劳动力流动程度。若 LM 为负值，则表示该地区是劳动力净流出状态；反之，LM 如果为正数，则表示为劳动力净流入地区，且数值越大表示该地区劳动力流转程度越高。由于近十几年来国家政策实行计划生育，人口自然增长率相对较低，因此本章认为人口增长对各地区劳动力数量变化的影响相对较小，可以忽略不予讨论。

$CV_{i,t}$ 为模型的控制变量。本章在参考相关文献基础上，选取地区经济发展程度（pgdp）、对外开放程度（open）、实际利用外资（fdi）、交通密集度（trans）四个控制变量。pgdp 用各省、市或自治区实际人均 GDP 表示，并用国内生产总值价格指数折算成 1996 年的不变价格；open 用进出口贸易总额占 GDP 的比重衡量；fdi 为各省份实际利用外资额；trans 采用各省货运量衡量（含铁路、货运和水运货物的总吨数）。μ_i 为个体效应，$\varepsilon_{i,t}$ 为随机误差项。

（二）数据来源与描述性统计

由于劳务输出数据统计年限限制，本章采取的面板数据时间跨度是 1996—2017 年，选取中国 30 个省、直辖市和自治区。同时考虑面板数据的可得性，以及政治、经济制度等因素，样本中不含有西藏、香港、澳门和台湾四个地区。本章选用的对外劳务输出人数中对外承包工程和对外劳务合作的统计数据来源于 2000—2005 年《中国对外经济贸易统计年鉴》

和 2006—2016 年的《中国贸易外经统计年鉴》。控制变量的所有数据则主要根据历年《中国统计年鉴》《新中国统计资料 60 年汇编》、各地区统计年鉴以及 wind 数据库发布的相关数据整理计算所得，模型估计中所采用变量的描述性统计如下所示：

表 6–1 为本章研究变量的描述性统计值。可以看出，各省份劳动力跨国流动数据的变动范围较大，均值大约为 8.859，部分地区的某些年份劳动力跨国流动的数量规模相对较低，大多为宁夏、贵州、新疆、青海和海南等地区；国内劳动力城乡转移也存在较大波动，最小值为 - 0.202，最大值为 0.686，表明部分地区的劳动力呈净输出状态，大多是出现在贵州、河南、广西和安徽等地区，流动程度较高的为东部地区，譬如，北京、天津、广东和上海；各地区之间对外直接投资水平的差异也较大，平均值大约为 4.750，部分地区相对较低，如青海、新疆和甘肃等地区，而东部地区的上海、江苏、广东地区等则相对较高；对外开放程度而言，进出口贸易占 GDP 比重最高的大多为东部地区，而中西部地区如青海、贵州和内蒙古地区则相对较低；交通密集度，就货运量而言，青海、宁夏和贵州等西部地区、海南地区货运量相对较低，而东部地区的山东、安徽和广东地区相对较高。

表 6–1　数据的描述性统计

变量名称	变量含义	平均值	标准差	最小值	最大值
Mig	劳动力跨国流动	8.859	1.83	0.693	11.778
LM	国内劳动力转移程度	0.033	0.14	- 0.202	0.686
pgdp	人均 gdp	8.693	.459	7.584	9.94
fdi	实际利用外资水平	4.750	1.834	- 0.780	16.325
open	对外开放水平	- 1.78	1.004	- 4.082	0.543
trans	交通密集程度	10.981	0.914	8.242	12.981

(三) 固定效应检验

本章对模型进行 Huasman 检验，结果显示表中模型（1）到（4）均显著拒绝"随机效应"模型，故选用固定效应模型。固定效应模型估计结果如表 6–2 所示。可以看出，LM 的系数在 1% 的显著水平下为正，表明了劳动力国内跨区域流转程度加深，会显著促进劳动力跨国流动。随着国内劳动力流转程度的加深，会缓和某些区域因劳动力过剩带来的生产力效率低下的局面，同时也弥补了产业发展对劳动力的需求，使得劳动力可以实现资源互补的有效配置。随着农村劳动力从第一产业流向第二和第三产业的程度加深，劳动力资源配置效率的提高会促进劳动力流入地的产业结构升级，进而会影响到人力资本结构、经济发展结构以及对外贸易服务等经济因素的改善。此时，随着劳动力流动进程的进一步深化以及地区间对外劳务合作的需求，劳动力已不拘泥于城乡间的二元结构流动，会积极寻求跨国流动的机会，进而催生劳动力的跨国流动行为，以实现中国农村剩余劳动力的收益最大化。由于我国地区间的经济发展存在差异，本章进一步对东、中、西部地区进行异质性检验。从结果可以看出，在东部和中部地区，劳动力国内流动程度加深有助于促进其跨国流动，而在西部地区并不显著，这与西部地区劳动力流转动力不足以及市场经济发展结构升级较慢有关，针对此问题，本章进一步检验地区间劳动力跨国流动是否会存在经济发展和人力资本门槛效应。

对控制变量的分析。在整体回归中，pgdp 的系数显著为正，表明地区经济发展程度越高，越有利于劳动力的跨国流动，主要表现为东部和中部地区，影响系数分别为 2.356 和 2.624。经济发展程度的提高与地区市场规模、生产力、消费水平关系密切，不仅如此，经济发展程度高的地区，其基础设施水平、人力资本水平更高，服务设施更为完善，劳动力进行跨国转移所拥有的技能素养更高，获得劳务工作的机会更多。因此，劳动要素会通过跨国转移行为，进一步实现劳动力资源的有效配置；fdi 系数显著为正，整体回归系数值为 0.081，表明实际利用外资水平的提高，会显著促进劳动力跨国流动。外资流入地区大多有较高的对劳动力资源的需求，不仅有助于劳动力的国内流动，同时一定程度上还能通过促进劳动力的"干中学"和降低"心理距离"的方式，提升劳动力的素质。劳动力也会将与外资企业的合作作为跳板，熟悉外资企业的管理模式和技能缺口，进而获取进行跨国转移的机会。外资流入对东部地区劳动力跨国流动的影响最为显著，系数值为0.0915，显著性水平为5%，西部地区次之，仅在10%统计水平下显著，而对中部地区的影响并不显著，表明对东、西部地区而言，外资流入会显著促进当地劳动力进行跨国流动。open系数显著为正，表示进出口贸易占地区生产总值的比重增加，即对外开放程度的增加，会促进地区劳动力跨国流动。对外贸易开放程度的增加，意味着与国外跨国企业间的合作紧密度增加，有利于形成促进劳动力跨国流动的动力因素。对东部和中部地区的影响效果更为显著，说明东部和中部地区的对外开放程度相对更高，劳动力进行跨国流动的优势更大。trans的估计系数显著为正，表示地区交通密集度的提高，会显著促进劳动力跨国转移。货运量与地区间贸易、交通便利程度、市场供需结构关系密切，通常该类地区聚集了较多的流动性人口，随着交通密集度的提高，我国农村劳动力进行跨国择业的可能性越大。

表6-2　基准模型检验

	(1)	(2)	(3)	(4)
	整体回归	东部地区	中部区	西部地区
LM	1.2766*** (3.08)	1.4534** (2.28)	1.6388** (2.38)	1.0208 (0.87)
pgdp	2.6414*** (7.65)	2.3560*** (4.17)	2.6238*** (4.24)	1.0811 (1.56)
fdi	0.0810** (2.26)	0.0915** (2.21)	0.0176 (0.49)	0.1697* (1.93)
open	0.2382*** (2.79)	0.4340*** (3.25)	0.2456* (1.74)	0.1627 (1.01)

续表

	（1）	（2）	（3）	（4）
	整体回归	东部地区	中部区	西部地区
trans	0.1733*** (2.90)	0.1992** (2.25)	0.4232** (2.55)	0.1414 (0.78)
_cons	−16.0482*** （−6.81）	−13.6903*** （−3.48）	−18.3617*** （−4.45）	−2.5257 （−0.50）
国家效应	YES	YES	YES	YES
时间效应	YES	YES	YES	YES
变量数	644	277	130	237
R^2	0.4395	0.4376	0.6753	0.1837
F 值	95.4917	37.6625	39.5225	9.0918
P 值	0.0000	0.0000	0.0000	0.0000

（四）内生性问题讨论

劳动力的国内转移在一定程度上会促进劳动力跨国转移，反之，劳动力跨国转移的增加也可能会在一定程度上促进劳动力国内流转，即可能会存在劳动力为实现跨国转移，先通过在国内区域流动提高劳动力素养和工作经验。因此二者之间可能会存在双向因果关系，使得模型存在内生性问题，从而造成上述固定效应模型估计出现偏差，降低估计结果的准确性。因此，针对该问题本章选用工具变量法，即进行 2SLS 回归方法进行稳健性检验。2SLS 估计对工具变量的选择是难点，需要满足两点要求：第一，与随机扰动项不相关；第二，与内生变量存在高度相关性。因此，在满足以上两点的基础上，同时为避免工具变量选取的盲目性，本章决定选取滞后二阶的劳动力国内转移情况作为工具变量。回归结果如表 6-3 所示。为了检验选取的工具变量的有效性，本章采用多种统计检验进行判断，采用第一阶段的 F 检验（Staiger & Stock，1997）、Kleibergen-Paap rk

LM 检验、Kleibergen-Paap Wald rk F 检验和 Anderson-Rubin Wald 检验[①]，结果均表明工具变量与内生变量之间存在强相关性。其次，单一工具变量可以在一定程度上避免过度识别问题。滞后两期的劳动力国内流转和跨国转移劳动力之间的相关性并不大。所以，综上统计检验可表明，工具变量的选择是可靠的。回归估计结果发现，模型中 LM 大多通过了显著性水平检验，系数值均高于固定效应模型，表明了固定效应回归结果会降低其影响效应，一方面说明上述固定效应的估计中，确实会存在一定程度的内生性问题，从而弱化了劳动力国内流转对跨国转移的促进效用；另一方面固定效应与 2SLS 回归结果系数方向相同却均表现显著，也表明上述固定效应结果具有稳健性。

表 6-3 内生性检验

	(5)	(6)	(7)	(8)
LM	1.7218***	1.7315**	1.9526***	2.1987
	(3.61)	(2.36)	(2.64)	(1.60)
pgdp	2.9038***	2.6101***	3.2252***	1.7058**
	(8.03)	(4.29)	(4.82)	(2.35)
fdi	0.0658*	0.0542	0.030	0.1404
	(1.82)	(0.69)	(0.87)	(1.41)
open	0.1768**	0.3254**	0.2747*	0.1719
	(2.05)	(2.36)	(1.93)	(1.05)
trans	0.0077	0.1128	0.0955	0.0363
	(0.08)	(0.68)	(0.52)	(0.18)
_cons	−16.5007***	−14.9444***	−19.9628***	−6.5859
	(−6.76)	(−3.57)	(−4.51)	(−1.28)
国家效应	YES	YES	YES	YES
时间效应	YES	YES	YES	YES
变量数	587	252	118	217

① Kleibergen-Paap rk LM 检验的原假设是"工具变量识别不足"，拒绝原假设则模型可识别；Kleibergen-Paap Wald rk F 检验的原假设是"工具变量为弱识别"，拒绝原假设则不存在弱工具变量问题。

续表

	(5)	**(6)**	**(7)**	**(8)**
R^2	0.5984	0.6082	0.5564	0.6399
P 值	0.0000	0.0000	0.0000	0.0000
第一阶段 F 值检验	4859.94 (0.00)	1478.35 [0.000]	856.35 [0.000]	3742.75 [0.000]
Kleibergen-Paap LM 检验	82.667 [82.667]	33.343 [0.000]	22.991 [0.000]	16.112 [0.000]
Kleibergen-Paap F 检验	4859.942 {16.38}	1478.350 {16.38}	856.353 {16.38}	3742.753 {16.38}

注：表中，***、**、* 分别表示 1%、5% 和 10% 的显著性水平，下同。( ) 内数值为 t 统计量，[ ]
内为相应检验的 p 值，{ } 内数值为 Stock-Yogo 检验 10% 水平上的临界值。

（五）结论

本章节选取了 1996—2017 年中国 30 个省、直辖市和自治区的劳动
力数据组成面板数据集，通过采用固定效应模型回归，结果表明劳动力国
内跨区域流转程度增加，会显著促进跨国流动数量的增加。且在地区间的
影响效果存在差距，在东部和中部地区，劳动力国内流动程度加深有助于
促进其跨国流动，而在西部地区并不显著，这与西部地区劳动力流转动力
不足以及市场经济发展结构升级较慢有关（针对此问题，本章会进一步进
行门槛检验中予以验证）。考虑可能存在的内生性问题，本章在进行地区
异质性检验的基础上，进行稳健性检验，结果均显示固定效应模型检验的
有效性。因此，本章在固定效应检验的有效性前提下，继续进行以下实证
研究。

二、中介效应检验

上述结果表明了劳动力国内跨区域流转程度增加，会显著促进劳动

力跨国流动数量的增加。劳动力国内流转程度加深，会改变生产资料在产业间的重新分配，会倾向于从第一产业转向二、三产业中，进而促进产业结构升级，因此带来的人力资本累积、消费收入水平提高和对外劳务合作需求增加，可能会在一定程度上促进劳动力的跨国转移。因此，本章基于中介效应模型，检验研究劳动力的国内区域转移，是否会通过促进产业结构升级，从而促进劳动力跨国流动。

（一）模型建立

产业结构的调整是生产资料在产业间的重新分配，尤其是劳动要素，是生产要素中最重要的生产资料，与产业结构升级关系密切。劳动力在地区和产业之间流动，会改变企业、部门间的资源配置比例。对劳动力而言，随着第一产业劳动力投入的过剩，为进一步提升劳动力价值，劳动力会倾向于从第一产业转向二、三产业，由低级生产部门向高级生产部门跨越。不仅如此，劳动力的跨区域流动还会带来资本、土地等其他生产要素的聚集，从而提高整体资源利用效率，促使产业结构高级化发展。因此，对于劳动生产要素的流动，通过改变地区间资源配置，优化供给层面的资源利用效率，会对产业结构的升级产生正向作用。该结论在不少实证研究中都得到了证实（赵楠，2016；程鹏，2014）。

劳动力城乡流动和区域转移提升了产业结构的升级，进一步也会增加地区对人力资本的投资，从而提升地区的人力资本存量；反之，产业结构的升级会进一步扩大二、三产业对劳动力的就业需求。一方面产业结构升级提供更多就业岗位，使劳动力市场竞争更激烈，对劳动力综合素质提出较高要求，进而在一定程度上会促进地区间对劳动力的人力资本投资，包括对技能培训、教育投入等，从而增加其人力资本存量；另一方面，伴随产业结构升级，人力资本存量的提升不仅会增加其他生产要素的集聚效应，促进产业间生产资料的配置和转移，也会通过"干中学"和技术溢出等途径，进一步实现生产资料的累积。不仅如此，随着产业结构的升级，地区生产率和收入水平的提升，劳动力素养的增加，也会提高转移劳动力的收入水平，进而刺激其消费水平。本章认为，劳动要素作为重要的生产要素，其国内流动可刺激产业结构升级，提高其人力资本水平和消费水平，进而使得劳动力不再局限于国内区域间的流动，由于更高收入的吸引以及对外劳务合作需求的增加，劳动力会考虑进行跨国转移。对此，本章进一步建立中介效应模型，研究劳动力的国内流动是否会通过促进产业结构升级，进而促进劳动力跨国流动。

本章在对以上分析基础上，采用 Baron and Kenny（1986）提出的中介效应模型，对劳动力国内转移影响产业结构升级进而促进跨国转移效应进行中介机制检验。将地区间产业结构升级作为中介变量，为了克服地区间差异和遗漏变量问题，机制检验方法采取固定效应估计方法。本章借鉴温忠麟等（2004）提出对中介效应的检验程序进行如下模型设定：

$$Mig_{it} = \alpha_1 + \alpha_2 LM_{it} + \sum_{j=3}^{T} \alpha_3 control_{it}^j + \varepsilon_{it} \tag{1}$$

$$IS_{it}^1 = \beta_1 + \beta_2 LM_{it} + \sum_{j=3}^{T} \beta_3 control_{it}^j + \varepsilon_{it} \tag{2}$$

$$Mig_{it} = \gamma_1 + \gamma_2 LM_{it} + \gamma_3 IS_{it} + \sum_{j=4}^{T} \gamma_4 control_{it}^j + \varepsilon_{it} \tag{3}$$

其中，式（1）表示劳动力国内转移对跨国转移影响的总效应，系数 α_2 衡量总效应的大小；式（2）表示劳动力国内转移程度对地区产业结构的影响，系数 β_2 为影响效应值大小；式（3）表示劳动力跨区域流动对跨国转移的直接影响，影响效应大小为 γ_2。若将（2）式中的系数带入到（3）中，得到的乘积 $\beta_2\gamma_3$ 即为中介效应的贡献，表示劳动力国内流动通过影响产业结构升级而对劳动力跨国转移的影响。

变量 Mig_{it} 和 LM_{it} 以及控制变量与基准回归保持一致，IS_{it} 为产业结构。产业结构的调整可以从产业间升级和产业内升级两个角度考虑，为了综合考量产业结构升级的特征，本章借鉴徐敏等（2015）、汪伟等（2015）对指标构建的方案，利用产业结构整体提升和高级化发展两个指标衡量产业结构升级特征。

IS^1 为产业结构的整体升级，公式为 $IS = \sum_{i=1}^{3} i * x_i$，其中 x_i 表示第 i 产业的增加值占地区生产总值的比重。随着产业结构升级，其权数分别为 1、2 和 3，代表产业结构整体升级状况，其中第三产业权重最高，因此，该指标着重衡量第三产业结构的升级状况。

IS^2 为产业结构高级化发展。采取第三产业增加值与第二产业增加值的比重衡量，旨在反应产业结构的转变过程，其由第二产业向第三产业的过渡。表现为经济体结构向服务化产业的发展。由于对中国而言，农业化向工业化的转变已经颇具成效，因此，向生产性服务产业的转变，体现出现代工业化转型升级背景下的产业结构高级化发展。

与基准模型一致，本章采用 1996—2017 年的 30 个省级层面的面板数据，各产业增加值的原始数据来源于国家统计局、各省统计年鉴和《中国工业经济统计年鉴》。对第一、二、三产业增加值以及国内生产总值、人均 GDP 等均利用 GDP 价格指数（1996 = 100）进行平减。

（二）中介效应检验

固定效应估计结果如表 6-4 所示。结果（1）中可以看出，劳动力国内转移（LM）的估计系数显著为正，系数值为 1.277，这表明国内劳动力的城乡转移显著促进劳动力跨区域流动的进程。劳动力国内流动被认为是促进产业结构升级和区域经济增长的重要推动力，将农村剩余劳动力转移到二、三产业中，为城市经济的进一步发展注入了新鲜活力，同时也催生了对外劳务合作及其发展，劳动力国际市场一体化的发展，使得国内劳动力已经不局限于国内区域间流动，转向国际劳动力市场以寻求更大的程度发展空间；另一方面，随着服务产业经济的兴起，以及经济全球化战略合作的需要，生产要素在国际范围内流动已是必然趋势，对外劳务输出越来越重要，有利于进一步增加国内剩余劳动力的价值。劳动力国内流动带来的产业结构升级，也会增加对人力资本的激励效应，增加地区人力资本存量。除了出于经济层面的考量，产业结构升级会带来人力资本提升，带来劳动力素质以及消费水平的提高，此外，也会增加劳动力跨国流动的可能性。在模型（2）和（3）中，劳动力城乡转移（LM）的估计系数显著为正，表明国内劳动力的区域性流转，大量农村劳动力从第一产业转移到第二、三产业，推动了产业结构优化主导产业逐渐向二、三产业转移；另一方面，随着第二产业发展不断深入，进一步促进了劳动力向第三产业的流动，从而推动第三产业服务业的快速发展。产业结构整体升级和高级化发展相互促进和渗透，不断推动着地区间经济发展。

根据中介效用检验的程序，本章进一步检验产业结构升级作为中介机制的影响贡献。在中介效应检验各个方程中，LM 和 IS^1、IS^2 的系数均显著为正，表明产业结构整体升级和高级化发展作为中介效应的影响是显著存在的。劳动力国内跨区域流动会通过促进地区间产业结构升级来带动劳动力进行跨国转移。两个中介效应的值（$\beta_2\gamma_3$）的计算分别为 0.67% 和 5.5%，分别占总效用的 0.52% 和 4.23%，表明对于产业高级化的中介效应更大。产业结构升级对劳动力跨国流动的促进作用，主要体现在第三产业结构的高级化发展会显著提高我国劳动力跨国流动的可能性。产业结构的优化升级，是考量我国经济发展质量的重要指标之一，尤其是第三产业服务业的发展，使得劳动力市场对人力资本水平的要求更高，一方面，产业升级会造成部分过剩的低技能劳动力竞争加剧，从而导致在国内流转的劳动力会选择跨国流动以实现更高利益；另一方面，产业结构升级中，更多服务型产业的增加，也会打通中国过剩劳动力输向国外市场的道路，尤其是体现在产业结构升级后，地区资源的协调和协作发展，都会加快我国劳动力跨国流动进程。

表 6–4　机制检验结果

	（1）	（2）	（3）	（4）	（5）
	Mig	IS^1	IS^2	Mig	Mig
LM	1.2766*** (3.08)	0.0537*** (5.56)	1.0711*** (9.03)	1.1855*** (2.65)	1.2460*** (2.95)

续表

	(1)	(2)	(3)	(4)	(5)
	Mig	IS^1	IS^2	Mig	Mig
lnpgdp	2.6414*** (7.65)	−0.1459*** (−5.17)	−0.0512 (−0.52)	2.6132*** (7.45)	2.5912*** (7.24)
lnopen	0.0810** (2.26)	−0.0079 (−1.16)	−0.0565** (−2.40)	0.2417*** (2.83)	0.2384*** (2.79)
lnfdi	0.2382*** (2.79)	0.0031 (1.12)	0.0285*** (2.94)	0.0769** (2.15)	0.0792** (2.23)
lnjiaotong	0.1733*** (2.90)	0.0981*** (13.10)	0.2042*** (7.88)	0.1579 (1.64)	0.1803* (1.74)
IS^1					0.1256*** (4.25)
IS^2				0.0517*** (3.36)	
_cons	−16.0482*** (−6.81)	2.3410*** (12.23)	−1.0618 (−1.60)	−15.8360*** (−6.59)	−15.5851*** (−5.84)
N	644	660	660	644	644
R^2	0.4393	0.3704	0.3978	0.4394	0.4393
F	95.4199	73.5259	82.5825	79.4238	79.4052
p	0.0000	0.0000	0.0000	0.0000	0.0000

（三）地区异质性检验

鉴于东部地区、中部地区和西部地区的劳动力国内流动程度存在差异，产业结构发展和劳动力跨国流动输出水平不同。因此，为检验地区异质性效应，本章进一步对东、中、西地区分别进行中介效应检验，结果如下：

如表6-5所示，对于东部地区整体而言，东部地区劳动力国内流动和产业结构升级对劳动力跨国流动的影响系数大于中部和西部地区，且显著性更强。对东部地区而言，多为劳动力净流入地，劳动力流转程度较高，其无论是产业结构还是经济发展程度均较高。根据中介效用检验的程序，LM、IS^1 和 IS^2 的系数均显著为正，两个中介效应的值（$\beta_2\gamma_3$）的计算分别为 0.023 和 0.043，占总效用的比重为 1.6% 和 3.2%，表明了产业结构升级作为中介效应的影响是显著存在的，产业整体结构升级和高级化发展均显著促进了我国劳动力跨国流动，且国内跨区域流动通过促进产业结构高级化发展，会进一步带动劳动力跨国流动性。

表 6-5　东部地区中介效应检验

	(1)	(2)	(3)	(4)	(5)
	mig	IS^1	IS^2	mig	mig
LM	1.3975** (2.14)	0.1079** (2.17)	1.3277*** (7.20)	1.4198**	1.4403** (2.16)
IS^1				0.2114** (2.25)	
IS^2					0.0324*** (3.14)
_cons	−13.4266*** (−3.34)	2.5607*** (9.00)	−1.5412 (−1.46)	−12.8966*** (−2.84)	−13.4812*** (−3.33)
变量数	277	286	286	277	277
R^2	0.4377	0.3966	0.3788	0.4379	0.4378
F 值	37.6769	32.9994	30.6092	31.2868	31.2736
P 值	0.0000	0.0000	0.0000	0.0000	0.0000

对于中部地区而言，根据中介效用检验的程序，LM 和 IS^1、IS^2 的系数的显著性相比较于东部地区而言均较低，且系数值相对较小。对中部地区而言，劳动力转移向东部地区较多，其经济发展程度和产业结构稍弱于东部地区，劳动力流转程度相对较低。产业结构整体升级的系数并不显著，可以看出，产业结构的整体升级对劳动力跨国转移影响并不明显，而产业结构的高级化发展会显著促进劳动力跨国转移。中介效应的值（$\beta_2\gamma_3$）为 0.034，可见对于中部地区而言，产业结构的高级化发展尤为重要，会显著促进劳动力的跨国转移。

表6-6　中部地区中介效应检验

	(1)	(2)	(3)	(5)	(4)
	mig	IS^1	IS^2	mig	mig
LM	1.6304** (2.34)	0.0999** (2.25)	1.4352*** (5.66)	1.7155** (2.45)	1.5982** (1.99)
IS^1				0.9765 (-1.09)	
IS^2					0.0238*** (3.08)
_cons	-18.3366^{***} (-4.42)	2.3186*** (5.06)	-1.4777 (-1.01)	-15.8111^{***} (-3.33)	-18.3325^{***} (-4.39)
变量数	130	132	132	130	130
R^2	0.6753	0.4370	0.4872	0.6793	0.6753
F 值	39.5172	15.0612	18.4279	33.1908	32.5877
P 值	0.0000	0.0000	0.0000	0.0000	0.0000

对于西部地区而言，根据中介效用检验的程序，LM 和 IS^1、IS^2 系数的显著性较差，劳动力国内流动显著促进了产业结构高级化发展，但对劳动力跨区域流动而言的影响作用并不大。西部地区相对于东中部地区而言，经济发展程度相对较差，且人力资本水平较低，劳动力国内区域流转程度较差，以至于生产要素间的流通性相对较低，因此，产业结构发展以及劳动力国内区域转移的促进效应并不明显。

表6-7　西部地区中介效应检验

	(1)	(2)	(3)	(5)	(4)
	mig	IS^1	IS^2	mig	mig
LM	0.9665 (0.82)	0.0287 (0.32)	1.1575*** (3.78)	0.9936 (0.84)	0.6156 (0.50)
IS^1				0.9057 (0.95)	

续表

	（1）	（2）	（3）	（5）	（4）
	mig	IS^1	IS^2	mig	mig
IS^2					0.3042 （1.10）
_cons	−2.1200 （−0.41）	3.1118*** （8.17）	2.6439** （2.01）	−5.1250 （−0.84）	−3.1785 （−0.60）
变量数	237	242	242	237	237
R^2	0.1831	0.3735	0.3837	0.1868	0.1880
F 值	9.0548	24.6786	25.7747	7.6928	7.7558
P 值	0.0000	0.0000	0.0000	0.0000	0.0000

（四）稳健性检验

考虑到劳动力跨国流动和产业结构升级可能会存在持续的特征，为此，本章进一步建立动态面板数据模型，对上述中介效应检验程序进行稳健性检验：

$$Mig_{it} = \alpha_0 + \alpha_1 Mig_{it-1} + \alpha_2 LM_{it} + \sum_{j=3}^{T} \alpha_3 control_{it}^j + \varepsilon_{it} \tag{4}$$

$$IS_{it}^1 = \beta_0 + \beta_1 IS_{it-1} + \beta_2 LM_{it} + \sum_{j=3}^{T} \beta_3 control_{it}^j + \varepsilon_{it} \tag{5}$$

$$Mig_{it} = \gamma_0 + \gamma_1 Mig_{it-1} + \gamma_2 LM_{it} + \gamma_3 IS_{it} + \sum_{j=4}^{T} \gamma_4 control_{it}^j + \varepsilon_{it} \tag{6}$$

动态面板模型通过引入被解释变量滞后变量，在一定程度上可有效降低模型的设定偏误。但同时会解决在一定程度上产生内生性问题。因此，本章将被解释变量滞后项（L.Mig）视为内生变量，采用两阶及更高阶的滞后项作为工具变量，对其进一步进行估计并与上述固定效应进行对比。动态面板模型估计可以采用差分 GMM 方法和系统 GMM 方法进行估计，而差分 GMM 容易出现弱工具变量等问题（Frank Windmeijer，2005），鉴于此，本章选用系统性 GMM 估计方法。回归结果如表 6–2 第

（6）列所示，统计检验结果中，Sargan 检验[①] 表明工具变量选择合理；残差序列相关性检验[②] 显示残差项存在一阶相关，而不存在二阶相关，表明动态面板模型的设定误差项不存在序列相关性。进一步采用中介效用检验的程序，LM 和 IS^1、IS^2 的系数均显著，其产业结构整体升级和高级化发展的中介效应值分别 0.015 和 0.14，表明产业高级化发展促进劳动力跨国转移的中介效应更强。该结果在一定程度上表明前文中介效应检验结果的稳健性良好。本章进一步对各地区进行中介效应的动态面板模型检验，与上述结果类似，因此，本章认为上述的中介效应检验和地区异质性检验结果稳健。

表 6-8　系统 GMM 估计

	(1)	(2)	(3)	(4)	(5)
	0.4025[***] (13.66)	1.0311[***] (78.04)	0.9847[***] (74.29)	0.4180[***] (13.27)	0.4289[***] (7.25)
LM	1.3160[***] (3.03)	0.0459[***] (3.52)	0.3425[***] (7.48)	2.2290[*] (1.65)	2.4122 (1.64)
IS^1				0.3258[*] (−1.67)	
IS^2					0.4192[**] (−2.47)
_cons	−9.2899[***] (−6.53)	−0.0276 (−0.34)	−0.2416 (−0.97)	−5.8852 (−1.47)	−7.8819[***] (−3.68)
Wald (P)	0.000[***]	0.000[***]	0.000[***]	0.000[***]	0.000[***]
Sargan	1.000	1.000	1.000	1.000	1.000
AR (2)	0.130	0.186	0.203	0.108	0.155

---

① Hansen-Sargan 检验的原假设是"工具变量为过度识别"，若接受原假设则说明工具变量是合理的。

② Arellano-Bond AR（1）和 AR（2）检验的原假设为"模型的残差序列不存在一阶和二阶自相关"。

（五）结论

随着中国经济转入高质量发展态势，劳动力资源配置对促进产业结构升级和资源有效配置的作用日益凸显。本章以产业结构升级为切入视角，研究劳动力国内跨区域流动是否通过促进产业结构升级，进而促进劳动力跨国转移。选用我国 1996—2017 年 30 个省的面板数据，进一步实证检验产业结构整体升级和高级化发展对劳动力跨国流动的影响。结果表明，我国整体而言，劳动力国内流转，包括城乡二元结构或跨区域流动下，会显著促进我国产业结构升级以及劳动力跨国流动。尤其体现在我国东部地区和中部地区，而西部地区结果并不显著。通过中介效应程序检验，可以看出，我国劳动力国内流动进程加快会通过促进产业结构升级，进而促进劳动力跨国流动进程，其中介效应显著存在。尤其体现在产业结构高级化升级，对劳动力跨国转移的促进效应更大。本章进一步建立动态面板模型进行稳健性检验，上述研究结论依然稳健。

三、门槛效应检验

上述实证结果表明，劳动力国内外流转具有相关性，劳动力国内跨区域流动会显著促进各地区劳动力跨国转移，也证明了产业结构转型升级中介效应的存在性，但二者相关性在东、中和西部地区存在差距。这种状况是因为地区间经济发展程度和人力资本水平差距的影响，由此导致各地区对劳动力跨国转移的促进效应存在差异。因此，本章进一步考虑是否存在劳动力转移的地区经济发展"门槛"效应，当部分地区经济发展越过该门槛时，国内劳动力流转会显著促进跨国转移，而没有跨越该门槛的地区，因区域发展协调性不足，并不会对劳动力跨国转移产生显著影响，甚至会抑制流动性。因此，本章通过构建门槛回归模型，考察是否存在地区经济发展和人力资本门槛，会对劳动力国内外流转的相关性产生影响。

（一）模型的建立

我国各地区间经济发展程度、人力资本水平存在较大不平衡性，从而可能会影响我国劳动力国内转移和跨国流动的相关性。本章通过建立门槛回归模型，考察在不同经济发展程度和人力资本水平下，我国劳动力国内外流转的"门槛"效应研究。本章采用 Hanson（1999、2000）门槛回归模型，将对外开放度纳入模型之中，通过数据自身特点识别区间效应。以单一门槛为例构建模型：

$$Mig_{i,t} = \alpha_i + \beta_1 Lm_{i,t} \times I(M_{i,t} \leqslant \gamma) + \beta_2 Lm_{i,t} \times I(M_{i,t} > \gamma) + \varphi \, cv_{i,t} + \mu_i + \varepsilon_{i,t} \quad (1)$$

上式中，变量 $M_{i,t}$ 为模型中的门槛变量，γ 则代表模拟出的门槛值。β_1 和 β_2 分别对应的门槛变量 $M_{i,t} \leqslant \gamma$ 与 $M_{i,t} > \gamma$ 时劳动力国内流转程度 LM 对跨国转移 Mig 的影响系数。$I(\cdot)$ 则代表二值选择函数。当 $M_{i,t} \leqslant \gamma$ 时，则 $I=1$，当 $M_{i,t} > \gamma$ 时，那么 $I=0$。二重和三重门槛的回归模型做法根据单一门槛模型的基础上进行扩展，本章以单一门槛为例，不再对其赘述。

门槛模型的回归分析是基于 OLS 固定效应展开，因此，上述固定效应的稳健性，保证了进一步进行门槛回归的有效性。门槛回归采取构建渐进分布方案进行评估待估指数的置信区间。在模型（1）中，γ 的残差平方和表示为：$S(\gamma) = \hat{e}(\gamma)' \hat{e}(\gamma)$。回归中所评估的指数 γ 越接近真实门槛值，那么回归模型中的 S（γ）就越小，因此，通过不断模拟出门槛值 γ，通过判定模型中的残差平方和的变化，以最小化 S（γ）来考量 γ 值的存在性，即 $\hat{\gamma} = \arg\min S(\gamma)$。

但在得到门槛值及其参数值后，还要进行如下两重检验：

第一，检验门槛值参数的显著性。该检验的原假设为 $H_0: \beta_1 = \beta_2$，对应的备择假设为 $H_0: \beta_1 \neq \beta_2$，如果接受 H_0，则表明该模型不存在门槛特征。该检验的统计量为：

$$F = \frac{S_0 - S_1(\hat{\gamma})}{\hat{\sigma}^2} \qquad \hat{\sigma}^2 = \frac{1}{T} \hat{e}(\gamma)' \hat{e}(\gamma) = S(\gamma)$$

其中，S_0 为原假设 H_0 下得到的残差平方和。在原假设 H_0 的条件下，门限值 γ 是无法识别，因此 F 统计量为非标准正态分布。本章采用 Hansen（1999）的自抽样法（Bootstrap）来获 F 统计量的渐进分布，继而构造其 p 值。

第二，检验门槛的估计值是否等于真实值。该检验原假设为 H_0：$\gamma_1 = \gamma_2$，Hansen（1996）提出极大似然估计量来检验门槛值，对应的似然比检验统计量为：

$$LR(\gamma) = \frac{S(\gamma) - S(\hat{\gamma})}{\hat{\sigma}^2}$$

此处的 LR（γ）亦为非标准正态分布，当 $LR(\gamma) \leqslant -2Ln(1 - (1 - \alpha)^{1/2})$ 时，拒绝原假设（α 为显著性水平）。以上是仅仅是针对存在单一门槛值的检验，如果存在双重或多重门槛，可在单一门槛值的基础上再次进行重复扩展。

（二）门槛变量的选取和数据说明

本章选用的门槛变量为经济发展程度（pgdp）和人力资本水平（hc）。经济发展程度选用人均 GDP 进行衡量，以 1996 年为基期对，利用各地区生产总值指数进行 GDP 平减，并采用对数形式；对于人力资本水平的衡量，则采用李海峥（2010）采用 Jorgenson-Fraumeni 收入计算法（以下简称 J-F 法）进行衡量，该方案的人力资本测度更适合中国国情。与传统人力资本的度量方案相比，例如教育年限法，J-F 的测度方案可以对人力资本现状进行综合考量。并且，在李海峥（2010）的改良下，进一步融入了我国微观层面的调查数据，以及省级层面的面板数据，通过与 Mincer 估算方程相结合，对 J-F 测算方案进行改进，从而使得该方案更加适用于中国市场，提高了测度方案和合理性以及可行性分析。通过对 J-F 方法的测算，可以得到各省的人力资本存量。本章为有效比较各省劳动力间的人力资本状况，选取的指标为各省劳动力人资本存量指标。下表为我国各地区 1996—2017 年人均 gdp 以及各省人力资本水存量对比。

从表中可以看出，就地区人均国民生产总值而言，东、西部地区的人均 GDP 水平普遍较高，如北京、江苏、浙江和广东地区，而西部地区则相对较低，例如青海、宁夏、贵州和新疆地区。人力资本水平的分布状况与经济发展水平类似，东部和中部地区的人力资本水平普遍相对高于西部。

表 6–9　各地区人均 gdp 和人力资本水平（1996—2017 年平均值）

省（市区）	pgdp	hc	省份	pgdp	hc	省份	pgdp	hc
北京	9.72	7.74	浙江	9.22	8.19	海南	8.61	5.88
天津	9.35	7.01	安徽	8.31	7.75	重庆	8.54	6.96
河北	8.67	8.04	福建	8.98	7.70	四川	8.33	7.88
山西	8.49	7.08	江西	8.33	7.42	贵州	7.90	6.86
内蒙古	8.59	7.12	山东	8.89	8.50	云南	8.30	7.25
辽宁	9.05	7.83	河南	8.46	8.29	陕西	8.37	7.17
吉林	8.71	7.27	湖北	8.60	7.82	甘肃	8.14	6.56
黑龙江	8.76	7.50	湖南	8.48	7.63	青海	8.42	5.09
上海	9.80	7.86	广东	9.08	8.86	宁夏	8.52	5.52
江苏	9.13	8.42	广西	8.32	7.46	新疆	8.71	6.64

（三）门槛效应检验

在进一步构建模型估计的基础上，需要对面板门槛回归分析进行检验。首先，需要对门槛效应的存在性进行效应检验；其次，在模拟出门槛效应值的情况下，即存在门槛特征，计算出门槛效应特征值。表 6–10 给出的则是通过检验门槛值的 F 统计量，采用"自抽样"方法（设定为 300 次）推断出 F 临界值。本章依次对门槛模型在单一门槛、双重门槛和三重门槛的设定下进行检验，其门槛值的估计及置信区间如表 6–11 所示，从而保证门槛估计值的真实性。从估计结果可以看出，门槛变量 pgdp、hc 通过门槛效应检验，分别为单一门槛和双重门槛。pgdp 的门槛值为

8.456，hc 的双重门槛值为 6.198 和 7.416。

表 6–10　门槛效应检验结果

门槛变量		pgdp	hc
	BS 次数	F 值	F 值
单一门槛	300	29.092** (0.007)	6.572* (0.373)
双重门槛	300	5.021 (0.320)	36.974*** (0.100)
三重门槛	300	8.293 (0.267)	7.029 (0.447)
结果		单一门槛	双重门槛

注：括号内为 t 值；*、**、*** 分别表示在 10%、5%、1% 水平上显著。

表 6–11　门槛值估计结果及置信区间

指标	门槛值 1		门槛值 2		门槛值 3	
	估计值	置信区间	估计值	置信区间	估计值	置信区间
pgdp	8.456	[8.363，8.466]	NA	NA	NA	NA
hc	6.198	[3.198，6.211]	7.416	[7.166，7.539]	NA	NA

（四）门槛回归效果分析

在上述门槛效应检验结果的基础上，本章进一步进行门槛回归，进而分析分析相关参数，估计系数和显著性水平如表 6–12 所示。

表 6–12　门槛模型参数估计结果

控制变量	门槛变量	
	pgdp	hc
rd×I	−5.186** （−5.10）	23.731 (0.48)

控制变量	门槛变量	
	pgdp	**hc**
rd×I	1.632*** (3.98)	−3.071*** (−2.99)
rd×I	NA	0.762** (1.79)
rd×I	NA	NA
pgdp	2.255*** (6.60)	2.109*** (6.10)
fdi	0.079** (2.30)	0.077 (8.65)
open	0.288*** (3.50)	0.241*** (2.96)
trans	0.184*** (2.07)	0.284*** (3.16)
R^2	0.4798	0.4929

从经济发展程度（pgdp）门槛估计结果来看，存在单重门槛效应。在门槛区间位于小于门槛值 8.456 时，地区经济发展程度较低，国内劳动力转移对跨国转移的影响系数显著为负，而当门槛值区间大于门槛值 8.456 时，其影响系数显著为 0.216，在 660 个总体样本区间内，有 450 个样本位于显著正向影响的门槛区间内。可以看出，经济发展程度的提高，劳动力国内转移程度加深会显著促进跨国流动，表明了地区经济发展程度加深对劳动力国内外流转的促进效应的重要性。地区经济发展程度的提高，不仅仅体现在人均生产总值，还体现在基础设施建设完善、产业结构升级、福利保障覆盖面广以及人均收入消费的增长等，当地区跨越了经济发展程度门槛，经济资源合理分配，会促进劳动力资源的有效配置。首先，地区经济发展程度的提高意味着城乡流动性的进一步增强，地区间劳动力市场的竞争尤为激烈。对于一部分劳动力而言，国内流动竞争的加

剧，反而会丧失在国内流动的优势，会促使地区过剩的劳动力资源向国际劳动力市场转移，以寻求更高的收入价值；其次，随着地区经济发展程度的提高，劳动力市场信息更加开放化和透明化，有助于降低劳动力选择出国劳务的市场信息不对称现象，且随着劳动力收入和消费水平的增加，也会在一定程度上降低劳动力跨国转移的成本。因此，当跨越经济发展程度门槛时，劳动力的国内流转会显著促进跨国转移。

从各省区金融发展水平门槛通过情况来看，在 1996 年时，有 14 个地区跨越门槛，而后随着经济发展程度的提升，在 2006 年时上升到 17 个，而到了 2017 年，跨越门槛的省区达到了 25 个。这表明了地区经济发展程度的提高，劳动力国内外流动的相关性越来越紧密，且存在普遍性，在我国大部分地区实现了对劳动力跨国转移的有效促进。在 2017 年，甘肃、贵州、云南、广西和内蒙古地区，其经济发展程度的提升有限，使得对跨国转移的影响并不明显。

表 6-13 各省经济发展程度门槛通过情况

门槛区间 （pgdp）	参数估计	省（区、市） （1996）	省（区、市） （2006）	省（区、市） （2017）
Pgdp＜8.456	－5.186***	贵州、甘肃、陕西、江西、安徽、四川、广西、云南、青海、宁夏、湖南、河南、山西、湖北、内蒙古、重庆	贵州、甘肃、安徽、云南、广西、四川、江西、陕西、青海、宁夏、湖南、重庆、山西	甘肃、贵州、云南、广西、内蒙古
pgdp≥8.456	0.216***	新疆、吉林、河北、海南、黑龙江、山东、福建、辽宁、江苏、广东、浙江、天津、北京、上海	河南、湖北、海南、内蒙古、吉林、河北、新疆、黑龙江、山东、辽宁、广东、江苏、浙江、天津、北京、上海	江西、安徽、青海、四川、陕西、河南、山西、湖南、河北、重庆、黑龙江、宁夏、新疆、海南、吉林、湖北、山东、辽宁、福建、广东、天津、浙江、江苏、上海、北京

从各省人力资本水平（hc）门槛估计结果来看，在不同的人力资本水平门槛区间内，国内劳动力流转对促进劳动力跨国流动的影响存在不同，其影响系数的方向和力度存在差异。在门槛区间小于门槛值 6.198 时，影响系数并不显著，在 660 个总体样本区间内，有 75 个样本位于该区间内，该部分地区大多为西部地区，如青海、宁夏等地区，其人力资本发展水平较低，且其劳动力内部流转水平相对较低，并没有对促进跨国转移产生显著影响。在门槛区间位于 6.198 和 7.416 之间时，影响系数显著为负，有 227 个样本位于该区间内，大部分为中西部地区，在该阶段人力资本水平下，国内转移会对劳动力跨区域流动产生负向作用。该地区正处于人力资本的累积上升阶段，劳动力市场中对于劳动力资源需求缺口较大，并不利于劳动力的跨国转移；在门槛区间位于大于 7.416 时，影响系数显著为正，有 358 个样本位于该区间内，位于该区间内的大部分为山东、江苏、浙江和广东等人力资本较高的东部地区，该类型地区人力资本水平增长率和存量均较高，大多为劳动力净流入较高的省份，对于劳动力流转性管理的劳务管理机构相对完善，且劳动力素质水平的提升，也有利于对外劳务输出，因此，对该地区而言，其跨国流动的可能性更高。

表 6-14   各省人力资本水平门槛通过情况

门槛区间（hc）	参数估计	省（市、区）(1996)	省（市、区）(2006)	省（市、区）(2017)
hc＜6.198	23.731	青海、宁夏、海南、新疆、天津、甘肃、重庆、贵州、内蒙古、山西	青海、宁夏、海南	青海、宁夏
6.198≤hc＜7.416	−3.07***	陕西、北京、云南、吉林、江西、广西、上海、黑龙江、福建、湖南、安徽、湖北、辽宁、河北、浙江、四川、河南	甘肃、新疆、贵州、重庆、天津、内蒙古	海南、甘肃、新疆、贵州

续表

门槛区间（hc）	参数估计	省（市、区）(1996)	省（市、区）(2006)	省（市、区）(2017)
hc≥7.416	0.762**	江苏、广东、山东	陕西、山西、云南、吉林、江西、广西、黑龙江、北京、湖南、安徽、福建、四川、湖北、辽宁、上海、河北、浙江、河南、江苏、山东、广东	重庆、内蒙古、吉林、云南、陕西、黑龙江、广西、山西、天津、江西、湖南、福建、上海、辽宁、湖北、安徽、河北、四川、浙江、河南、北京、江苏、山东、广东

从各省区高技术人力资本门槛通过情况来看，1996 年，有 3 个省区位于第三个门槛区间内；到了 2006 年，有 21 个省区位于该区间内；再到 2017 年，达到 24 个省份，实现了劳动力国内流转对跨国转移的促进影响。2017 年，在第一门槛区间内的青海、宁夏两个地区，其人力资本水平的累积程度相对较低，人力资本的流动相对较差，还需要进一步加强人才培养与开发；海南、甘肃、新疆和内蒙古四个地区跨越了第二门槛，估计系数显著为负数，对于该地区而言，因劳动力资源的缺口较大，并不利于跨国转移，所以该部分地区需要加强劳动力的资源合理分配，以缓解其劳动力资源不协调的情况。当跨越第三门槛时，人力资本水平提高，有 24 个省（市、区）均跨越了该门槛，且表现出人力资本国内流动对跨国转移的促进效应。

（五）结论

本章节通过建立门槛回归模型，进一步考察在不同经济发展程度和人力资本水平下，我国劳动力国内外流转的"门槛"效应。结果表明：

1. 从经济发展程度（pgdp）门槛估计结果来看，存在单重门槛效应。在门槛区间小于门槛值 8.456 时，地区经济发展程度较低，国内劳动力转移对跨国转移的影响系数显著为负，劳动力国内转移并不利于劳动力跨国转移。而当门槛值区间大于门槛值 8.456 时，其影响系数显著为正，在 660 个总体样本区间内，有 450 个样本位于显著正向影响的门槛区间内。近年来，各国经济发展程度逐步提升，纷纷跨入该门槛，到了 2017 年，跨越门槛的省区达到了 25 个。这表明了地区经济发展程度的提高，劳动力国内外流动的相关性越来越紧密，且存在普遍性，在我国大部分地区实现了对劳动力跨国转移的有效促进。只有甘肃、贵州、云南、广西和内蒙古地区，其经济发展程度的提升有限，使得对于跨国转移的影响并不明显。

2. 从各省人力资本水平（hc）门槛估计结果来看，在不同人力资本水平门槛区间内，国内劳动力流转对促进劳动力跨国流动的影响存在双重门槛效应，其影响系数的方向和力度存在差异。在门槛区间小于门槛值 6.198 时，影响系数并不显著；在门槛区间位于 6.198 和 7.416 之间时，影响系数显著为负，有 227 个样本位于该区间内，大部分为中西部地区；在门槛区间位于大于 7.416 时，影响系数显著为正，有 358 个样本位于该区间内，位于该区间内的大部分为山东、江苏、浙江和广东等人力资本较高的东部地区。在一定程度上表明了在人力资本存量提升的进程中，只有人力资本存量累积到一定程度时，劳动力国内流转的跨国转移效果才会显现。且随各省份人力资本水平的提升，从 1996 年 3 个省份跨越该门槛，到 2006 年的 21 个，再到 2017 年的 24 个省份，逐步表现出人力资本国内流动对跨国转移的促进效应。尤其对于第一门槛内的青海和宁夏，以及跨越第二门槛的海南、甘肃、新疆和内蒙古，这六个地区而言，人力资本水平的累积程度相对较低，人力资本的流动相对较差，还需要进一步加强人才培养与开发，劳动力资源的缺口相对较大，并不利于跨国转移。对于该部分地区需要加强劳动力的资源合理分配，以缓解其劳动力资源不协调的情况。

四、结　论

随着中国地区间经济发展规模和人力资本水平的提升，农村劳动力流动进程不断加快，但国内"人口红利"现象出现消退的端倪，因此有效加强地区间劳动力的资源配置，促进劳动力市场的协调发展，对延续"人口红利"十分重要。尤其对于对外劳务合作的需求而言，国内劳动力跨国流动规模不断增加，因此，如何协调劳动力的内外部流动是当下急需解决的问题。本章选取了 1996—2017 年中国 30 个省、直辖市和自治区的劳动力数据组成面板数据集，旨在从宏观数据角度研究劳动力国内流动与跨国流动的相关性。

首先，采用固定效应模型进行回归检验，结果表明劳动力国内跨区域流动程度加深在一定程度上会显著促进劳动力跨国流动数量的增加。进一步地进行地区异质性检验，发现其地区间的影响效果存在差距，在东部和中部地区，劳动力国内外流动相关性更强，而在西部地区并不显著。本章在此基础上进行稳健性检验，考虑其可能存在的内生性问题，结果均显示固定效应模型检验的有效性。随着中国经济发展转入高质量发展态势，劳动力资源配置对促进产业结构升级和资源有效配置的作用日益凸显。本章进一步以产业结构为切入视角，研究劳动力国内跨区域流动是否会通过促进产业结构升级，进而促进劳动力跨国转移。结果表明，劳动力国内流转会通过促进我国产业结构升级，进而促进劳动力跨区域流动，尤其体现在第三产业增加值增加带来的产业结构高级化发展。中介效应在我国的东部地区和中部地区尤为显著。本章通过建立动态面板模型进行稳健性检验，验证了上述研究结论依然稳健。

在充分检验劳动力国内外流转相关性的基础上，本章进一步通过建立门槛回归模型，考察在不同经济发展程度和人力资本水平下，我国劳动力国内外流转的"门槛"效应研究，以及研究我国各地区是否有效跨越门槛，实现国内外劳动力流转的有效协调。从经济发展程度门槛估计结果来看，发现存在单重门槛效应。在门槛区间位于小于门槛值 8.456 时，劳动力国内转移并不利于劳动力跨国转移，而当门槛值区间大于门槛值 8.456时，其影响系数显著为正。近年来，各国经济发展程度逐步提升，到了2017年，跨越门槛的省区达到了 25 个。这表明地区经济发展程度的提高，劳动力国内外流动的相关性越来越紧密，且存在普遍性，只有甘肃、贵州、云南、广西和内蒙古地区，其经济发展程度的提升有限，使得对于跨国转移的影响并不明显；从各省人力资本水平门槛估计结果来看，国内劳动力流转对促进劳动力跨国流动的影响存在双重门槛效应。在门槛区间小于门槛值 6.198 时，影响系数并不显著；在门槛区间位于 6.198 和 7.416 之间时，影响系数显著为负，有 227 个样本位于该区间内，大部分为中西部地区；在门槛区间位于大于 7.416 时，影响系数显著为正，有 358 个样本位于该区间内，位于该区间内的大部分为山东、江苏、浙江和广东等人力资本较高的东部地区。且随各省份人力资本水平的提升，从 1996 年 3 个省份跨越该门槛，到 2006 年的 21 个，再到 2017 年的 24 个省份，逐步且表现出人力资本国内流动对跨国转移的促进效应。而 2017 年，青海、宁夏、海南、甘肃、新疆和内蒙古，这 6 个地区并未有效跨越第二门槛，人力资本水平的累积程度相对较低，人力资本的流动相对较差，还需要进一步加强人才培养与开发，需要加强劳动力的资源合理分配，以缓解其劳动力资源不协调的情况。

本章小结

　　本章采用中国 30 个省、直辖市和自治区 1996—2017 年的面板数据，旨在研究国内外流动之间的关联性及其传导路径，并在此基础上，进一步建立门槛回归模型，考察中国农村劳动力国内流动转变为国内外流动一体化是否具有门槛效应。实证研究结果如下：通过固定效应检验基准模型，发现中国农村劳动力的国内流动会显著促进跨国流动，之后检验其内生性问题，结果表明固定效应模型的估计结果具有稳健性；对中国农村劳动力国内外流动进行中介效应检验，即研究劳动力国内流动影响国外流动的传导机制，研究结果显示中国农村劳动力的国内流动会通过促进产业结构高级化发展，促进其跨国流动。由于中国农村劳动力国内流动与国外流动之间存在相关性，且具有地区异质性，而造成这种地区异质性的原因是地区经济发展水平和人力资本水平的发展差异，所以，最后通过建立门槛回归模型，考察在不同经济发展水平和人力资本水平下，中国农村劳动力由国内流动转变为国内外流动一体化是否具有门槛效应，结果显示中国各地区经济发展水平和人力资本水平的提高对农村劳动力国内外流动一体化具有显著的门槛效应。截至 2017 年，除甘肃、贵州、云南、广西和内蒙古地区外，其余地区均跨越了经济发展门槛（大于 8.456），除青海、宁夏、海南、甘肃、新疆和内蒙古外，其余地区跨越了人力资本门槛（大于 7.416），可见，我国大部分地区的经济发展水平以及人力资本水平都已达到促进农村劳动力国内外流动的程度。综上，本章旨在从宏观层面研究中国农村劳动力国内外流动的关联性、传导机制及国内流动转变为国内外流动一体化的临界值，为后文提出对策建议提供可靠的事实依据。

第七章　农村劳动力国内外流动有效调控

　　劳动力流动是生产要素市场调节的必然结果。经济全球化背景下，世界多数国家通过以劳动力为代表的生产要素流动，加强与国际经济体系的紧密联系，从而获得经济社会发展的机会，劳动力跨国流动不再是新奇现象。劳动力是生产要素中最为活跃的因素，国家内部区域间或国家与国家之间发展不平衡不充分，必然引起劳动力由发展程度"低向高的"、由供给"过剩向不足的"区域流动。应该说，农村劳动力流动是推进中国经济社会发展的重要力量，已是中国产业工人的重要组成部分。但"城乡二元经济结构导致劳动力市场也出现了分割的局面，这不仅使我国劳动力资源配置效率低下，还制约了城乡的协调发展，是我国缩小贫富差距、全面建成小康社会的主要绊脚石"[①]。随着老龄人口日益增多和农村改革所释放的"人口红利"日渐消退，"中国大部分城市都未达到最优规模，劳动生产率比城市最优规模状态下的潜在生产率还低40%"[②]。因此，有效引导农村劳动力流动，提高中国劳动力资源的配置效率，是新时代中国经济社会持续稳定发展的重要问题。同时，历经改革开放40多年的锻炼，中国农村劳动力不再满足于国内城乡间自由流动，已有部分开始如"农民李德民一样远赴俄罗斯种地"，或山东后楚庄上百村民举家移民澳大利亚"打洋

---

① 李妍：《论构建城乡劳动力市场一体化的就业新体系》，《学术论坛》2016第10期。

② Henderson，J.V："How urban concentration affects economic growth"，*Policy Research Working Paper Series 2326*，*the World Bank*，2000.

工"。截至 2017 年中国在海外务工人员 1006 万人，相较于总体就业人口来说，规模不大，占比也不高，但是随着中国改革开放深入和国际化进程加快，农村劳动力参与国际劳动力市场是必然趋势。与此同时，近年来针对中国劳工事件频发有很大的不同，我们不能只是发问"中国海外劳工碍着谁了?"(程惠建，2009)①。综上所述，有效调控农村劳动力国内外流动，既是确保中国经济社会发展对劳动力供求平衡的现实需要，又是努力提升中国农村劳动力在世界经济中继续发挥重要作用的客观需要。

一、正确认识农村劳动力国内外流动一体化

农村劳动力国内外流动理应受到尊重。劳动力市场化配置是当前世界多数国家经济社会发展中的基本规律，在经济全球化和国际化背景下，任何逆时代潮流而动的行为都终将被实践证明是错误的，且会被历史抛弃。中国改革开放 40 年来伟大实践再次证实了，劳动力流动，包括农村劳动力国内外流动，是经济社会发展的必然结果。单就劳动力国内流动所起的积极作用来看，中国农村劳动力流动，不仅加快了城乡间资金、信息、技术、人才等生产要素互联互通，还促进了城市生活方式、价值理念等现代文明向乡村的传播。因此，农村劳动力流动，包括国外流动应该得到尊重。首先，全社会应该形成一个正确对待农村劳动力流动的态度。虽然我们不再将其视为"洪水猛兽"、千方百计地予以限制，但是距离公平公正对待农村劳动力国内外流动，还有很长的路要走。所以，我们有必要让全社会认识到农村劳动力流动所起的重要作用。尤其是新闻媒体、公众舆论要有正确的观点导向，在宣传报道时多挖掘农村劳动力流动进程中先进的、积极的事例，积极传播农村劳动力流动所起到的正面作用，对农村劳动力流动中不合常规，甚至有违常理的现象，有一个客观公正的态度，

---

① 程惠建：《中国海外劳工碍着谁了?》，《国际金融报》2009 年 12 月 23 日。

不能以偏概全，将个例放大到全体。其次，尊重农村劳动力流动选择和劳动成果。农村劳动力为国家经济社会发展做出重大贡献，可以说没有数以亿计的农村劳动力"背井离乡"，没有他们夜以继日的辛苦劳动，大到国家产业发展，小到城市基础工程建设，甚至是每个城市的家庭保洁、城市环卫、小区保安等，都难以正常运转。因此，我们的生活是与广大农村劳动力息息相关的。尽管他们工作岗位看起来不起眼，工作业绩也不会惊天动地，但是离开了他们的辛苦付出，我们生活学习都会受影响。因此，我们从尊重他们所从事劳动成果给我们带来的多种便利开始，再到尊重他们所从事的工作和他们每一个个体。其实，农村劳动力国外流动也一样应该得到尊重。我们是一个开放、多元和包容性日渐增强的社会，农村劳动力作为理性经济人，只要不违背流出地和流入地国家法律法规，在国内、国外劳动力市场竞争中，根据自身条件作出流动决策，也一样应该得到尊重。

农村劳动力国内外流动存在很多共性。劳动力流动是经济发展不平衡的必然反映，虽然从理论上讲，劳动力流动可以是双向流动，即既可以从发达国家或区域流向发展中国家或地区，也可以由发展程度较低的国家或地区流向相对较高的国家或地区。因为劳动力在年龄、性别、受教育程度等个体差异性的存在，使得各自需求和偏好也不一样，因而表现在流动上的决策可能也不同。但是根据对中国农村劳动力流动现象的分析，国内流动基本趋向是从乡村流动城市，国际流动基本趋势也是流向相对发达的国家。其实，农村劳动力国内外流动，虽然从流动风险、语言文化、地域范围以及复杂程度等角度来看，国外流动要比国内流动困难得多，特别是对农村劳动力而言，走出国门"打洋工"实属不易。不过，农村劳动力经过一段时间国内流动后，尤其是东部地区的农村劳动力，进行国外流动的可能性大大增强。农村劳动力国内外流动从根本上讲都是对区域经济发展不平衡不充分的一种反映，一国内部劳动力流动如此，国与国之间劳动力流动亦如此，都是为了获得更高的薪资收入、更好的生活水平或更好的发展机会。当然，走出国门务工，对多数农村劳动力来说，是艰难的选择，不再只是"背井离乡"，而是远离亲人、远离故土，目前从事国外流动的个体如同早期从农村到城市一样，外出务工的主要目的还是更高的收入，服务期满或工程结束一定返回祖国家乡，没有考虑长期居住，更没有打算移民。随着国际化进程加快，农村劳动力国外流动实践发展，语言文化、生活习惯以及当地适应性的增强，农村劳动力国外流动会更加深入，甚至也有少数"移民"现象产生。农村劳动力国内外流动在流出地、流入地法律规制下进行，虽然是一把双刃剑，但从总体上看，通过劳动力要素的流动，在人类命运共同体的思想构建下，不仅加速国家间或地区间资金、技术、信息的互联互通，已达到优势互补、互促互进的发展目标。同时，还可以通过人员往来和接触沟通，加强了解、消除隔阂、增进友谊，从而有助于促进经济全球化目标进一步实现。

农村劳动力国内外流动可以相互连接。劳动力流动除少数是在自然界力量、环境恶化、灾难等不可抗力；或留学、姻亲和血缘等导致的劳动力国外流动外，大多数劳动力流动都是先国内后国外，劳动力国内外流动存在很强关联性，农村劳动力国内外流动是一种现象两个层面，如第五章分析，在中国东部地区，国内流动很容易发展成国外流动。如果我们将其看出是"一体化"，那么我们要加快制定农村劳动力国内流动的制度体系，构建更为便捷的一体化的城乡劳动力市场。譬如，尽快打破传统的户籍制度"福利包"①，为农村劳动力流动市场化配置创造条件，为国家产业转型发展和地区经济协调发展提供劳动力资源保障。再如，为劳动力净流出和净流入地区之间搭建政府间交流、沟通的机制，促进地区政府间的沟通，双方应积极地做好用工需求信息、用工类别、用工技能和产业发展对劳动力需求预测等方面的对接工作。此外，根据"一带一路"倡议和人类命运共同体的伟大构想，在市场规律的作用下，做好农村劳动力国外流动周密部署，积极面对"一体化"劳动力市场。我们认为，中国作为发展中大国，在面对国际劳动力市场一体化挑战时，不会也不应该实行一体化政

---

① 任远：《当前中国户籍制度改革的目标、原则与路径》，《南京社会科学》2016年第2期。

策，而是采取内外有别的政策，即国内"一体化""差异化"政策。因为发达与欠发达之间发展阶段不同，面临的任务也不一样。"欠发达地区内部一体化的实现会增加本地区的有效市场规模，有利于产业向该地区转移，从而促进欠发达地区的经济发展"①；对外"差异化"则有利于根据内外条件做适度的政策调整和引导。所以，在拟定农村劳动力国内外流动政策制度时，应该实行"差异化"劳动力流出入政策。对内，消除国内劳动力市场分割状态，提高农村劳动力国内就业水平；对外，则因应国外劳动力市场需求和风险，制定差异化的流出政策，引导农村劳动力国外流动合理有序，从而控制风险、保障安全，又有利于为全球经济发展提供合格的劳动力资源。

加强组织管理以推进农村劳动力国外流动。经济全球化作为当今世界经济的发展潮流，不仅表现为跨国商品、服务交易、国际资本流动规模的扩大、技术的广泛迅速传播等，使各国经济的相互依赖性增强②，还意味着劳动力、企业生产逐渐摆脱地方保护主义、超越国家边界等因素的限制，而在全球范围内流动并加速形成"一体化"全球统一的市场。因此，在预防劳动力跨国流动规模增加对国家经济发展所带来的冲击力的同时，完善劳动力跨国流动的安全保护机制、创新海外劳工安全保护模式，并以协同思维建立国内和国外的社会网络，促进良性互动，才能既促进劳动力跨国流动，又能防范突如其来的非传统安全威胁。在国内，要构建综合治理的社会网络。不仅要了解农村劳动力所在国经济社会发展形势，要求其必须在我驻在国的使领馆登记，还要与海外侨民社团加强联系，在这方面，政府应做好联络工作，使中国劳动力在海外有一种归属感，在面临安全威胁时能够及时地得到社会网络资源的帮助。除了海外侨民社团，我国海外劳工治理网络的重要枢纽还包括国内的群众组织、民间机构等等，可以看出，中国劳动力的跨国流动形式一般为集体抱团，因此社区组织，尤

---

① 刘军辉、安虎森：《欠发达地区开放政策取向研究：一体化还是差别化？——基于新经济地理学视角》，《西南民族大学学报》（人文社科版）2016 年第 12 期。

② 国际货币基金组织：《世界经济展望》，中国金融出版社 1997 年版，第 45 页。

其工会组织等社会各界团体，应大力支持和全面提高境外我国劳动力维护自身基本合法权益。此外，在劳动力跨国流动相对集中的区域，可以设立"中国劳工海外工会"和"中国海外职工之家"等组织，不断提高中国海外劳工的组织化程度，在面对海外雇主的不法行为时，应该充分利用各种渠道，争取获得外界的支持和帮助，形成有力的维护合法权益。此外，在国际方面，应建立中国海外劳务合作的互助平台，维系好我国与主要劳务输出国的外交关系与合作关系，积极推动劳务合作的发展，开拓更多的海外劳务市场，密切关注我国劳动力在输出国的安全保护状况，通过劳工安全保护，推动双方或多方的国际关系朝着更深更好的方向发展。最后，应针对现存对外输出劳务法律法规的不足进行完善和更新，鼓励各行各业制定相关的制度规范和建立合理、规范的人员管理机制。在劳务人员出国前，应该先对境外目标企业的合法性、正规性进行确认，有必要先了解清楚劳动力输入国的雇佣制度以及劳动力市场相关情况，以防他日与外国劳务人员一起工作时因为文化的差异、语言不通等因素产生误会，造成不必要的损失。

二、积极应对农村劳动力国内外流动新形势

农村劳动力国内外流动之势不可阻挡。世界经济史一再证实，劳动力流动是市场经济下资源优化配置的最具代表性的事例，我们唯有遵照该规律，做好相关规范和引导，而不应该是违背规律，或逆潮流而动。中国农村劳动力国内外流动已是不争的事实，且随着中国对外开放深入和国际化进程的加快，越来越多的农村劳动力走出国门，不仅为自己和家庭创造更好的生活条件和发展机会，也为世界经济持续稳定发展贡献自己力量。因此，我们要在全球化的视野下，站位要高，既要为本国农村劳动力有序流动创造条件，也为跨国流动的农村劳动力提供良好的法律制度环境，推进农村劳动力国内外流动工作顺利开展。

（一）完善农村劳动力国内流动的体制机制

首先，完善农村劳动力国内流动法律监管顶层设计，提高各级政府部门有关农村劳动力流动的服务能力，充分保障其流动过程的合法权益。如"农业用地'三权分置'再创新""城乡统一的就业保障制度"以及完善公共就业服务培训体系等农村退出和城市融入综合配套政策制度体系，是农村劳动力国内流动亟待创新完善。

其次，强化农村劳动力流动的劳动权益保护，完善就业权益、劳动权益法律保护监督机制，以及法律救济，维护农村劳动力国内流动的合法劳动权益。虽然《劳动合同法》中对劳动者自由流动、稳定劳动关系、规范灵活用工等已有所规定，但是《劳动法》《劳动合同法》等法律与一些地方性法规和行政法规等也还存在不协调、衔接不当甚至相互矛盾的问题，由于这些问题的存在，使得农村劳动力国内流动就业的自由被干涉，休息权被侵害，劳动报酬无法按时足额地进行提供，工伤以及意外保险没有全面覆盖等等一系列的现象接连出现，再加上在供给侧结构性改革背景下新兴产业和行业也会产生的新问题，要平衡好政策和法律之间的关系，尤其是平衡企业和劳动者之间的关系就显得尤为重要。

还有，进一步加强修订现有法律和法规，重点修订、完善如《企业工资条例》《农民工权益保障权益》等一系列的法律法规，将流动的农村劳动力全面纳入城镇社会养老保险、失业保险、工伤保险等的覆盖范围。同时，还要完善城乡的用工管理制度，一方面加大政府对各类型企业合法性的检查力度，确保用工单位的合理性和合法性，在节约司法成本和提高司法效率的基础上，为流动的农村劳动力提供较为完善的司法救济渠道，对各类侵害流动劳动力的案件加大其打击力度，重点打击违背劳动合同、拖欠工资等侵害劳动权益的违法行为；另一方面，要鼓励企业单位使用农村劳动力，适当减少对招聘农村劳动力单位的征税，增加对单位的信贷支持，促使农村劳动力能更好地融入到城市社区中去。

最后，建立相关劳动保障监察机构联合执法机制，开展日常检查和专项巡察等，切实保障外来劳动力的底线劳动权益，降低工作环境对其的危害以及其人身权利的侵害，保护其正当的劳动休息权，逐渐提高外来劳动力的工资收入水平，建立完善的城乡统一、区域协调的社会保障体系。还有，由于专业法律知识缺乏，且大多数的农村劳动力法律意识薄弱，所以要对其加强法律基础知识的普及，提高农村劳动力的自我保护意识，通过微信、QQ、短信等途径，利用身边真实发生的案例来唤醒农村劳动力的维权意识，加大法律知识的宣传力度，做到知法、懂法、依法和用法。

（二）创造农村劳动力国外流动的法律制度环境

国家建构是人类文明史的产物，如果说，历史上曾经有过完全可以自由迁徙的时代，那么，随着国家制度的完善化和民族国家观念的强化，已经没有哪一个国家可以允许非本国公民自由出入（李明欢，2014）[1]。中国农村劳动力参与国际劳动力市场竞争中，既不能阻止也不应该进行强制，那么我们就应该为其跨国流动创造一个安全稳定的制度环境，降低其跨国流动面临的多种可能性风险。

首先，加快海外劳务立法进程，强化海外劳务管理的法治思维。首先，要提升海外劳务相关法律规定的位阶。既有的法律规定都是以法规形式，例如《对外承包工程管理条例》《对外劳务合作管理办法》等，都是与海外劳工安全保护相适用的辅助性法规。从法律的位阶上来说，还只是"法规"，法的威慑力、强制力不够，因而在实践中执行力也不够。随着农村劳动力国外流动[2] 人数的增加，中国海外劳工规模的不断扩大，海外劳工经济安全也存在潜在的威胁。从救济的角度看，个人利益具有分散性和

---

① 李明欢：《国际移民治理的现实困境与善治趋势，《人民论坛·学术前沿》2014 第 14 期。

② 农村劳动力国外流动，这个概念是否就一定要跨越国境是需要商榷的，如果我们将其定义为为"外国雇主"工作就可以认定为跨国流动，那么中国农村劳动力跨国流动的规模就很大。在这里又牵扯到与其相关法律保护问题，"三资企业"，尤其是"独资企业"职工法律保护问题，从理论上讲，这些企业在中国本土应遵循中国法律制度，但是相当多的独资企业职工的权益受到影响，受制于工资待遇、工作机会等因素影响，权益保障问题仍然突出。

区别性，可以通过传统的渠道加以救济。① 因此，尽快制定专门法律，以保护海外劳务人员的基本权益，是中国法制建设的当务之急。譬如，《中国海外劳工法》。该法以保护海外劳务人员基本合法权益为出发点，从海外劳工保护的法律原则、合法权益、应尽职责以及权益救济等方面，系统性规范调整中国海外劳工人员在跨国流动中行为及其权益保障。值得注意的是，在拟定和颁布该法律时，应该详细地阐述各条款内容，尽可能地将每一条内容细致化、具体化，以提高法律的实施效果。

其次，完善海外劳工劳动权益救济机制。海外劳工劳动权益受到侵害是常有的，如何在权益受到侵害时得到救济，不仅是海外劳工自己的事，也是母国政府及相关组织应该重点考虑的问题。当海外劳工所享有的权益受到侵害，或与其所签订的劳动合同不相符时，谁来为其主张权益？为此，我们可以明确要求"劳务合作的企业"履行这样的职责。譬如，在《中国海外劳工法》中可以明确规定：海外劳工企业有责任协助劳务人员去维护合法权益，要求国外雇主履行约定义务，赔偿劳工损失；当劳务合作人员并未得到其应有的赔偿时，对外合作企业应该承担起相应的赔偿责任；如果对外劳务合作企业不协助海外劳工向国外雇主进行赔偿的，劳工可以直接向对外合作企业要求其予以赔偿；海外劳务企业若对海外劳工隐瞒或者提供虚假信息，导致海外劳工在国外享有的权益不符合所签订劳动合同，那么相关对外劳务合作企业应该予以赔偿。同时，加强执法监管，不仅要不断健全中国海外劳工的多种法律规制问题，从立法上保护中国海外劳工的合法权益和安全，还应提升中国海外劳工法律执行力，从而做到能有效处理海外劳工所面临的多种风险。

还有，应强化对中国海外劳工的组织管理。虽然我们不能对中国海外劳工进行阻止，这不仅不符合市场经济要素资源配置的现实，也不符合中国国际化进程加快发展的需要。中国作为负责任的发展中大国，积极为世界输出发展经验的基础上，也有越来越多的劳动力，包括农村劳动力，

---

① 朱伯玉：《低碳发展立法研究》，人民出版社 2020 年版，第 59 页。

参与到国际劳动力市场的竞争，这是世界经济发展的需要。但是，我们应该对这些海外劳工的组织化，在管理中提高服务能力和服务水平。首先从国内入手，应检查国内对外劳务输出企业，要求其对外派劳务进行必要的培养，提高外派劳务的整体业务素养，使中国劳动力资源在国际劳务市场中拥有良好的口碑。同时，中国政府也应该对当前的国际劳务市场进行研究，了解其最新动向，完善劳务输出体制方面的改革。譬如，为对外劳务输出企业提供更好的服务平台，明晰简化所需的交易手续，提高中国对外劳务输出项目的效率和信誉；另一方面，及时应对国际上出现有损中国劳工形象负面的、甚至是歧视性的言论，不但要据理力争，必要时进行警告、对等待遇，并予以惩罚，充分保障中国海外劳工的合法权益。

再者，提升中国海外劳工的服务能力和水平。发挥"互联网＋"的优势，建立全国性的信息共享平台，为海外劳工提供最便捷、最及时和最准确的匹配信息，并且依托平台对海外劳工开展相关的信息资讯和培训服务。同时，充分发挥行业协会、商会等社会组织的功能，加强海外劳工行会和商会的组织建设，积极引入国内的大型人力资源服务公司，培育有序竞争的对外劳务输出合作中介服务市场，营造良好的劳务输出市场环境。国家商务部、外交部、人力资源和社会保障部应加强沟通，加强对劳务输出企业的动态监测数据采集和研究，相关政策部门、科研院所和大型对外劳务输出合作建立专门的智库，在全球范围内建立对外劳务输出的定点检测点，及时收集动态数据，分析热点和难点问题，提出相应的应对策略。

三、努力提升中国农村劳动力国内外流动适配性

农村劳动力国内外流动需要提高适配性。中国农村劳动力流动无论是国内，还是国外，都存在流动效率不高的问题，究其原因就是在信息不对称条件下的"适配性"。我们知道，农村劳动力流动成本，尤其是国外流动时，如果做不到"人岗匹配"、与流入地以及语言文化，甚至是生活

习俗等方面的"融洽"，那么不但不能达到劳动力供求平衡的问题，起不到农村劳动力流动的效用，在某些情况下还会招致极大风险。因此，提升农村劳动力国内外流动适配性，是当前中国农村劳动力流动组织管理工作的重中之重。

（一）增强农村劳动力国内流动适应性

人力资本是劳动力流动适应性的关键成分。农村劳动力国内流动40多年来，部分佼佼者通过流动找准了自己位置，实现了自己人生的价值。当然其中大多数仍然是"候鸟型"季节性流动，虽然这与国家政策制度存在一定关联，但是与其自身的人力资本所带来的竞争力不强，和工作、地域等适应性有关。因此，通过教育培训来提高农村劳动力的人力资本，是当前和今后一段时期内中国农村劳动力流动工作的重要抓手。人力资本效应是第二个人口红利的主要来源之一，它是提高劳动生产率，推动创新的主要力量，而对人力资本的投资是创造第二个人口红利的重要机制（Lee Mason，2006）[1]，所以，我国需要通过建立健全和完善的教育、职业培训机制来对农村劳动力的人力资本进行投资，提高人力资本水平，增强其收入和在外就业的能力。

首先，建设以中等教育和职业技术教育为核心的人才培养体系。对农村劳动力进行职业技能教育和培训，提高劳动力流动和市场需求的契合度，可有效缓解"招工难"的问题。积极发挥职业教育，农村职业高中、职业学校等在农村劳动力职业能力和职业素养提升中的重要作用，努力解决部分中职学校还存在专业教师短缺、师资力量薄弱、专业设置与社会需求脱节、实训基地建设的落后等问题。一方面国家和地方政府可以进一步扩大中职升高职，升大学的比例，保障后备劳动力可以接受中长期职业教育和技能培训，掌握专业技能；加大中职教育的免费力度，提高中职学校

---

① Lee R，Mason A："What is the demographic dividend?"，*Finance and Development*，2006，Vol.43.

奖助学金标准，使部分学生可以接受更高一级的教育；另一方面，可以通过转移支付和政府补贴形式，鼓励用人单位主动为农村劳动力提供职业教育的机会，对从事农村劳动力资源职业培训的培训机构实行政策扶持和综合业务税收优惠等，为农村劳动力提供针对性的培训。譬如，可以将农村劳动力分为"进城务工劳动力"和"新型职业农民"，然后分别依据两类农村劳动力职业发展规划进行有针对性的职业技能和职业素质培训，以使其更好地适应各自未来的发展方向。

其次，政府理应在农村劳动力流动中发挥引导作用。农村劳动力流动虽然是其个体决策的结果，但是政府职能之一就是为国民提供就业咨询、就业选择以及就业保障方面的服务。更重要的是，政府在就业信息、职业发展以及城乡劳动力供求等方面，比普通的农村劳动力信息掌握、信息辨别和决策上要强很多。因此，政府应该通过实地采访、调研和相关组织发文统计等形式，相对准确地了解用人单位、农村劳动力在职业培训上的具体诉求及培训倾向性，然后通过政府采购等方式对农村劳动力进行人力资本投资，一方面降低农村劳动力人力资本投资所形成的成本增加，另一方面可以减少用人单位为雇佣工人所减少"培训费用"的投入。这样，在农村劳动力流动就业前就能在政府的主导下进行职业能力和职业素养的提升，从而为其进入职场提升了竞争力，增强了自信心，从而也较易于做到"人岗匹配"，从而实现流动的适应性。

还有，根据城市发展对相关技能人才的需求，引导农民自主自发学习，提高劳动技能，创造人力资本投资的高收益率机会，为产业由索洛均衡向可持续发展做好准备，促进农村劳动力人力资本收益率在非农与农业之间的收敛，实现城乡经济一体化。同时，健全职业培训制度，提高职业培训的质量，加强职工，包括转移的农村劳动力的技能培训，将培训资源向较大年龄的劳动者倾斜，加大职业培训资金的支持力度，根据需求有针对性地提高该农村劳动力的人力资本水平，进而提高这部分劳动力的市场竞争能力。结合推进社会养老保险的改革，建立农村劳动力养老、医疗等社会保障城乡一体化体制机制，切实解决农村劳动力流动的后顾之忧，从而提高农村劳动力流动的信心和在流入地的归属感。

（二）加大农村劳动力国外流动精准度

目前我国农村劳动力国外流动规模小，尚未有明确分工负责境外就业的机构。譬如，2004 年，外交部设立了"涉外安全事务司"，同年 11 月，成立了以外交部为主导的"境外中国公民和机构安全保护工作部际联席会议"，由外交部、商务部、教育部、国家旅游局、公安部、交通运输部等 26 个涉外部级机构和军方部门组成，还增设了"应急办公室"；2006 年，外交部在领事司内又增设一个领事保护处；2007 年，为更好地保护中国海外公民的安全，外交部将领事保护处升级为"中国领事保护中心"[1]；2008 年，中国原劳动和社会保障部的境外就业管理职能并入商务部。商务部与公安部、外交部、国家工商行政管理总局、交通运输部等部门协同管理移民工人出入境、境外劳务纠纷或突发事件处理等问题[2]，而海外劳工的安全问题则主要由外交部领事司负责。2014 年，外交部全球领事保护与服务应急呼叫中心成立，但其核心还是应急，兼顾日常领事保护与咨询。由上述情况，可以发现尽管我国相关部门数量多，但是其职能管辖范围存在公共领域，这很容易造成职能管辖盲区，权责不清，效率低下，再加上我国现有移民局只针对来华外国人进行管理，并未对我国流出去的劳动力进行管控。所以需要成立专事劳动力国外流动的国家机构，将以上部门有关海外职能进行整合与并入，明晰其职责所在，提高中国海外劳工的管辖和服务能力。

组建海外劳工司有助于提升劳动力国外流动精准度。随着中国经济持续稳定发展，成长起来的中国企业和经过锻炼的中国劳动力，尤其是东部地区农村劳动力，积极参与到经济全球化的浪潮中寻求更大的发展空

---

[1]　黄屏：《领事司是外交部第一大业务司为国家发展服务》，人民网，2010 年 11 月 23 日，http://politics.people.com。

[2]　吕国泉、李嘉娜、淡卫军：《中国海外劳务移民的发展变迁与管理保护——以移民工人维权和争议处理为中心的分析》，《华侨华人历史研究》2014 年第 1 期。

间。值得一提的是，虽然中国海外劳工在国际劳动力市场上不很重要，相对中国劳动力大军来说也不占重要位置，但是在国际市场上也有 1006 多万人规模，且代表中国国家形象来说，也不能忽视。为了提高其国外流动的精准度，建议在国家移民局下组建一个专门管辖海外劳工事务的司级机构，譬如"中国海外劳工事务司"。该机构除负责中国海外劳工的流出入统计、组织管理等日常事务外，积极发挥行业监管（如严格审核海外劳务的中介机构）、促进就业（可以有导向性地将中国劳工向安全形势良好的国家或地区输送）、对劳动者进行切实保护（开展行前培训、为权益受损的劳工提供法律援助等）以及提供相关福利（提供贷款、免费体检、办理人寿保险、人身意外伤害保险等）等作用。同时，为了确保海外劳工能受到平等的对待和公正的待遇，我国政府还应详细地了解海外劳工和社会福利法律，跟进发展动态，帮助海外劳工获得应有的医疗协助，杜绝违法招募劳工这种行为的发生。这样，一方面可以提高国家机构对中国海外劳工事务的全面把控能力，从而从海外劳工信息发布、流出组织、权益维护与保障以及风险防控等方面都能为其提供全面服务；另一方面也可以解脱外交部、商务部驻外使馆等在海外劳工事务的不专业化问题，还可以在应急管理、大规模的撤侨等突发事件上协助工作，发挥多部门联动机制，从而大大提升中国海外劳工组织管理能力。

　　加大海外从业人员职业技能和素养培训工作力度。虽然劳动力跨国流动是劳动者在遵循市场经济的基本规律前提下，自觉地参与国际劳务市场的自由配置过程，但是境外从业人员的能力不仅是其获得就业机会的前提条件，也是塑造该国劳动力国际形象的重要基础。因此，我们要根据国际劳务市场变迁规律，提高境外从业人员从业能力，即职业素养和职业能力，而这自然要求我们要重视外出务工者的教育培训。重视培训是菲律宾海外劳务长盛不衰的根本所在。[1] 由此，面对日益壮大的中国劳动力跨国流动情势，我们要在做好基础教育对国民思想文化素质的基础性作用，更

---

① 　王玉娟：《菲律宾劳务输出对中国的启示》，《对外经贸实务》2006 年第 8 期。

要重视对跨国流动人员展开有针对性的培训，从而造就一批适应国际劳务市场需求的有职业素养、有专业能力的中国"海外劳工"。首先，强化海外从业人员职业素养的培训。职业素养是从业的基本准则，尽管职业间存有差异，但还是有共同的成分。我们认为，立足我国劳动力跨国流动现实，一方面，加强对我国海外从业人员外国语的培训，尤其是外语语言运用能力的提高上下功夫。只有解决了语言障碍，才能使我国海外从业人员走得更远、竞争力更强。这是菲律宾海外劳工备受国际社会青睐的重要原因之一。除此之外，国与国之间存在差异，有些方面可能还较大，但是社会公德、法制观念、竞争意识以及公民责任等方面的要求，存在高度的一致性。因此，政府部门应该对海外从业人员在提交申请后出国之前，有计划、有组织地根据输入国或地区的要求进行指导和培训，而不能只是发发"出国务工须知"，甚至可以将其纳入到"境外就业人员合格证"考核范畴。另一方面，加强海外从业人员的专业能力培训。从菲律宾重视海外劳工的培训经验中，我们务必改变培训周期短、培训内容少、专业针对性不强等问题外，还应在推行"境外就业的培训机构"认证资格的基础上，整合国家各级各类"培训资金"，从培训内容、培训时间、培训考核等方面进行严格管理；同时，试行按"参加培训人员"数量拨付经费，改为按"获得职业资格证"后拨付经费，值得注意的是，务必严格规范"职业资格证"考核和监督管理。值得一提的是，根据不同国家对劳务人员的要求，找寻适宜的培训方向，有针对性地对海外务工人员进行包括职业素养在内的培训工作。

四、构建有助于农村劳动力国内流动的机制

农村劳动力国内流动是我国经济社会发展的需要。十八大以来，中国经济社会发展不平衡不充分的问题被提出，在这个重要的历史机遇期，"东中西发展差距"与"南快北慢"问题叠加，加之世界经济持续低迷和

中国改革进入深水区等多重矛盾，农村劳动力流动形势严峻。根据国家经济社会发展规划蓝图，建设富强民主文明和谐的社会主义现代化强国，产业发展、社会管理以及城乡一体化建设，都需要通过农村劳动力国内流动来释放二次"人口红利"，因此，我们要为农村劳动力国内流动构建合理的机制，为其创造多种便利条件。

（一）健全公平合理的收入分配制度

提升农村劳动力国内流动的收入水平。劳动力预期收入的增加，会显著提升农村劳动力跨区域流动。对中西部来说，由于收入水平相对较低，对其他地区劳动力流入的吸引力不强。相反，会受东部发达地区预期收入增长的影响，导致中西部地区农村劳动力外流。因此，健全合理的收入分配制度，一方面会促进中西部地区对劳动力流入的吸引力，另一方面也会提高农村劳动力国内流动性。健全合理的收入分配制度，需要实现三个均衡，其内容包括：劳动者的收入和劳动生产率的均衡；劳动者的终生收入和消费的均衡；劳动者收入增长和生命周期阶段变化的均衡。具有这三个均衡特点的收入分配制度，可以同时激励人力资本的投资、储蓄和劳动力供给，进而实现第二次"人口红利"的释放。

合理收入分配要正确处理好效率与公平。具体来说：首先，努力实现劳动报酬增长与劳动生产率的提高同步，提高劳动报酬在初次分配中的比重。也就是说随着劳动生产率的增长，要不断提高农村劳动力流动就业的薪资待遇水平，而不是几乎不长，或增长低于物价上涨幅度。其次，完善工资集体协商制度，切实发挥最低工资制度的保障作用。改变农村劳动力在薪资待遇上不对等地位，发挥工会、政府和用人单位之间协商作用，尤其是薪资待遇设置、发放以及拖欠等方面的权益保障、监督管理等具体内容。还有，利用税收、转移支付和社会保障为主要手段的再分配调节机制，加大税收的调节力度。此外，充分利用第三次分配①，发挥其在缩小

---

① 第三次分配是指在道德力量的推动下，通过个人自愿捐赠而进行的分配。

农村劳动力城乡收入差距中的作用。政府应大力发展慈善组织，改善我国的慈善环境，将流动的部分低收入农村劳动力，或暂时就业困难或失业的流动农村劳动力也纳入到享受慈善组织税收优惠的覆盖范围，为他们争取更多的福利政策。同时，提高企业和个人慈善捐助的税前免税水平，提高第三次分配资金来源，从而实现农村劳动力流动中薪资收入的稳定增长目标。

（二）建立城乡一体化的社会保障制度

社会保障制度是在我国当前户籍制度改革还不彻底的情况下，增加农村劳动力在城市"幸福感"和增强其在城市"归属感"的重要途径和补充。推进城乡一体化的社会保障制度，可以在一定程度上减轻农村劳动力流动进程中的生活"负担"。吴昌南和张云（2017）研究发现，"我国经济发展的扩大效应在于农村劳动力随城镇化速度的加快向城市迁移，而社会发展的缩小效应在于城乡卫生和社会保障的均衡发展"[1]。所以，我们应该促进城市和农村的教育水平、社会保障的均衡发展。因此，完善养老保险、失业保险、医疗保险工伤以及生育保险等城乡一体化的社会保障机制，尤其城市"住房保障"一体化机制，让广大的农村劳动力流动到城市后能够"住有所居"。总体来说，城乡一体化社会保障，当然主要是将流动的农村劳动力纳入到城市社会保障体系当中，通过实现"老有所养、老有所依、工伤有保险、病有所医、灾害赔偿"等社会保障制度，来为农村劳动力国内流动保驾护航。除此之外，还需辅以确立和完善科学合理的社会救助体系，贯彻城乡一体化，发展与救助相结合的原则，完善其基本制度，建立社会救助信息共享机制，健全社会力量参与机制，保障困难群众的生活。[2]

提高流动的农村劳动力医疗保障水平。尽管在"新农合"作用下，

---

① 吴昌南、张云：《我国城乡一体化缩小了城乡收入差距吗？——基于省级面板数据的实证研究，《江西财经大学学报》2017 年第 2 期。

② 谢增毅：《中国社会救助制度：问题、趋势与立法完善》，《社会科学》2014 年第 12 期。

目前我国医疗保险基本实现了全覆盖，包括广大流动农村劳动力，但是流动农村劳动力参与城镇医疗保险的比例较低。我国的医疗保险主要是由城镇职工医疗保险和农村居民医疗保险构成，流动农村劳动力因为其身份具有二元性，他不仅可以参与农村居民医疗保险，也可以参与城镇职工医疗保险。根据报道，2017年，我国基本医疗保险制度的参保人数超过13亿，参保率稳定在95%以上。但是，流动农村劳动力参与城镇医疗保险的比例却很低，在2011—2016年期间，参保人数从4641万人增加至4825万人。在这期间，参保人数波动较为明显，直到2017年，流动农村劳动力参与城镇医疗保险的比例才大幅增加，参保率达到21.7%。其中主要原因是其流动性强，无法长期连续缴纳参保金，以及城乡间医疗体系不统一，医疗费用报销困难。因此，打破户籍制度的限制，建立城乡一体化的医疗保障体系，稳步提升流动农村劳动力医疗保障水平和能力。

加大农村劳动力流动的失业保险工作力度。农村劳动力流动是自发的，即使有组织，也不会关注其失业问题，因此失业保险制度几乎与农村劳动力流动无关。流动农村劳动力在就业时，如果参加了失业保险，就可以实现连续的参保，在失业期间可以得到相应的失业保险待遇，享受到相互认可的公共就业服务。所以，要促进流动农村劳动力再就业的服务，让符合条件的参加失业保险，同时也能尽量避免重复参保和享受失业保险待遇等问题的发生。所以，为使城乡劳动力市场一体化，给失业保险制度的转接奠定坚实的基础，可在劳动力流量大、经济发展水平高的地区设立失业保险调剂金，保障失业保险协调发展基金的充足，让失业保险基金受到冲击后没有后顾之忧，为各地方政府的财政资金安上一道安全的防线。其次，也需将失业保险的各项制度政策进行细化和统一，建立便捷的公共就业服务项目，利用互联网的优势，增强区域的易获得性和连续性，发挥失业保险制度的防止失业、促进就业功能。

五、稳步推进农村劳动力国内外流动一体化

积极面对中国农村劳动力国内外流动一体化。随着中国地区间经济发展规模和人力资本水平的提升，农村劳动力流动进程不断加快。但国内"人口红利"现象出现消退的端倪，因此有效加强地区间劳动力的资源配置，合理规划与有序引导农村劳动力国内外流动，对第二次"人口红利"发挥，促进国家经济社会持续稳定发展十分重要。尤其对于劳动力国际市场的需求而言，国内劳动力跨国流动不断增加，因此，如何协调劳动力的内外部流动是当下急需解决的问题。

（一）合理规划农村劳动力国内流动

协调好农村劳动力国内流动与产业结构优化升级的关系。通过第六章实证研究表明，劳动力国内流转会通过促进我国产业结构升级，进而促进劳动力跨区域流动，尤其体现在第三产业增加值带来的产业结构高级化发展路径。中介效应在我国的东部地区和中部地区尤为显著。因此，我们一方面"必须充分发挥农村的独特优势，深度挖掘农业的多种功能，培育和壮大农村新产业新业态，推动产业融合发展成为农民增收的重要支撑"[1]，让从事农业有利可图。同时，根据我国农村劳动力技能素质现状，做好产业结构优化升级和区域间产业梯度转移与规划布局，"及时疏导，把富余劳动力引向山海开发，进行农副产品深度加工，大力发展外向型经济，推动农村经济上新台阶"[2]。还有，积极为农村劳动力流动创造条件，尤其是在城市融入上拉开制度化改革口子，切实解决进城务工的农村劳动力在教育、就业、养老、医疗、住房等为核心制度变革，努力实现基本公

---

[1] 《中共中央国务院关于落实新发展理念加快农业现代化实现全面小康目标的若干意见》[EB/OL]．(2016-01-28)[2016-09-28]．http：//www.farmer.com.cn/uzt/ywj/gea/201601/t20160128_1176612_2.htm。

[2] 习近平：《摆脱贫困》，福建人民出版社 2014 年版，第 167 页。

共服务均等化。

切实提高国内全体居民生活质量。改革开放 40 多年以来，应该说，中国经济建设取得的成就是举世瞩目的，也是得到国际社会广泛认可的。但是，相对于中国经济建设取得的成绩而言，中国百姓，尤其是农村劳动力的生活质量提升幅度，远远不及于中国经济社会的成长。中国社会保障体系、公共社会事业发展以及基础设施建设等，相对于经济社会发展而言，明显不足。以上诸种问题在农村地区尤为突出。所以，要"坚持把国家基础设施建设和社会事业发展重点放在农村，深入推进新农村建设和扶贫开发，全面改善农村生产生活条件"[①]。努力解决"当前农村基础设施还存在供给不足、效率低下和质量偏差"[②] 等问题，这在一定程度上延缓农村经济发展和农民生活质量的改善。更为直接的结果是，加剧了农村劳动力，尤其是青壮年劳动力外流。当然，中国城市发展如果与国外相比较也是相当落后的话，那么农村劳动力就可以流向国外。因为"居民的国内外相对生活失落感是造成劳动力外流的主要原因"。也就是说，在开放经济条件下，如果本国劳动力在国内通过自己的努力无法达到自己期待的生活水平，达到感知的生活质量，那么他必然会考虑流动，以获取自己最大化满足。总之，中国在注重经济社会发展的同时，也应该努力提升本国劳动力的生活质量，否则难以平抑劳动力国外流动的客观现实。

推动以城市群为核心的大中小城市协调发展。在京津冀协同发展、长江经济带三大战略、"一带一路"和西部大开发、中部崛起、东北振兴、东部率先发展四大板块下推动城市群发展、合理引导国家中心城市和区域内中心城市的人口发展形态，符合条件的重要边境口岸、中部、西部地区的县城和东部地区的中心镇，要充分发掘其人口潜力，发展成为中小城市。农村劳动力资源的优化配置，并非是将农村劳动力全部留在农村，或者单纯地促进劳动力顺畅且持续地转移，而是立足于城乡发展现状和人才

①　胡锦涛：《胡锦涛文选》（第 3 卷），人民出版社 2016 年版，第 631 页。
②　于水：《农村基础设施建设机制创新》，社会科学文献出版社 2012 年版，第 14 页。

市场的供求进行宏观调控配置劳动力资源。但是，我国目前农村劳动力流动基本是单向且大规模往城市（镇），虽然没有出现集中连片的"贫民窟"，但是"城市拥堵"、住房紧张等"城市病"仍然突出。此外，新农村建设和现代农业发展，因为农村劳动力，特别是青壮年劳动力的大量流出，使得中国乡村及其产业发展受到严重影响。究其根本，是因为城市的经济效益、制度保障、基础生活设施等方面，相比农村来说较好，从而导致大量的农村劳动力单方面流向城市，加剧了农村劳动力资源在城乡之间的错配现象。所以，应从产业转型、制度保障和环境吸引等方面，合理调配农村劳动力资源。既要让多数农村劳动力流向国家城市化、工业化，甚至外向型经济部门，也要让懂农业、爱农业的有志青壮年农村劳动力留在农村，为乡村振兴和现代农业发展贡献力量。

（二）规范引导农村劳动力国外流动

合理对待中国农村劳动力国外流动现象。我们在中国劳动力跨国流动日益壮大的现实背景下，首先，正确认识中国劳动力跨国流动。党的十九大以来，中国特色社会主义进入新时代，尤其随着"全面开放新格局"推进，虽然我国劳动力国外流动在总就业人口中比例不会像菲律宾那样大，但是无论是绝对数还是相对数都会持续增长，即中国劳动力国外流动之势不可阻挡。因此，我们必须做好这方面的准备工作，不仅要从思想上，还要从行动上积极谋划中国劳动力怎样更好地参与国际劳务市场竞争。其次，必须进行有效管理和引导。应该说，劳动力国外流动顺利进行离不开政府的有效管理与引导，世界上劳动力跨国流动典型代表菲律宾，之所以取得如此成绩与政府重视、参与和管理是分不开的。譬如，历届政府都将劳务输出作为国家发展战略，通过专门性的职业培训和海外就业文化的培植等手段，激励海外劳工业务的拓展；再如，颁布并实施《菲律宾劳工法》《移民劳工和海外菲律宾人法》《规范归国菲律宾人项目法》等法律制度保障海外劳工的合法权益；还有，积极通过外交途径、海外服务机构设置，为海外菲律宾人提供服务和保障。因此，我们应该从出国务工前培训、申请材料提交，到输出过程中组织、引导与管理，再到海外就业纠纷、风险及权益保护等方面，都不能缺位。否则，中国劳动力国外流动仅凭国际劳务市场来进行调配，就会由于信息缺乏、对输入地适应性以及就业过程中风险等原因而受到限制，甚至绝对收缩，这将对我国原本就不发达的劳动力跨国流动带来严重影响。譬如，推进领事保护预警机制。领事保护预警机制的主导者是政府，为了降低危机的发生概率，政府必须通过各种渠道，及时向海外务工人员发布安全预警信息，引导他们做出正确的应对方法。此外，强化海外务工人员的安全防范意识，加强对他们的教育培训，提高他们自身的人力资本水平，以更好地应对可能发生的危机。

依法保障劳动者海外权益。政府必须保护海外劳工及在海外的国民，这是现代政府的一个最基本的责任和义务。[1] 当前，为了保障境外就业人员的正常流动，在国际劳动力市场各国排他性的保护主义政策下我国必须发挥主导性的作用，制定相应的政策对其进行扶持和保护。首先，修订完善我国有关境外从业人员的法律制度，因应对外工程承包、劳务输出等业务发展需要，从出国务工申请、境外从业人员培训、国际劳务合同以及海外从业权益及保障等方面进行全面梳理，明确我国海外从业人员权利与义务、权益保障与救济，以保障我国海外从业人员合法权益。其次，我国要积极参加到国际商务合作的制定中去，加强与劳务输出国的沟通和协商，争取化解在劳动力流动过程中双方可能产生的矛盾，将冲突带来的伤害或损失减至最小，为我国海外就业人员提供一个公平的就业环境。各国政府之间要加强互联互通，厘清并解决对双方或多方在劳务合作中存在的问题，扫清合作障碍，尽早获得通过市场的准入资格和有关劳务合作中的最惠国待遇、惠民待遇。还有，搭建多方劳务合作的沟通交流平台，发挥行业协会的积极作用，加强我国行业协会同输入国行业协会之间的沟通交流，从行业发展的基本准则、职业能力要求以及雇员权益等方面进行全面磋商，积极推动国家行业国际化发展方向。其中，做好海外从业人员权益

---

[1]　常凯：《论海外派遣劳动者保护立法》，《中国劳动关系学院学报》2011 年第 1 期。

受到侵害时行业协会间从中斡旋，以寻求最佳解决方案的预案。除此之外，还可以发挥政府间，即我国政府与他国政府间联系，构建磋商长效机制，通过协商签订双边和多边的国家间劳务合作协议，从而保护境外就业人员的合法权益。

提高中国海外劳工的社会保障水平。针对中国劳动力国外流动还处于起步阶段，没有经验可供借鉴，根据国外流动中可能性风险，我们不得不去考虑风险防控。这其中之一就是海外劳工的社会保障问题。通过对参与海外劳工人员、雇主和中介公司的调研，中国劳动力国外流动的社会保障可以从以下几个方面着手：首先，设置海外从业人员保证金制度。用人单位、中介机构或劳务公司共同或单独在向海外派出、雇佣中国劳动力之前，必须向政府主管海外劳工业务的机构，按输出海外劳工人数的多少提供一笔"海外劳务输出保证金"，以保障海外务工人员的基本生活，即使海外雇主不兑付工资待遇的情况下，也不会让我国海外劳工生活陷入困境。值得注意的是，这笔"劳务输出保证金"，应实行专户储存，专款专用，需存入劳动和社会保障部们指定的金融机构，在未收到以上部门书面通知的情况下，不允许被动用。且须在海外劳工业务的机构在注册登记和开展业务前，按照注册资金的一定比例一次性缴纳。另外，推进用工单位诚信安全生产制度。除对从事海外劳工业务的相关机构进行监管以外，还应对用工单位进行监管，建立监督制度，保护海外劳工的合法权益。根据用工单位的诚信安全生产情况进行"优秀、良好、及格、不及格"分级评价。并根据不同等级，在行政服务上给予差别化待遇，譬如，优秀的用工单位可以享受到行政绿色通道，税收减免等待遇，不及格的用工单位则应列入黑名单，给予相应的惩罚，对于行径不太恶劣的，可以责令限期改正，对于情况恶劣的，则令其停产停业。最后，建立海外劳务协议鉴证制度。对海外劳工和用工单位签订劳动合同真实性和合法性，进行验证和监督的机制，从行政手段上保护海外劳工的权益。

本章小结

本章主要通过结合现实并根据前文所做实证得出的结论，提出我国如何在面对国内外劳动力流转一体化的趋势下，来对我国国内外流转的劳动力进行合理调控。如前文所述，得出的结论主要有以下几点：第一，保障流动者的收入机制，是促进劳动者国内外流动的首要因素。第二，研究发现我国流动中的劳动力，大部分都属于低龄，受教育程度较低的劳动力，如何解决这一现象对我国实现劳动力资源的合理配置具有重大意义。第三，流动中的劳动力，大多为已婚家庭，其子女教育及健康医疗问题是我国增强劳动力"归属感"的重要突破点。第四，地区经济的发展和受教育程度的提高会稳定本地劳动力资源，吸引外地劳动力流入，但当经济发展程度和人力资本水平提高到一定水平之后，不仅会带动劳动力进行国内流转，也会促进我国劳动力进行跨国转移，同时我国国内劳动力流转速度的加快也会间接促进我国劳动力跨国转移。由结论也可看出，我国劳动力国内外流转一体化的趋势不可阻挡，国内流转速度的加快也会带动劳动力的跨国转移，但是由于我国正处在人口红利消失，实施乡村振兴战略亟须劳动力的背景下，也不能任由其随意自由流动而不加管理，因此，我国应该一方面提高国内劳动力流转速度，加快城乡一体化的进程；另一方面，积极面对我国劳动力进行跨国转移的这一现象，为我国跨国劳动力提供服务，保障我国海外劳工的权益。但同时也构建合理配置劳动力资源机制，尽最大可能吸引我国部分劳动力，来为我国经济发展提供充足的劳动力，奠定坚实的劳动力资源基础。所以基于以上思想，本章以积极面对国内外"一体化"的劳动力市场的态度，从完善劳务服务体系和法律监管机制、职业培训机制、社会保障制度以及健全公平合理的分配制度的角度出发，提出相应的措施来为我国实现城乡一体化提供政策建议，并且进一步表示要构建吸引农村劳动力的机制，以便为我国经济发展提供充足的劳动力资源。

第八章　结论与展望

　　农村劳动力流动是国家或区域间不平衡不充分发展的一种反映。中国农村劳动力流动虽然主要表现为国内由乡村流向城市，近年也有少量的农村劳动力"回流"，甚至在农村经济较为发达地区城乡劳动力要素互动现象，但是随着国际化进程加快，尤其是人类命运共同体发展理念和"一带一路"倡议加快推进，中国劳动力跨国流动，其中农村劳动力成为重要组成部分，日渐成为一种新趋势。除去如历史上由于姻亲关系、投靠亲友，或出国学习、短暂进修等原因，如何从理论上分析近年来日益壮大的农村劳动力国外流动？更为重要的是，随着中国经济社会持续稳定发展，全面"用工荒"已经初现的今天，我们要加大农村劳动力国内外流动机理分析，从理论上阐释农村劳动力国内外流动一体化的理由，从而实现"既要顺应劳动力资源市场配置的基本规律，又要按照国家经济社会发展需要对劳动力市场进行合理调控"的发展目标。该研究就是基于以上问题来展开，并试图阐释中国农村劳动力国内外流动一体化的规律，以期为国家农村农业部、人力资源与社会保障部、国家移民局等部门在有关农村劳动力国内外流动制定政策时提供理论上的支撑和实践上的参考。

一、基本结论

本研究借用由国家卫计委组织实施的 2010—2016 年《流动人口动态监测调查数据（A 卷）》里面的数据，首先，从微观和宏观的角度对农村劳动力国内外流转一体化的关联因素进行分析，进而阐述了我国不同区域所呈现出的不同劳动力转移模式，并对不同转移模式下劳动力国内外转移的影响特点进行了解释。其次，以宏观数据为基础，研究我国劳动力国内流转速度的加快是否会加深跨国流动劳动力转移的进程，进而对其中间传导机制进行分析，即检验劳动力是否会通过促进产业结构升级，进而促进劳动力的跨国流动。最后，由于国内外流转具有相关性，即劳动力的国内流动会显著促进各地区的跨国流动，所以，进一步对地区经济发展程度以及人力资本水平是否对我国劳动力国内外流转具有门槛效应。经研究，得出的结论如下：

1. 预期收入仍然是影响劳动力国内外流转最重要因素。从微观因素来看，劳动力预期收入差距、受教育程度以及户口性质等都会对劳动力跨区域流动产生一定的影响。相较男性而言，女性的流动概率较差，但当流入地是东部或者跨国时，其性别差距并不显著，而且家庭的纽带关系及其生活成本的提高，并不利于整体劳动力进行跨区流动；另外，劳动力受教育程度的提高会显著促进东部地区劳动力进行跨国流动，但对中部、西部以及东北地区劳动力跨区流出的影响并不显著。从宏观因素来看，地区整体市场规模、经济发展程度、利用外资水平以及整体受教育程度等也会对劳动力的区域流转产生一定的影响。

2. 劳动力国内外流转一体化进程受制于多种因素。从微观来看，收入水平对劳动力跨国流动进程的影响显著，女性对于省内跨市和跨境的选择会优于男性；年龄以及劳动力受教育程度的提高会显著抑制劳动力流动进程，其中劳动力受教育程度的提高抑制了省内跨市和跨省流动。另外，城乡户口的差异，婚姻都会促进劳动力进行跨区域流动，但婚姻并不利于省内跨县以及跨境流动；其同住家庭成员的增加，在一定程度上会增加劳动力流动的成本，所以并不利于劳动力流动化进程的开展。从宏观来看，户籍所在地市场规模的增加和经济发展程度的提高会促进劳动力流动化进程，不过，经济发展程度的增加仅仅只是增加省内跨区流动的可能性，对跨省和跨境流动具有显著的抑制性；地区整体受教育程度的增加会显著促进劳动力流动化进程中的跨省和跨境流动，对劳动力省内跨市的短期流动存在一定的抑制性。

3. 劳动力国内外流动越来越呈现一体化。劳动力跨区域流动在一定程度上会促进其跨国流动，其国内流转程度的加深，会通过促进产业结构的升级进而促进劳动力流出国外。通过选取 1996—2017 年中国 30 个省、直辖市和自治区的劳动力数据组成面板数据集，用固定效应模型进行回归，研究显示，劳动力国内跨区域流转程度增加，会显著促进劳动力跨国流动数量的增加。且在地区间的影响效果存在差距，在东部和中部地区，劳动力国内流动程度加深有助于促进其跨国流动，在西部地区并不显著，这可能与西部地区劳动力流转动力不足以及市场经济发展结构升级较慢有关，之后的地区异质性检验以及稳健性检验结果均显示固定效应模型检验的有效性。在前面基准模型的基础上，进一步研究劳动力的国内区域转移，是否会通过促进产业结构升级，从而促进劳动力跨国流动，利用中介效应检验，结果发现，随着中国经济转入高质量发展态势，劳动力资源配置对促进产业结构升级和资源有效配置的作用日益凸显，进而显著地促进了各地区劳动力进行跨国转移。

4. 经济发展和人力资本水平对劳动力国内外流动具有门槛效应。由于劳动力国内外流转具有相关性，且这种相关性在东中西部存在一定的差异，而造成这种差异的原因是各地区的经济发展水平以及人力资本水平之间存在差异。所以本书进一步考虑是否存在劳动力转移的地区经济发展"门槛"效应。结果发现，截止到 2017 年，跨越经济发展水平门槛的省区达到了 25 个，这表示地区经济发展程度的提高，劳动力国内外流动的相关性越来越紧密，且存在普遍性，在我国大部分地区实现了对劳动力跨国转移的有效促进。只有甘肃、贵州、云南、广西和内蒙古地区，其经济发展程度的提升有限，使得对于跨国转移的影响并不明显。24个省区跨越了人力资本水平门槛，逐步表现出人力资本国内流动对跨国转移的促进效应。不过，对于第一门槛内的青海和宁夏，以及跨越第二门槛的海南、甘肃、新疆和内蒙古这6个地区而言，人力资本水平的累积程度相对较低，人力资本的流动相对较差，还需要进一步加强人才培养与开发，劳动力资源的缺口相对较大，并不利于跨国转移。而对于该部分地区需要加强劳动力的资源合理分配，以缓解其劳动力资源不协调的情况。

二、研究展望

劳动力国内外流动是中国国际化进程的必然产物。改革开放40多年来中国经济社会发展了翻天覆地的变化，思想上解放应该是促使农村劳动力流动的重要原因之一。进入21世纪后，随着对外开放走向深入，"一带一路"倡议推进、中非合作论坛更加务实，成长起来的中国农村劳动力不再满足于国内乡城之间流动，纷纷跨出国门主动参与国际劳务市场竞争，日益成为国际劳务市场的重要组成部分。农村劳动力国内外流动一体化日趋显现，尤其是在国内"用工荒"的压力下，如果遵循劳动力国内外市场规律下有效调控中国农村劳动力国内外流动，就成为新时期一项重要课题。尽管本研究充实了当前劳动力国内外流转一体化的相关研究，并为未来学者在该方面的研究提供一定借鉴，但是受制于时间和数据等多种条件，关于该课题的后期研究，还可以从以下几方面进行。

（一）中国劳动力跨国流动权益维护与保障问题

随着我国劳动力国内流转速度加快，伴随而来的国外流转速度也会增加，劳动力跨国流动的规模也会扩大，我国不仅要维护国内劳动者的权益，更应该维护比国内劳动力面临更复杂环境的海外劳工的权益，由于国际要素市场一体化，我国海外劳工规模不断扩大，近年来，有关海外劳工安全风险事件更是频发，所以未来研究应该对我国海外劳工安全、权益问题予以重视。

（二）劳动力跨国流动风险评估与预警机制问题

劳动力跨国流动中由于经济、文化、政治等方面原因，都可能与所在国多方面力量产生分歧，甚至冲突，因此为其提供一定的风险评估及预警机制也是必不可少。当前研究大多只是针对对外工程承包这种产业类的风险进行研究，且研究较为全面，但是并未有文献为我国流出去的海外劳工提供一定的风险评估、预警及管理机制，使得我国在面对这类问题时总是手足无措，一旦发生恐怖袭击等威胁海外劳工安全的重大事件，只能将重担压在驻外使馆的身上，进行大规模撤侨，而对于平时劳务纠纷等这种小事件的频发，并未有相关机构进行很好的监管，这不仅不利于我国公民的发展，也不利于我国在国际要素市场上占据一席之位。所以，还应对我国海外劳工面临的风险进行评估、对流入地的风险进行预警，针对可能发生的结果，制定一定的风险管理及治理制度。

（三）中国劳动力跨国流动合理规模与调控问题

农村劳动力在中国经济社会发展发挥着重要作用，流动农村劳动力是产业工人重要组成部分，随着对外开放的深入和国际化进程的加快，农村劳动力跨国流动无论是从绝对数还是相对数都会显著增长，这将会与当前"人口红利"日渐衰减、全面"用工荒"问题相冲突，根据国内外经济发展和中国经济社会发展对劳动力资源需求预测，有效调控我国农村劳动力国内外流动将是一个重要的研究课题。

参 考 文 献

一、中文参考文献

[美] 阿瑟·奥肯：《平等与效率》，华夏出版社 1987 年版。

[美] 布若威、迈克尔：《制造同意：垄断资本主义劳动过程的变迁》，李荣荣译，商务印书馆 2008 年版。

毕健康、陈勇：《埃及国际劳工移民与社会流动问题刍议》，《阿拉伯世界研究》2016 年第 6 期。

白红光、陈建国：《劳工标准与高劳动技能资本密集型产品出口——基于不同发展水平国家和不同出口时期的分析》，《世界经济研究》2017 年第 5 期。

蔡昉、王德文：《作为市场化的人口流动——第五次全国人口普查数据分析》，《中国人口科学》2003 年第 5 期。

蔡昉、都阳、王美艳：《农村劳动力流动的政治经济学》，上海人民出版社 2003 年版。

蔡昉、都阳：《经济转型过程中的劳动力流动——长期性、效应和政策》，《学术研究》2004 年第 6 期。

蔡建明、王国霞、杨振文：《我国人口迁移趋势及空间格局演变》，《人口研究》2007 年第 5 期。

陈玲：《推动实现农村转移劳动力更高质量就业探讨》，《农业经济》2015 年第 4 期。

陈天培、陈科颖、田书芹：《城乡一体化视角下新生代农村劳动力就业分析——以重庆市为例》，《农村经济》2015 年第 6 期。

陈国政：《迈向卓越全球城市的上海劳动力市场研究》，《上海经济研究》2019 年第 4 期。

陈瑛、杨先明、姚晓兵：《中国 OFDI 企业海外雇佣的劳动力技能提升：流动还是培训更起作用?》，《世界经济研究》2019 年第 4 期。

陈瑛、张国胜、杨润高：《"一带一路"倡议中沿线国家劳动政策与我国产业"走出去"》，《广东社会科学》2018 年第 6 期。

陈荣荣、陈彩云：《当前我国劳资关系的四个重要问题探析——西尔弗〈劳工的力量〉的启示》，《当代经济研究》2016 年第 11 期。

陈松、刘海云：《人口红利、城镇化与我国出口贸易的发展》，《国际贸易问题》2013 年第 6 期。

陈汉鹏、卜振兴：《人力资本测算及对经济增长的实证研究——基于第六次全国人口普查数据的分析》，《重庆社会科学》2019 年第 11 期。

陈春、冯长春：《农民工住房状况与留城意愿研究》，《经济体制改革》2011 年第 1 期。

陈浩、孙斌栋：《工资水平、就业机会与人口流动——基于分位数回归的实证分析》，《产业经济评论》2016 年第 5 期。

陈建军：《要素流动、产业转移和区域经济一体化》，浙江大学出版社 2009 年版。

陈钊、陆铭、许政：《中国城市化和区域发展的未来之路：城乡融合、空间集聚与区域协调》，《江海学刊》2009 年第 2 期。

陈秋霖、许多、周羿：《人口老龄化背景下人工智能的劳动力替代效应——基于跨国面板数据和中国省级面板数据的分析》，《中国人口科学》2018 年第 6 期。

陈长江、高波：《中国"双重"二元经济的转型分析》，《经济学家》2015 年第 10 期。

崔传义：《28 个县（市）农村劳动力跨区域流动调查研究》，《中国农村经济》1995 年第 4 期。

崔秀丽：《中国利率传导机制研究》，经济管理出版社 2020 年版。

钞小静、沈坤荣：《城乡收入差距、劳动力质量与中国经济增长》，《经济研究》2014 年第 6 期。

程名望、贾晓佳、俞宁：《农村劳动力转移对中国经济增长的贡献（1978～2015 年）：模型与实证》，《管理世界》2018 年第 10 期。

程多闻：《"移民体制"视角下的在日中国技能实习生权益问题研究》，《华侨华人历史研究》2019 年第 2 期。

杜鹏程、徐舒、吴明琴：《劳动保护与农民工福利改善——基于新〈劳动合同法〉的视角》，《经济研究》2018 年第 3 期。

代帆：《"中国劳工"在菲被炒成政治牌》，《环球时报》2018 年 12 月 27 日。

曹芳芳、程杰、武拉平：《迁移对城市劳动力市场的影响：竞争还是互补?》，《劳动经济研究》2019 年第 1 期。

常进雄、朱帆、董非：《劳动力转移就业对经济增长、投资率及劳动收入份额的影响》，《世界经济》2019 年第 7 期。

褚明浩：《发达地区农民城市化的路径——本地劳动力市场和农民家庭策略的融合》，《华中农业大学学报》（社会科学版）2019 年第 5 期。

杜能：《孤立国同农业和国民经济的关系》，商务印书馆 1986 年版。

杜薇：《流动人口、性别失衡与产业发展——来自省份—行业层面的理论和经验分析》，《西北人口》2019 年第 6 期。

杜娟：《隐忍、认同与时间性——在法华人移民劳工的劳务市场与劳动控制》，《社会学研究》2019 年第 4 期。

丁伯根：《国际经济一体化》，上海人民出版社 1999 年版。

丁守海：《中国劳动力市场的结构性矛盾与政策重构》，《中国高校社会科学》2019 年第 4 期。

戴觅、张轶凡、黄炜：《贸易自由化如何影响中国区域劳动力市场?》，《管理世界》2019 年第 6 期。

段成荣、吕利丹、邹湘江：《当前我国流动人口面临的主要问题及对策——基于 2010 年第六次全国人口普查数据的分析》，《人口研究》2013 年第 2 期。

段平忠、刘传江：《中国省际人口迁移对地区差距的影响》，《中国人口·资源与环境》2012 年第 11 期。

范芝芬：《流动中国：迁移、国家和家庭》，社会科学文献出版社 2013 年版。

范晓非、王千、高铁梅：《预期城乡收入差距及其对我国农村劳动力转移的影响》，《数量经济技术经济研究》2013 年第 7 期。

范东君：《农村空心化挑战及其化解之道》，《光明日报》2015 年第 13 期。

范爱军、李真、刘小勇：《国内市场分割及其影响因素的实证分析——以我国商品市场为例》，《南开经济研究》2007 年第 5 期。

范兆斌、吴华妹：《国际人口迁移、信贷约束与人力资本积累》，《世界经济研究》2013 年第 3 期。

范兆斌、刘德学：《熟练劳动力跨国移民、知识结构与经济增长》，《世界经济研究》2012 年第 3 期。

范丽娜：《基层工会改革路径研究——珠三角基层工会改革的启示》，《中国人力资源开发》2014 年第 15 期。

方齐云、吴光豪：《区域市场一体化、劳动力流动与收入不平等——基于长江中游三省的实证分析》，《江汉学术》2015 年第 5 期。

封志明、刘晓娜：《中国人口分布与经济发展空间一致性研究》，《人口与经济》2013 年第 2 期。

樊士德、沈坤荣：《中国劳动力流动的微观机制研究——基于传统与现代劳动力流动模型的建构》，《中国人口科学》2014 年第 2 期。

樊学瑞、高波：《中国劳动力成本的测算和比较》，《河北学刊》2019 年第 6 期。

费景汉、拉尼斯：《增长和发展：演进观点》，洪银兴等译，商务印书馆 2004 年版。

郭磊磊、郭剑雄：《人力资本深化对城乡经济一体化的影响——基于要素收益率趋同视角》，《西北人口》2018 年第 1 期。

盖庆恩、朱喜、史清华：《劳动力市场扭曲、结构转变和中国劳动生产率》，《经济研究》2013 年第 5 期。

高波、陈健、邹琳华：《区域房价差异、劳动力流动与产业升级》，《经济研究》2012 年第 1 期。

高更和、罗庆、樊新生：《中国农村人口省际流动研究——基于第六次人口普查数据》，《地理科学》2015 年第 12 期。

高虹：《城市人口规模与劳动力收入》，《世界经济》2014 年第 10 期。

高延雷、王志刚、郭晨旭：《城镇化与农民增收效应——基于异质性城镇化的理论分析与实证检验》，《农村经济》2019 年第 10 期。

高帆、汪亚楠：《劳动力市场扭曲与城乡消费差距：基于省际面板数据的实证研究》，《学术月刊》2016 年第 12 期。

洪炜杰、胡新艳：《地权稳定性如何影响农村劳动力非农转移——基于拓展Todaro 模型的分析》，《财贸研究》2019 年第 3 期。

呼倩、黄桂田：《改革开放以来中国劳动力流动研究》，《上海经济研究》2019年第 6 期。

景鹏、郑伟：《国有资本划转养老保险基金与劳动力长期供给》，《经济研究》2019 年第 6 期。

胡学勤、秦兴方：《劳动经济学》，高等教育出版社 2004 年版。

胡浩然：《人口迁移能提高城市企业出口水平吗?》，《产经评论》2019 年第5 期。

韩立彬、陆铭：《供需错配：解开中国房价分化之谜》，《世界经济》2018 年第 10 期。

何炤华、杨菊华：《安居还是寄居？不同户籍身份流动人口居住状况研究》，《人口研究》2013 年第 6 期。

侯风云、潘芸红：《中国农村土地制度与农民工劳资关系状况研究》，《山东大学学报》（哲学社会科学版）2016 年第 4 期。

胡焕庸：《中国人口地域分布》，《科学》2015 年第 1 期。

韩静、吕瑞祥：《京津冀地区劳动力市场一体化对产业转移的影响》，《商业经济研究》2015 年第 25 期。

韩帅帅、孙斌栋：《中国劳动力市场分割的时空演化》，《人口与经济》2019年第 2 期。

黄锐波：《"劳资冲突理论"的新发展：四个论域的文献综述——兼议当代中国劳资冲突研究在四个论域的对话》，《中国人力资源开发》2016年第10期。

黄国华：《非农产业对农村劳动力转移影响的实证分析》，《西北人口》2011年第1期。

黄国华：《农村劳动力转移影响因素分析：29个省市的经验数据》，《人口与发展》2010年第1期。

黄宁阳：《中国新时期农村劳动力转移研究》，科学出版社2012年版。

花勇：《"一带一路"建设中海外劳工权益的法律保护》，《江淮论坛》2016年第4期。

霍然：《论20世纪初夏威夷糖业种植园引入菲律宾劳工的历史意义——基于跨太平洋人口流动的视角》，《江苏社会科学》2018年第5期。

姜爱丽、朱颜新：《我国外派劳务人员工伤损害求偿法律适用问题研究》，《东岳论丛》2011年第2期。

纪雯雯：《可持续社会的就业与未来雇佣关系的研究动态》，《中国人力资源开发》2019年第6期。

江春、司登奎、苏志伟：《中国城乡收入差距的动态变化及影响因素研究》，《数量经济技术经济研究》2016年第2期。

柯炳生：《我国农民工工资变化及其深远影响》，《农业经济问题》2019年第9期。

梁琦、陈强远、王如玉：《户籍改革、劳动力流动与城市层级体系优化》，《中国社会科学》2013年第12期。

逯进、郭志仪：《中国省域人口迁移与经济增长耦合关系的演进》，《人口研究》2014年第6期。

林楠：《劳动力总量趋势性下滑对大国长期竞争力的影响——基于联合国人口展望报告（2017）的国际比较研究》，《宏观经济管理》2019年第3期。

林李月、朱宇：《中国城市流动人口户籍迁移意愿的空间格局及影响因素》，《地理学报》2016年第10期。

林李月、朱宇：《流动人口城市间流动的时空结构特征及其性别差异：基于福建省的实证研究》,《地理科学》2015 年第 6 期。

林燕玲:《TPP 中劳工标准对中国劳动关系的影响和对策研究》,《中国人力资源开发》2016 年第 5 期。

刘华军、彭莹、贾文星:《中国三大市场空间一体化及其网络结构研究——基于价格信息溢出视角的实证考察》,《当代经济科学》2018 年第 5 期。

刘晔、王若宇、薛德升:《中国高技能劳动力与一般劳动力的空间分布格局及其影响因素》,《地理研究》2019 年第 8 期。

刘文、杨馥萍:《国际贸易协定中劳工标准的演进历程及中国对策研究》,《山东社会科学》2017 年第 7 期。

刘贝妮、王阳:《劳动力市场监测机制的国际经验及政策启示》,《统计与决策》2019 年第 23 期。

刘涛、齐元静、曹广忠:《中国流动人口空间格局演变机制及城镇化效应——基于 2000 和 2010 年人口普查分县数据的分析》,《地理学报》2015 年第 4 期。

刘慧、伏开宝、李勇刚:《产业结构升级、劳动力流动与城乡收入差距——基于中国 30 个省级面板数据实证分析》,《经济经纬》2017 年第 5 期。

刘爱华:《京津冀流动人口的空间集聚及其影响因素》,《人口与经济》2017 年第 6 期。

刘汝良、贾仁安、董秋仙:《我国农村劳动力转移方式及转移条件分析》,《商业研究》2007 年第 12 期。

刘英群:《发展经济学中三个经典人口转移模型评述》,《大连海事大学学报》(社会科学版) 2011 年第 6 期。

刘小勇:《市场分割对经济增长影响效应检验和分解——基于空间面板模型的实证研究》,《经济评论》2013 年第 1 期。

刘媛媛、刘斌:《劳动保护、成本粘性与企业应对》,《经济研究》2014 年第 5 期。

黎相宜、陈送贤:《浅层融入、深层区隔与多层跨国实践——以牙买加东莞移民为例》,《华侨华人历史研究》2019 年第 4 期。

龙翠红、易承志:《中国农村劳动力流动的格局与现代新型农民培育》,《经济问题探索》2011 年第 1 期。

李琰：《我国农村劳动力转移困境和出路》，《理论与改革》2014 年第 1 期。

李竞博：《人口老龄化对劳动生产率的影响》，《人口研究》2019 年第 6 期。

李建平、周磊、孙宁华：《劳动力市场扭曲与产业结构合理化》，《经济经纬》2019 年第 4 期。

李明珊、孙晓华、孙瑞：《要素市场化、结构调整与经济效率》，《管理评论》2019 年第 5 期。

李磊、韦晓珂，郑妍妍：《全球价值链参与增加了劳动力就业风险吗?：基于中国工业企业的经验分析》，《世界经济研究》2019 年第 6 期。

李妍：《论构建城乡劳动力市场一体化的就业新体系》，《学术论坛》2016 年第 10 期。

李红蕾：《柬埔寨移民劳工问题研究——以泰国、韩国的柬埔寨移民劳工为例》，《东南亚纵横》2016 年第 2 期。

李辉、段程允、白宇舒：《我国流动人口留城意愿及影响因素研究》，《人口学刊》2019 年第 1 期。

李晓阳、黄毅祥：《劳动力流出对当地经济发展的影响》，《西南大学学报》（自然科学版）2014 年第 12 期。

李华锋：《劳工主义而非社会主义：英国工党早期主导思想探析》，《当代世界与社会主义》2019 年第 1 期。

李周：《农民流动：70 年历史变迁与未来 30 年展望》，《中国农村观察》2019 年第 5 期。

李晓峰、李珊珊：《中国农业劳动力流动拉力重构及其效果分析》，《经济经纬》2019 年第 6 期。

李拓、李斌：《中国跨地区人口流动的影响因素——基于 286 个城市面板数据的空间计量检验》，《中国人口科学》2015 年第 2 期。

李西霞：《欧盟自由贸易协定中的劳工标准及其启示》，《法学》2017 年第 1 期。

路雅文、张正河：《1978—2016 年农村人口迁移的社会网络分析：来自中部人口流出大省 C 村的证据》，《农业经济问题》2018 年第 3 期。

路阳：《印度和菲律宾海外移民政策比较及启示》，《东南亚纵横》2016 年第 1 期。

陆旸：《中国劳动力供给潜力的微观机制分析》，《北京工业大学学报》（社会科学版）2019 年第 5 期。

陆铭：《玻璃幕墙下的劳动力流动——制度约束、社会互动与滞后的城市化》，《南方经济》2011 年第 6 期。

陆铭、高虹、佐藤宏：《城市规模与包容性就业》，《中国社会科学》2010 年第 10 期。

陆益龙：《社会需求与户籍制度改革的均衡点分析》，《西北师范大学学报》（社会科学版）2006 年第 3 期。

罗必良：《劳动监督、隐性退出与公社制度效率——来自湖北省余川人民公社的经验证据（1957—1975）》，《学术研究》2019 年第 10 期。

赖俊明、徐保红：《城乡劳动力流动中劳动者就业意愿影响研究》，《数理统计与管理》2019 年第 3 期。

蓝嘉俊、方颖、马天平：《就业结构、刘易斯转折点与劳动收入份额：理论与经验研究》，《世界经济》2019 年第 6 期。

蓝嘉俊、方颖、魏下海：《性别比失衡下的婚姻匹配与劳动力市场表现——基于独生子女政策准自然实验的实证分析》，《世界经济文汇》2019 年第 4 期。

吕晨、孙威：《人口集聚区吸纳人口迁入的影响因素——以东莞市为例》，《地理科学进展》2014 年第 5 期。

吕大国、耿强、简泽：《市场规模、劳动力成本与异质性企业区位选择——中国地区经济差距与生产率差距之谜的一个解释》，《经济研究》2019 年第 2 期。

吕利丹、杨舸、付晓光：《我国老年人口迁移：统计口径、分类和基本趋势》，《中国人力资源开发》2019 年第 11 期。

梁永佳：《期待与异化：全球化中的移民与"移物"》，《社会学评论》2019 年第 6 期。

马红旗、陈仲常：《我国省际流动人口的特征——基于全国第六次人口普查数据》，《人口研究》2012 年第 6 期。

孟泉：《塑造基于"平衡逻辑"的"缓冲地带"——沿海地区地方政府治理劳资冲突模式分析》，《东岳论丛》2014 年第 5 期。

聂飞：《农民工家庭化迁移的制度分析——以 H 村为例》，《新疆社会科学》2019 年第 2 期。

钱雪亚、宋文娟、肖青青：《权利平等、单一工资率与劳动力市场城乡整合测量》，《统计研究》2017 年第 11 期。

欧阳志刚：《中国城乡经济一体化的推进是否阻滞了城乡收入差距的扩大》，《世界经济》2014 年第 2 期。

庞凤喜、潘孝珍：《财政分权与地方政府社会保障支出——基于省级面板数据的分析》，《财贸经济》2012 年第 2 期。

潘红波、陈世来：《〈劳动合同法〉、企业投资与经济增长》，《经济研究》2017 年第 4 期。

潘玥、陈璐莎：《"一带一路"倡议下中国企业对外投资的劳工问题——基于肯尼亚和印度尼西亚经验的研究》，《东南亚纵横》2018 年第 1 期。

潘玥：《"一带一路"背景下印尼的中国劳工问题》，《东南亚研究》2017 年第 3 期。

齐良书、刘岚：《中国劳动力市场上的工作时间及其户籍差距》，《经济学家》2019 年第 11 期。

史桂芬、黎涵：《人口迁移、劳动力结构与经济增长》，《管理世界》2018 年第 11 期。

盛亦男：《流动人口家庭化迁居水平与迁居行为决策的影响因素研究》，《人口学刊》2014 年第 3 期。

盛亦男：《中国的家庭化迁居模式》，《人口研究》2014 年第 3 期。

盛斌、毛其淋：《贸易开放、国内市场一体化与中国省际经济增长：1985—2008 年》，《世界经济》2011 年第 11 期。

孙文凯、白重恩、谢沛初：《户籍制度改革对中国农村劳动力流动的影响》，《经济研究》2011 年第 1 期。

孙早、侯玉琳：《政府培训补贴、企业培训外部性与技术创新——基于不完全劳动力市场中人力资本投资的视角》，《经济与管理研究》2019 年第 4 期。

孙全胜：《城市化的二元结构和城乡一体化的实现路径》，《经济问题探索》2018 年第 4 期。

孙道贺：《对外劳务合作中的安全管理与对策建议》，《国际经济合作》2012 年第 8 期。

石磊、马士国：《市场分割的形成机制与中国统一市场建设的制度安排》，《中国人民大学学报》2006 年第 3 期。

宋锦、李曦晨：《行业投资、劳动力技能偏好与产业转型升级》，《世界经济》2019 年第 5 期。

宋锦：《中国劳动市场一体化的主要问题研究》，《东南大学学报》（哲学社会科学版）2016 年第 6 期。

陶然、卓瑞：《中国工程承包企业对当地雇员的流动管理》，《国际经济合作》2013 年第 4 期。

陶然、汪晖：《中国尚未完成之转型中的土地制度改革：挑战与出路》，《国际经济评论》2010 年第 2 期。

唐宗力：《农民进城务工的新趋势及落户意愿的新变化》，《中国人口科学》2015 年第 5 期。

唐代盛、盛伟：《市场潜能、有效边界与中国劳动力市场效率》，《人口学刊》2019 年第 4 期。

谭海鸣、姚余栋、郭树强：《老龄化、人口迁移、金融杠杆与经济长周期》，《经济研究》2016 年第 2 期。

田明、李辰、赖德胜：《户籍制度改革与农业转移人口落户——悖论及解释》，《人口与经济》2019 年第 6 期。

翁玉玲：《我国农民工地位弱化的制度反思——以非正规就业法律规制为视角》，《农业经济问题》2018 年第 6 期。

王巧、尹晓波：《产业优化升级对劳动力转移就业的影响研究》，《华侨大学学报》（哲学社会科学版）2019 年第 2 期。

王春凯：《性别观念、家庭地位与农村女性外出务工》，《华南农业大学学报》

(社会科学版) 2019 年第 4 期。

王辉:《我国海外劳工权益立法保护与国际协调机制研究》,《江苏社会科学》2016 年第 3 期。

王盼、阎建忠、杨柳:《轮作休耕对劳动力转移的影响——以河北、甘肃、云南三省为例》,《自然资源学报》2019 年第 11 期。

王卫、田红娜:《劳动力空间错配的测度与效率损失》,《统计与决策》2019 年第 22 期。

王湘红、孙文凯、任继球:《相对收入对外出务工的影响:来自中国农村的证据》,《世界经济》2012 年第 5 期。

汪来喜、郭力:《40 年来我国城镇化的演变特征及未来发展思考——基于产业转移与劳动力流动的视角》,《中州学刊》2018 年第 11 期。

王春兰、杨上广:《中国区域发展与人口再分布新态势》,《地域研究与开发》2014 年第 1 期。

王桂新:《中国人口迁移与城市化研究》,中国人口出版社 2006 年版。

王桂新、潘泽瀚、陆燕秋:《中国省际人口迁移区域模式变化及其影响因素——基于 2000 和 2010 年人口普查资料的分析》,《中国人口科学》2012 年第 5 期。

王桂新、潘泽瀚:《中国人口迁移分布的顽健性与胡焕庸线》,《中国人口科学》2016 年第 1 期。

王国霞、秦志琴、程丽琳:《20 世纪末中国迁移人口空间分布格局——基于城市的视角》,《地理科学》2012 年第 3 期。

王露、杨艳昭、封志明:《基于分县尺度的 2020—2030 年中国未来人口分布》,《地理研究》2014 年第 2 期。

王胜今、王智初:《中国人口集聚与经济集聚的空间一致性研究》,《人口学刊》2017 年第 6 期。

王晓东、张昊:《中国国内市场分割的非政府因素探析——流通的渠道、组织与统一市场构建》,《财贸经济》2012 年第 11 期。

汪仕凯:《在国际团结与民族国家之间——现代世界体系中的劳工阶级》,《世界经济与政治》2017 年第 11 期。

吴伟东、吴杏思：《劳动力跨国就业与东盟的社会保障一体化》，《东南亚纵横》2015 年第 7 期。

吴伟东、吴杏思：《东盟内部跨国就业者社会保障研究》，《广西社会科学》2016 年第 12 期。

吴晓华、张克克：《家庭生命周期视角下中国城乡人口流动问题研究》，《宏观经济研究》2019 年第 3 期。

吴绮雯：《中华人民共和国 70 年经济发展与城乡劳动力就业的关系探析》，《云南社会科学》2019 年第 3 期。

吴琳：《东南亚移民危机与移民治理：从"安全化"到"区域化"》，《东南亚研究》2017 年第 5 期。

吴开亚、张力、陈筱：《户籍改革进程的障碍：基于城市落户门槛的分析》，《中国人口科学》2010 年第 1 期。

温志强、郝雅立：《供给侧结构性改革背景下人力资本市场的优化分析——基于劳动力市场的三要素与三维度》，《江西财经大学学报》2019 年第 6 期。

夏纪军：《人口流动性、公共收入与支出——户籍制度变迁动因分析》，《经济研究》2004 年第 10 期。

夏怡然、苏锦红、黄伟：《流动人口向哪里集聚？——流入地城市特征及其变动趋势》，《人口与经济》2015 年第 3 期。

许岩、尹晓、尹希果：《劳动力流动与中国城市居民的工资变动》，《人口与经济》2019 年第 4 期。

许光：《习近平新时代劳动力转移思想研究》，《上海经济研究》2018 年第 7 期。

徐铮、房国忠：《城乡人力资源市场一体化加权 TOPSIS 的评价方法》，《统计与决策》2014 年第 23 期。

徐铮、房国忠：《发达国家城乡人力资源市场一体化模式研究——兼论中国城乡人力资源市场一体化的模式选择》，《东北师范大学学报》（哲学社会科学版）2014 年第 6 期。

徐孝新、刘戒骄：《劳工标准影响中国对外直接投资的实证研究——基于"一带一路"沿线国家样本》,《暨南学报》(哲学社会科学版) 2019 年第 4 期。

肖竹:《"一带一路"背景下"出海"企业的对外劳动关系治理》,《中国人力资源开发》2018 年第 4 期。

谢勇才、王茂福:《我国社会保障双边合作的主要困境及对策研究》,《中国软科学》2018 年第 7 期。

谢勇才:《菲律宾社会保障国际合作的主要实践及其启示》,《人口学刊》2018 年第 3 期。

谢勇才、丁建定:《印度海外劳工社会保障权益国际协调的实践与启示》,《中国人口科学》2018 年第 1 期。

谢勇才:《论社会保障国际合作的实现条件及其重要意义》,《东岳论丛》2018 年第 2 期。

余官胜、林俐:《我国海外投资对劳务输出的促进效应——基于跨国面板数据的实证研究》,《财贸经济》2012 年第 11 期。

余文伟、张少峰、胡小丽:《劳动力市场外部化与摩擦加剧背景下人力资源管理实践的探究》,《管理现代化》2019 年第 6 期。

于潇、孙悦:《城镇与农村流动人口的收入差异——基于 2015 年全国流动人口动态监测数据的分位数回归分析》,《人口研究》2017 年第 1 期。

于潇、李袁园、雷峻一:《我国省际人口迁移及其对区域经济发展的影响分析——"五普"和"六普"的比较》,《人口学刊》2013 年第 3 期。

叶静怡、张睿、杨洋:《户籍制度、工作流动性与进城务工人员子女就学》,《学习与探索》2015 年第 5 期。

叶明确、任会明:《中国省际人口流动网络演化及其影响因素研究》,《当代经济管理》2020 年第 3 期。

颜冬、姬超:《中国经济特区非均衡增长的经验与改革路径——基于劳动力市场一体化趋势的考察》,《商业研究》2015 年第 5 期。

杨继瑞、刘斌:《新型城镇化与城乡发展一体化理论反思与实践探索——第五届比较研究工作坊会议综述》,《经济社会体制比较》2014 年第 6 期。

杨刚强、李梦琴、孟霞:《人口流动规模、财政分权与基本公共服务资源配置研究——基于 286 个城市面板数据空间计量检验》，《中国软科学》2017 年第 6 期。

杨宏星：《发展型国家理论再探讨——以一个贫困县的劳务出口为例》，《社会发展研究》2018 年第 4 期。

杨浩楠：《无就业证之外籍劳工劳动保护问题研究》，《学术论坛》2017 年第 2 期。

杨芸：《产业变迁视角下的劳动力资源再配置——"新常态"下劳动力分布特征及其解释》，《管理现代化》2019 年第 6 期。

杨翠迎、汪润泉：《城市社会保障对城乡户籍流动人口消费的影响》，《上海经济研究》2016 年第 12 期。

杨菊华：《新型城镇化背景下户籍制度的"双二属性"与流动人口的社会融合》，《中国人民大学学报》2017 年第 4 期。

杨紫薇、邢春冰：《教育、失业与人力资本投资》，《劳动经济研究》2019 年第 2 期。

曾湘泉、陈力闻、杨玉梅：《城镇化、产业结构与农村劳动力转移吸纳效率》，《中国人民大学学报》2013 年第 4 期。

曾湘泉、张成刚：《经济新常态下的人力资源新常态——2014 年人力资源领域大事回顾与展望》，《中国人力资源开发》2015 年第 3 期。

周敏、王君：《中国新移民的教育期望及其面临的挑战、制度限制和社会支持——以美国和新加坡为例》，《华侨华人历史研究》2019 年第 4 期。

周申、易苗：《中国劳动力市场一体化与经济开放》，《中南财经政法大学学报》2010 年第 6 期。

周皓：《流动儿童心理状况及讨论》，《人口与经济》2006 年第 1 期。

周建华、周倩：《高房价背景下农民工留城定居意愿及其政策含义》，《经济体制改革》2014 年第 1 期。

周畅、李琪：《非标准工作与体面劳动：数据化带来的劳动问题与政府对策》，《中国人力资源开发》2017 年第 8 期。

周靖祥、何燕：《城镇农村劳动力"吸纳"与区域经济增长实证检验——基于 1990 ～ 2006 年省际所有制变革视角探析》，《世界经济文汇》2009 年第 1 期。

章雅荻：《中国海外劳工安全供给模式转型——基于公共产品理论的视角》，《国际论坛》2017 年第 11 期。

邹一南：《户籍制度改革的内生逻辑与政策选择》，《经济学家》2015 年第 4 期。

邹湘江、吴丹：《人口流动对农村人口老龄化的影响研究——基于"五普"和"六普"数据分析》，《人口学刊》2013 年第 4 期。

朱宇、林李月、柯文前：《国内人口迁移流动的演变趋势：国际经验及其对中国的启示》，《人口研究》2016 年第 5 期。

朱莉莉：《新常态下京津冀人力资源市场一体化评估指标体系构建研究》，《当代经济管理》2018 年第 4 期。

朱伯玉：《低碳发展立法研究》，人民出版社 2020 年版。

朱敏：《海外人才回流的溢出效应研究》，山东人民出版社 2016 年版。

钟若愚、屈沙：《劳动力市场分割、就业机会不平等与城乡工资差异——基于中国综合社会调查（CGSS）数据的研究》，《北京工商大学学报》（社会科学版）2019 年第 6 期。

卓乘风、邓峰：《外资修复作用下要素市场扭曲与经济增长方式转变》，《国际商务》（《对外经济贸易大学学报》）2019 年第 6 期。

赵波、谭华清：《劳动力市场摩擦、劳动力再配置与中国的就业周期》，《经济科学》2019 年第 3 期。

郑妍妍、李磊：《外商直接投资与企业的性别雇佣偏好》，《国际商务》（《对外经济贸易大学学报》）2019 年第 4 期。

张传泉：《城乡一体化背景下农民市民化路径探析》，《华中农业大学学报》（社会科学版）2014 年第 5 期。

赵秀丽、吴世香：《城乡就业一体化对策探析》，《山东社会科学》2010 年第 12 期。

张玉、胡昭玲：《基于比较优势演化视角东亚生产分工新格局》，中国经济出版社 2020 年版。

张秀丽、张志新：《中国的劳动力价格与劳动力跨国流动关系研究》，《价格月刊》2019 年第 8 期。

张志新、张秀丽、冯美丽：《劳动力价格对劳动力跨国流动影响研究》，《价格理论与实践》2019 年第 2 期。

张志新、孙照吉、高小龙：《国际贸易、OFDI 与中国劳动力跨国流动——基于 30 个主要输入国及地区差异的实证分析》，《山东理工大学学报》（社会科学版）2016 年第 2 期。

张原：《中国劳动力为何跨出国门？——基于 1995—2015 年国际劳务合作面板数据的分析》，《西北人口》2018 年第 4 期。

张翔：《经济发展与女性劳动力参与——基于跨国面板数据的实证研究》，《经济与管理评论》2017 年第 6 期。

张永岳：《我国城乡一体化面临的问题与发展思路》，《华东师范大学学报》（哲学社会科学版）2011 年第 1 期。

张帆、蔡永鸿：《城镇化进程中农村教育改革问题研究》，《农业经济》2015 年第 8 期。

张治栋、吴迪、周姝豆：《生产要素流动、区域协调一体化与经济增长》，《工业技术经济》2018 年第 11 期。

张艳华：《农村劳动力转移的关联效应与有效治理》，《改革》2016 年第 8 期。

张鹏、张平、袁富华：《中国就业系统的演进、摩擦与转型——劳动力市场微观实证与体制分析》，《经济研究》2019 年第 12 期。

张耀军、岑俏：《中国人口空间流动格局与省际流动影响因素研究》，《人口研究》2014 年第 5 期。

张皓、吴清军：《改革开放 40 年来政府劳动关系治理研究述评》，《中国人力资源开发》2019 年第 1 期。

张国俊、黄婉玲、周春山：《城市群视角下中国人口分布演变特征》，《地理学报》2018 年第 8 期。

张龙平：《国际劳工组织与中国：百年历史回顾》，《中国社会科学报》2019 年 6 月 4 日。

二、英文参考文献

Asbjorn Goul Andersen，Simen Markussen："Knut RoedLocal labor demand and participation in social insurance programs"，*Labour Economics*，2019，p.61。

Alkhouri R，Khalik M U A.："Does Political Risk Affect the Flow of Foreign Direct Investment Into the Middle East North African Region?"，*Journal of Global Business and Technology*，2013，No.2，pp.47-59。

Alon I，Anderson J，Bailey N J，et al："Political Risk and Chinese OFDI：Theoretical and Methodological Implications"，*Academy of Management Annual Meeting Proceedings*，2017，No.1，p.17640。

Alasia N："Temporary Labor Migration within the EU as Structural Injustice"，*Ethics & International Affairs*，2018，Vol.32，No.2，pp.203-225。

Apichai W Shipper："MIGRANT ENCOUNTERS：Intimate Labor，the State，and Mobility Across Asia"，*Pacific Affairs*，2017，Vol.90，No.2。

Bogue D J："The study of population：an inventory and appraisal"，*Chicago：University of Chicago Press*，Vol. 1955，pp.486-509。

Bolzman C，Fibbi R，Vial M："What To Do After Retirement? Elderly Migrants and the Question of Return"，*Journal of Ethnic and Migration Studies*，2006，Vol.32，No.8，pp.1359-1375。

Benton M："The Price of Rights：Regulating International Labor Migration"，2013。

Barbash-Hazan Shiri，Nattiv Noga，Salzer-Sheelo Liat，et al："nduction of labor versus expectant management after successful external cephalic versionI"，*Birth (Berkeley Calif.)*，2019，Vol.46，No.4。

Brett. D，Einerson，William A，Grobman："Elective induction of labor：friend or foe?"，*Seminars in Perinatology*，2019。

Blhning W R，M.L，Paredes S："Aid in place of Migration?"，*International Labor Office*，Geneva，1994。

Cai F，Lu Y："Population Change and Resulting Slowdown in Potential GDP Growth in China"，*China & World Economy*，2013，Vol. 21，No.2，pp.1-14。

Caroline Theoharides："The unintended consequences of migration policy on origin-country labor market decisions"，*Journal of Development Economics*，2018。

Cetorelli V："Arab Political Demography：Population Growth，Labor Migration and Natalist Policies (revised and expanded third edition) by Onn Winckler (review)"，*The Middle East Journal*，2018，p.72。

Chen Song，Chao Wei："Unemployment or out of the labor force：A perspective from time allocation"，*Labour Economics*，2019，p.61。

Dingde Xu，Xin Deng，Kai Huang，et al："Relationships between labor migration and cropland abandonment in rural China from the perspective of village types"，*Land Use Policy*，2019，p.88。

Duc Loc Nguyen，Ulrike Grote，Trung Thanh Nguyen："Migration，crop production and non-farm labor diversification in rural Vietnam"，*Economic Analysis and Policy*，2019，p.63。

Edo A，Rapoport H："Minimum Wages and the Labor Market Effects of Immigration"，*CESifo Working Paper Series*，2017。

Flynn Michael A："Immigration，Work and Health：Anthropology and the Occupational Health of Labor Immigrants"，*Anthropology of work review：AWR*，2018，Vol.39，No.2。

Gesualdi-Fecteau Dalia，Nakache Delphine，Matte Guilmain Laurence："Travel Time as Work Time? Nature and Scope of Canadian Labor Law's Protections for Mobile Workers"，*New solutions：a journal of environmental and occupational health policy：NS*，2019。

Gil-Garcia Oscar F："The Prospera conditional cash transfer program and its impact on education，labor，and migration in an indigenous Mayan community in Chiapas，Mexico"，*Journal of prevention &amp□intervention in the community*，2019。

Gaidarov G M，Makarov S V，Alekseieva N Yu，et al：“The Complex Evaluation of Labor Migration of Graduates of Medical University as an Important Factor of Formation of Personnel Potential of Regional Health Care System”，*Problemy sotsial'noi gigieny，zdravookhraneniia i istorii meditsiny*，2019，Vol.27，No.1。

Gould，David M：“Immigrant Links to the Home Country：Empirical Implications for U.S. Bilateral Trade Flows”，*The Review of Economics and Statistics*，1994，Vol.76，No.2，pp.302。

Head K，Ries J：“Immigration and trade creation：econometric evidence from Canada”，*Canadian Journal of Economics*，1998，Vol.31，pp.47-62。

Hua X，Kono Y，Zhang L，et al：“How transnational labor migration affects upland land use practices in the receiving country：Findings from the China-Myanmar borderland”，*Land Use Policy*，2019，Vol.84，pp.163-176。

Ingo E，Isphording：“Language and labor Market Success”，*International Encyclopedia of the Social & Behavioral Sciences*，2015，No.2，pp.260-265。

Idriss Fontaine，Ismael Galvez-Iniesta，Pedro Gomes，et al：“Labour market flows：Accounting for the Khlat Myriam，Wallace Matthew，Guillot Michel. Divergent mortality patterns for second generation men of North-African and South-European origin in France：Role of labour force participation”，*SSM-population health*，2019，p.9。

Kafshdooz L，Kahroba H，Kafshdooz T，et al：“Labour analgesia；Molecular pathway and the role of nanocarriers：a systematic review”，*Artificial Cells，Nanomedicine，and Biotechnology*，2019，Vol. 47，No.1，pp.927-932。

King E J，Dudina V I：“The Health Needs of Female Labor Migrants from Central Asia in Russia”，*Journal of immigrant and minority health*，2019。

Kassouf Ana Lúcia：“Child labour and children's right to a better life”，*The Lancet. Child & amp；adolescent health*，2019，Vol.3，No.12。

Lin J Y，Wang G，Zhao Y：“Regional Inequality and Labor Transfers in China”，

Economic Development and Cultural Change，2004，Vol.52，No.3，pp.587-603。

Lewis W.A：“Economic development with unlimited supplies of labor”，*The Manchester School of Economic and Social Studies*，1954，Vol.22，No.2，pp，139-191。

Lisa C，Kelley，Nancy L，et al：“Circular labor migration and land-livelihood dynamics in Southeast Asia's concession landscapes”，*Journal of Rural Studies*，2019。

Lakshmi Iyer，Xin Meng，Nancy Qian，et al：“Economic transition and private-sector labor：Evidence from urban China”，*Journal of Comparative Economics*，2019，Vol.47，No.3。

Luca Gori，Mauro Sodini：“Endogenous labour supply，endogenous lifetime and economic development”，*Structural Change and Economic Dynamics*，2020，p.52。

Lu Danni，Zhang Lin，Duan Tao，et al：“Labor patterns in Asian American women with vaginal birth and normal perinatal outcomes”，*Birth*（*Berkeley*，*Calif.*），2019，Vol.46，No.4。

Lightly Kate，Weeks Andrew D：“Induction of labour should be offered to all women at term：FOR：Induction of labour should be offered at term，*BJOG：an international journal of obstetrics and gynaecology*，2019，Vol.126，No.13。

Megan Cooper，Jane Warland：“What are the benefits? Are they concerned? Women's experiences of water immersion for labor and birth”，*Midwifery*，2019，p.79。

Meny P，Menéndez，Clar，Ashfield N，et al：“Seroprevalence of leptospirosis in human groups at risk due to environmental，labor or social conditions”，*Revista argentina de microbiología*，2019.

Marc Barthélemy：“Spatial networks”，2011，Vol.499，No.1-3，pp.1-101。

Mundell R A：“International Trade and Factor Mobility”，*American Economic Review*，1957，Vol. 47，No.3，pp.321-335。

Nikolai Stähler：“Who benefits from using property taxes to finance a labor tax wedge reduction?", *Journal of Housing Economics*, 2019, p.46。

Nilsson C, Olafsdottir O A, Lundgren I, et al: "Midwives' care on a labour ward prior to the introduction of a midwifery model of care: a field of tension", *International Journal of Qualitative Studies on Health and Well-Being*, 2019, Vol. 14, No.1。

Park Jaehyuk, Wood Ian B, Jing Elise, et al: "Global labor flow network reveals the hierarchical organization and dynamics of geo-industrial clusters", *Nature communication*, 2019, Vol.10, No.1。

Qiang Ren, Donald J: "Treiman. The consequences of parental labor migration in China for children's emotional wellbeing", *Social Science Research*, 2016, p.58。

Ravenstein E G: "The Laws of migration", *Journal of the royal statistical society*, 1889, Vol.52, No.2, pp.241-305。

R.A. Black, P.D. Krawczel: "Effect of prepartum exercise on lying behavior, labor length, and cortisol concentrations", *Journal of Dairy Science*, 2019, Vol.102, No.12。

Rosario Andre A: "Nursing and Empire: Gendered Labor and Migration from India to the United States", *Nursing history review: official journal of the American Association for the History of Nursing*, 2019, Vol.27, No.1。

Shang-ao Li, Liutang Gong, Shan Pan, et al: "Wage and price differences, technology gap and labor flow dynamics", *Economic Modelling*, 2019。

Sevgi Coşkun.: "Labour market fluctuations: An RBC model for emerging countries", *Central Bank Review*, 2019。

Todaro M.P: "Urban job expansion, included migration and rising unemployment: A formulation and simplified empirical test for LDCs", *Journal of Development Economic*, 1967, Vol.3, No.3, pp.211-225。

Tankwanchi Akhenaten Siankam, Hagopian Amy, Vermund Sten H: "International migration of health labour: monitoring the two-way flow of physicians in South Africa", *BMJ global health*, 2019, Vol.4, No.5。

Tito Boeri, Pietro Garibaldi: "A tale of comprehensive labor market reforms: Evidence from the Italian jobs act", *Labour Economics*, 2019, p.59。

Xu D, Deng X, Guo S, et al: "Labor migration and farmland abandonment in rural China: Empirical results and policy implications", *Journal of Environmental Management*, 2019, Vol.232, pp.738-750。

Xie F, Zhu S, Cao M, et al: "Does rural labor outward migration reduce household forest investment? The experience of Jiangxi, China", *Forest Policy and Economics*, 2019, Vol.101, pp.62-69。

Yabiku Scott T, Agadjanian Victor: "Father's Labour Migration and Children's School Discontinuation in Rural Mozambique", *International migration* (*Geneva, Switzerland*), 2017, Vol.55, No.4。

Zhu Y: "China's floating population and their settlement intention in the cities: Beyond the Hukou reform", *Habitat International*, 2007, Vol.31, No.1, pp.0-76。

Zhu N: "The impacts of income gaps on migration decisions in China", *China Economic Review*, 2002, Vol.13, No.2, pp.213-230。

Zipf G K: "The P1P2/D Hypothesis: On the Intercity Movement of Persons", *American Sociological Review*, 1946, Vol.11, No.6, pp.677-686。

后　记

　　农村劳动力国内外流动一体化理应受到重视。农村劳动力流动不是新事物，世界各国城市化进程中都普遍存在，但中国农村劳动力已不再满足于国内流动，而是表现出较强的国内外流动一体化。从理论上看，随着中国特色社会主义市场经济建设和对外开放新格局的形成，农村劳动力流动是生产要素市场化资源配置的结果，即使国外流动，也只能说明劳动力自主选择逐渐增强，追求更加多元的效用，流动范围更加广泛，不过，农村劳动力国内外流动必然不再可能是单独进行，而是联系越来越密切。同时，我们也应该注意到，我国整体上进入工业化中后期，正面临产业结构的优化升级阶段，对于劳动力存在着较强的需求，表现在劳动力就业上，就是由"技工荒"发展成"民工荒"，再到现在全面的"用过荒"，很多企业存在招工困难的现象。因此，本书旨在厘清当前中国农村劳动力国内外流动现状，梳理其国内外流动一体化的机理，并对影响劳动力国内外流动及进程的因素进行分析，验证劳动力国内外流动之间的关联关系，找出国内流动转化为国外流动的门槛值，以制定有效的劳动力国内外流动调控政策。不过，农村劳动力国内外流动一体化研究着重解决了以下问题：

　　首先，拓展了农村劳动力国内外流动一体化的相关研究。农村劳动力流动虽然早已形成了如刘易斯（W.A.Lewis，1954）二元经济模型、托达罗（M.P.Todaro，1970）建立"托达罗模型"、彼得·多林格尔和迈克尔·皮奥雷的劳动力市场分割理论（labour market segmentation Theory）

以及斯塔克（Stark，1991）的"新劳动力迁移经济学"（The New Economics of Labor Migration）等相对成熟理论，但是国外流动研究还不充分。本书从宏、微观角度出发，利用多项 Logit 模型通过分地区和分年份来研究影响我国农村劳动力国内外流动进程的因素。进一步借助中介效应和门槛回归模型，对影响我国农村劳动力国内外流转的相关关系及其传导机制、我国农村劳动力由国内流动转化成国内外流动一体化是否具有门槛效应进行分析，并进行地区异质性检验。通过实证分析，探讨中国农村劳动力国内外流动及进程的影响因素、地区差异以及国内外流动之间的关联关系和门槛值，这无疑有助于为现阶段我国农村劳动力国内外流动问题提供理论框架和事实依据。

其次，梳理了劳动力国内外流动一体化的作用机理。劳动力流动应该是生产要素市场配置的结果，只要劳动力流动不受限制，除自然环境、灾害事件、姻亲关系、家人团聚等客观原因外，劳动力流动主要还是就业机会、劳动报酬、生活便利以及公共福利等因素所决定的。显然，中国农村劳动力跨国流动有着自己的原因，有别于其他国家。我们认为，与中国农村劳动力跨国流动显著不同的是，世界上很多国家每年有大量居民因自然灾害、政治事件以及经济困难等原因而不得不"迁移"，当然也有因为追求高质量生活、较好就业机会等，后者与中国劳动力跨国流动相似的原因。本书阐释了农村劳动力国内外转移一体化的作用机理：农村劳动力国内外转移影响因素一致（推——拉理论）；农村劳动力国内外转移动力机制一致（以经济收益为主，兼顾"自然环境、发展机会"等生活质量追求）；农村劳动力国内外转移效应机制一致（流出地、流入地都是"双刃剑"：如流出地而言，虽然有助于缓解就业压力，但是也会加剧人才供给的紧张局面）；农村劳动力国内外转移有效途径一致（以地缘、血缘等为特征的移民网络为典型特征）。

最后，推动农村劳动力国内外流动管理服务体系的构建。劳动力国内外流动是一个过程的两个环节，国外流动是国内流动的深化，且国内外流动相互转化。只要"流动"不受限制，除自然环境、灾害事件、姻亲关系等客观原因外，劳动力流动主要取决于就业机会、劳动报酬、生活便利等。只不过，国外流动比国内流动要复杂得多，因此面对我国日益增长的农村劳动力国内外流动形势，我们不仅要加速推进城乡统一的社会保障制度、公共就业服务培训体系等管理服务体系，提高各级政府部门为农村劳动力提供服务的能力，充分保障流动农村劳动力的合法权益，切实解决他们的后顾之忧，从而增强农村劳动力流动的信心和在流入地的归宿感。同时，拓宽我国对外劳务输出渠道、完善劳务服务体系、组建海外劳工司、加快《中国海外劳动法》的立法进程等措施，降低农村劳动力国外流转风险，为已经流出或有强烈跨国流动意愿的劳动力提供相应保障，保障其人身及财产安全。总之，立足国际化进程，审慎思考我国农村劳动力国内外流动，以实现合理调控的发展目标。

农村劳动力国内外流动一体化目前研究还很不足。农村劳动力流动是我国经济社会发展的必然产物，并且还将长期存续下去，加之国际化进程加快，中国农村劳动力在长期国内流动实践中积累了经验，开阔了视野，参与国际劳动力市场竞争的信心和能力大为增强，农村劳动力国内外流动呈现一体化趋势。纵使国际竞争加剧，"逆全球化"甚嚣尘上，但中国对外开放进程不会阻隔，中国农村劳动力参与国际分工，寻求国际化发展机会必然越来越多。但是，我们不能只是仅仅分析其一体化机理，论证影响国内外流动一体化的影响因素，以及为合理调控提出相应对策。还应该从微观层面去针对每一类农村劳动力国内外流动来进行具体分析，找到促使其国内外流动自由切换的最重要因素。我们知道，农村劳动力流动无论是国内，还是国外的抉择，影响因素固然很多，但往往起决定作用又存在明显的个体差异性，或呈现典型的地域特征。

本书在研究过程中不仅参阅了国内外专家学者大量文献资料，也对外出务工人员，尤其是吉林延边、湖北黄冈、广西桂林以及山东威海等地的劳务中介机构、境外务工人员及其家属进行调研，在此对他们的配合也一并表示感谢。我除了表达感谢之情之外，对文中引述部分所带来的问题均由本人承担，与以上诸位无关。同时，对在本书出版过程中提供帮助和指导的所有专家、编辑都表示感谢，他们的有益建议使得本书更加完善，当然所有责任由作者来承担。还有，我的研究生黄海蓉、张琳琛、李成、邢怀振等同学参与本书的问卷调查、数据处理、模型构建以及文字校订工作，对此也一并感谢。

张志新

2021 年 12 月